개정 증보판

# 잘못 배운 한국사

개정 증보판
잘못 배운 한국사

개정 증보판

# 잘못 배운 한국사

신복룡 지음

집문당

개정 증보판

# 잘못 배운 한국사

2022년 1월 30일 4판 1쇄
2022년 5월 20일 4판 2쇄
(초판 : 『한국사 새로 보기』, 도서출판 풀빛, 2001)

저자 | 신복룡
발행인 | 임동규
발행처 | **(주)집문당**
등록 | 1971. 3. 23. 제2012-000069호
주소 | 03134 서울시 종로구 돈화문로 82, 5층
전화 | +82-1811-7567
이메일 | sale@jipmoon.com
홈페이지 | www.jipmoon.com

ISBN 978-89-303-1925-6 03910

**가격 20,000원**

**(주)집문당** 이순신돋움체B (저작권자 아산시, 무료글꼴)

나는 "역사의 패배자에 대한 연민"을
강렬하게 가지고 있다.
역사가를 배출하지 못한 계급은
그 공적에 관계없이
역사의 주제가 되지 못하는 이 안타까운 현실을
나는 견딜 수 없었다.
그가 묘청이든 신숙주든
최만리든 김성일이든 원균이든,
아니면 힘없는 소작농이든 간에
역사의 패배자를 변론해주는 것이
배운 값을 하는 것이라고 나는 믿고 있다.

— 필자의 서문에서

# 개정 증보판 서문

"나의 글은
우상 파괴iconoclasm의 글이다."
— 필자의 말

서문을 쓰며, 문득 이제까지 살아온 날을 되돌아보니, 나는 좀 미욱한 사람이었던 것 같다. 조금은 더 편하게 살 수도 있었는데, 먼 길을 많이 돌았다. 자갈길에 진흙 길도 많았고, 건너야 할 물도 깊었고, 고독할 때도 많았다. 이제 와서 후회하는 것은 아니며, 다시 태어난다 해도 그리 달라질 인생은 아닐 것이다. 다만 좀 아쉬운 것은 한창 일할 나이에 너무 일을 두서없이 벌였다는 점이다.

이룬 것도 없는 지금인들 오죽할까만, 한 우물을 더 깊이 팠으면 그나마 좀 좋았을 것을… 하는 생각이 가끔은 든다. 지도 교수께서 시키는 일이니, 거절하지 못하고 어쩔 수 없이 한 일도 있고, 젊은 날에 처자식의 호구를 채우느라고 원고료에 쫓겨 일했고, 아니면 호기심에 곁길로 들어섰다가 애만 쓰고 돌아 나온 적도 있다.

그러나 역사학이라는 고독한 길을 걸으며 되돌아보니 내 발자국이 모두 지워진 것은 아니었다. 살아온 길이 서럽다 보니 반항도 많이 했고, 남의 틀린 꼴을 보면 참지 못하여 적도 많이 만들었다. 그러다 보니 내 역사학에는 슬픈 사람들에 대한 연민이 서려 있는 것 같다. "승자의 기록은 햇볕을 받아 역사가 되고 패자의 글은 달빛을 받아 전설이 된다"던가? …. 이병주李炳注 선생의 글을 많이 생각했다.

나는 잘났다며 위세를 떠는 무리의 행실을 견딜 수 없었다. 역사학을 공부하다 보면, 역사가를 배출하지 못한 계급의 서러운 이야기에 아무도 귀를 기울이지 않는 것에 대하여 한 시대의 지식인으로 견딜 수 없이 분노할 때도 있었다. 그래서 매천梅泉 황현黃玹 선생이 망국을 한탄하며 지은 절명시絕命詩를 많이 외웠다.

> 가을 등불 아래 책을 덮고 천년의 역사를 돌아보니
> 이 난세에 배운 값하며 살기가 이다지 어렵던가?
> 秋燈掩卷懷千古 難作人間識字人

여기에 실린 38편의 글은 대체로 억눌린 사람과 역사에 원혼冤魂으로 떠도는 사람의 얘기가 많고, 터무니없이 과장된 사람의 이야기와 이제까지 틀리게 배운 내용도 있다. 나의 글은 우상 파괴iconoclasm의 글이다. 그래서 나는 이 글을 『잘못 배운 한국사』라는 이름으로 20년 전인 2000년에 《동아일보》에 연재했었다. 그때 나는 20회 정도를 계획했으나, 기성 학계와 문중, 그리고 종교계의 후폭풍을 맞고, 송사訟事에 걸려 중도에 연재를 중단했다. 그 자존심 높은 《동아일보》도 못 버텼다.

그러나 나는 애초의 뜻을 꺾이고 싶지 않아 게재가 중단된 나머지 원고를 모아 『한국사 새로 보기』(풀빛, 2001)라는 이름으로 단행본을 출판했다. 꽤 팔렸다. 지금도 나의 이름을 Google이나

Naver에 검색하면 7만5천 건(2022년 1월 현재)이 나오고, 그 가운데 상당수가 이 책을 둘러싼 논쟁인 것을 보면, 그리 의미 없는 책은 아니었던 것 같다.

나는 정년퇴직을 하고 일부 저술의 개정판과 증보판을 내면서, 이 책이 전前 출판사의 경영주인 만파萬波 라병식 전 민주화운동기념사업회 상임이사가 갑자기 별세하면서 회사 경영 사정으로 절판된 것이 늘 마음 아팠고, 독자들의 문의도 있어 증보판을 준비하던 터에 집문당集文堂 임동규林東奎 사장님의 후의로 다시 출판하게 되어 참으로 기쁘다.

이번의 이 개정판은 단순히 8편의 논문을 더 싣고 제목을 바꾸고 보완했다는 점에서 초판본과 구별되는 것이 아니라 학술 도서가 아님에도 불구하고 될 수 있으면 출전을 밝히려고 노력했고, 그런 점에서 각 장의 끝에 참고문헌과 Chicago Manual(본문 안의 각주 형식)에 따른 각주도 많이 달았다.

여기에 실린 38편의 모든 글은 끝없는 논쟁을 불러일으킬 수도 있고, 또 내가 책임져야 할 부분이 많아 출처를 밝히려고 많은 애를 썼으나, 학술 서적에 미치지 못함에 대하여 독자들의 양해를 빈다. 글의 상당 부분은 내가 발로 쓴 글이고, 겸손한 마음으로 조심스럽게 말하자면, 돌아보니 나도 벌써 역사를 증언한 나이가 되었다.

그러니까 이 책은 20년 전의 『한국사 새로 보기』에 8편을 증보한 개정판이다. 혹시 독자들이 다른 책으로 잘못 알고 사는 일이 없으면 좋겠고, 증보한 8편의 일부는 다른 책에서 다루었던 자료를 써서 이 책의 구성에 맞도록 개고改稿한 데 대하여 독자들께서

양지해 주시면 고맙겠다.

지금 우리는 역사에서 흔히 겪어보지 못한 전염병 시대에 모두 어려움을 겪고 있다. 역사의 굴곡이려니 생각하고 운명으로 여기며 지혜롭게 극복했으면 좋겠다. 이렇게 어려운 환경 가운데 책을 만드느라고 고생하신 집문당의 임용우 디자인 부장님, 김예린 선생님, 그리고 염천에 고생하신 편집부 전정아 부장님께 깊이 감사를 드린다.

2022년 정초에

지은이 씀

# 초판 서문

(1)

역사 공부를 시작한 지도 꽤 오래되었다. "태정태세문단세…"를 달달 외워야 국사 공부를 잘한다고 칭찬을 듣던 시절로부터 계산을 하면 아마도 50년은 족히 넘는 것 같다. 그때는 그저 암기식이었고, 선생님의 말씀이 지존至尊하던 때이라 감히 달리 생각할 겨를도 없이 그저 외우기만 했지만, 철들고 나이 먹어 나름의 역사 공부를 하면서 많은 고민과 갈등을 맛보았다. "그게 아닌데…." 하는 생각이 머리를 스쳐 간 것이 한두 번이 아니었다.

재주도 없이 대학 강단에 선 나는 "잘못 배운 한국사"를 강의하고 싶었다. 본디 재주가 없어 새로운 학설을 발표할 계제도 아니고 그저 잘못된 역사를 바로잡을 수만 있다면 그것만으로 한평생 헛된 삶을 산 것은 아닐 것 같다는 생각이 들었다. 그런 마음을 먹은 지 또다시 30년이란 세월이 흘렀다.

(2)

내가 한국사를 새롭게 보기 시작한 데에는 하나의 기연奇緣이 있다. 내가 충북 괴산槐山고등학교를 다니던 1950년대 말에 나에게는 김준웅金俊雄이라는 절친한 친구가 있었다. 나는 기회가 있을 때면 가끔 그의 집에 놀러 갔는데, 그때마다 그 집에는 고고孤高

한 한 노인이 계셨다. 친구에게 누구시냐고 물어보았더니 자기네 집에 기숙하시는 분인데 본디 역사학자였으나 난리(한국전쟁) 통에 이곳에 정착하여 한때는 괴산중고등학교에서 역사를 가르치셨다고 한다.

박창화(朴昌和) 선생

나는 그분께 직접 가르침을 받지는 못했지만, 친구의 입을 통해 한국사의 전혀 다른 얘기를 자주 듣게 되었고, 그 흥미로운(?) 이설異說에 매료된 적이 있었다. 내가 친구의 입을 통하여 전해 들은 얘기에 따르면, 강역학彊域學에 가장 오류가 많고, 특히 일본 학자들의 손에 한국사가 수없이 왜곡되었다는 것이었다.

그 뒤 나는 서울로 올라와 역사학을 공부하면서 그 선생님을 여러 번 생각했고, 누구일까 하는 의문이 들었다. 그래서 여러모로 수소문하여 다시 알아보았더니 그분은 한국 현대 사학사의 전설적인 인물이었던 박창화(朴昌和 : 1889~1962) 선생이었다. 1999년에 사학계를 떠들썩하게 만든 『화랑세기』花郞世紀의 본디 소장자가 바로 그분이었다.

일제 시대에 일본 궁내부宮內府 도서관의 촉탁으로 10여 년 동안 도쿄東京에서 생활하면서 일본이 약탈해간 자료를 읽을 기회가 있었기에 그분은 식민지 사학으로 말미암아 왜곡된 한국사의 이면을 누구보다도 소상하게 알 수 있는 위치에 있던 분이었다.

그분을 먼발치로나마 뵐 수 있었던 것은 나의 역사 인식에 중요한 전환점이 되었다.

(3)

그러나 이와 같은 연유로 구상하게 된 나의 "잘못 배운 한국사"는 쓰기보다 가르치기가 더 어려웠다. 내가 그랬던 것처럼 고정 관념에 사로잡힌 학생들의 저항이 이만저만한 것이 아니었다. 교수의 강의이니까 참고 들었지, 학점이 안 나올까 봐 그렇게 답안지를 썼지, 그 속마음이야 아마도 부글부글 끓었을 것이다. "우리가 배운 것은 그런 것이 아니었다."고 눈 똑바로 뜨고 항변하는 학생들도 있었고, 자신의 종교에 대하여 거북한 내용을 들을 때면 무례하리만큼 대드는 학생들도 있었다.

학교 안에서 강의는 그렇다 하더라도 혹 밖에 나가 강의할 때는 이루 말할 수 없이 저항을 받았다. 문중門中의 문제는 건드릴 수 없는 성역이요, 금기의 지대였다. 그럴 때마다 절망하기도 했고, 넘을 수 없는 벽 앞에서 망연자실한 적도 있지만, 그 자리에서 돌아서면 내 생전에 내가 이길 것만 같은 자신감이 나를 다시 부추겨 주었다.

나는 잘못 배운 한국사를 강의하면서 다음과 같은 몇 가지의 확신이랄까 아니면 지표 같은 것이 있었다.

첫째로, 나는 일제 식민 사학으로부터 우리의 역사를 해방한다는 과분한 욕심을 가지고 있었다. 나라는 광복된 지 반세기가 훨씬 지났지만, 역사의 광복은 이뤄지지 않았다는 것이 나의 지론持論이었다. 더욱이 제도권 사학과 기성 사학의 오만과 아집을 나는 견딜 수가 없었다.

한국사학사를 멍들게 한 것이 일차적으로는 일제의 식민지 사학이었지만, 지금의 싯점에서 더 무서운 것은 내부 식민지 사학이다. 어떤 면에서는 내부 식민지 사학을 청산하는 것이 일제 식민지 사학에 견주어 더 어려울 수도 있다.

둘째로, 첫 번째 논지의 연속선상에서 나는 삼국시대사를 전개하면서 신라중심사로 그 시대를 보려는 시각을 받아들일 수가 없었다. 삼국 통일은 통일이 아니라는 생각을 지울 수가 없었고, 포석정鮑石亭이 왜 문화재로 칭송을 받아야 하는지 납득할 수 없었다. 왜 발해渤海를 가르치지 않으며, 백제는 저주받은 땅처럼 기록되어야 하는지를 알 수가 없었다. 나는 이들의 편에 서서 역사를 다시 쓰고 싶었다.

셋째로, 무어Barrington Moore의 주장처럼, 나는 "역사의 패배자에 대한 연민"을 강렬하게 가지고 있다. 역사가를 배출하지 못한 계급은 그 공적에 관계없이 역사의 주제가 되지 못하는 안타까운 현실을 나는 견딜 수 없었다. 그가 묘청妙淸이든, 신숙주申叔舟든, 김성일金誠一이든, 원균元均이든, 아니면 힘없는 소작농이든 간에, 역사의 패배자를 위해 변론해주는 것이 배운 값을 하는 것이라고 나는 믿고 있다.

나는 어린 시절에 국사 시간에 원균의 애기가 나올 때면 원씨 성을 가진 친구들이 어린 마음에 수치심으로 상처를 입는 것을 보면서 많은 연민을 느꼈다. 나는 저들을 옹변擁辯해 주고 싶은 충동을 느낄 때가 많았다. 이러한 입장은 많은 저항을 불러일으켰고, 그것은 나에게 힘든 싸움이었다.

(4)

이런저런 생각을 하고 있던 차에 《동아일보》로부터 "잘못 배운 한국사"를 연재해보지 않겠느냐는 제의를 받았을 때 나는 망설이며 선뜻 응낙하지 못했다. 나는 기성 사학의 도전이나 이해 당사자의 저항을 감당할 자신이 없었고, 신문사가 과연 얼마나 견뎌낼는지도 자신이 없었다. 몇 번의 숙의熟議를 거쳐 주제를 선정하는 과정에서 너무도 민감한 사안을 피해가면서 일단 20회를 연재하기로 하고 집필을 시작했다.

생각했던 대로 나는 엄청난 저항에 부딪혔고, 많은 고초를 겪었다. 즐거움과 보람, 그리고 많은 격려도 받았지만, 세상살이가 다 그렇듯이 기쁜 일보다는 마음 상했던 일이 더 뇌리에 남아 있다. 연구실이 점거당하고, 관계자의 후손들이 나의 직장 책임자를 찾아와 파면을 요구하고, 송사訟事에 휘말릴 뻔한 적도 여러 번 있었다. 신문사도 많이 보대꼈다고 들었다.

이제 한 권의 책으로 내면서 지난번에는 신문이라는 입장 때문에 쓰지 못했던 10여 편까지 모아 엮었다. 아울러 게재하는 동안에 독자들로부터 받은 이설異說과 항의문, 그리고 나의 답변도 함께 실었다. 논쟁이나 학설의 공방에는 똑같은 기회가 주어져야 한다고 믿기 때문이었다.

책으로 내면서 마음에 걸리는 일이 두 가지가 있다.

첫째로는 논쟁의 여지가 많은 주제를 다루면서 출전出典을 정확하게 제시할 수 없었다는 점이다. 전문 서적이 아니라 일반 독자들이 편한 마음으로 읽게 되어 있어 일일이 각주를 달지 못한 것을 아쉽게 생각하며, 더 전문적인 내용이나 논거를 알고 싶은 독자들은 나의 전문 서적을 참고해 주시기 바란다.

둘째로, "잘못 배운 한국사"를 쓰고 싶던 오랜 염원에도 불구하고 신문 연재라는 특수성 때문에 좀 더 체계적으로 쓰지 못하여 혹시 토막 지식이 되지나 않을까 걱정스럽다.

(5)

책을 낼 때면 표지에 저자로 나의 이름만 들어가는 것이 늘 미안하다. 한 권의 책이 되기까지에는 많은 분의 신세를 지기 때문이다. 이런 위험한 글(?)을 중앙 일간지에 게재할 수 있도록 기회를 주신 《동아일보》 사장 김학준金學俊 교수님과 실무를 맡아 고생하신 문화부의 홍찬식 부장님과 윤정국 차장님께 깊이 감사한다.

아울러 신문에 게재할 당시에 훌륭한 삽화를 그려 주어 부족한 글을 모양 나게 해주신 우현牛玄 송영방宋榮邦 화백에게 감사한다. 그러나 그분의 삽화를 쓰지 않은 출판사의 입장 때문에 너무 미안하여 송 화백에게 책 한 부 보내드리지 못해 늘 마음에 걸린다. 바쁜 가운데도 각 편을 읽고 의견을 피력해 준 건국대학교의 황주홍黃柱洪 교수께도 깊이 감사한다.

책을 낼 때마다 헌신적으로 도와준 나의 충실한 조교 박성진朴

城進(지금은 박사학위를 받고 한국학중앙연구원 선임연구원임) 군의 도움에 깊이 감사한다. 여러 가지 컴퓨터 작업은 나의 아들 나라가 도와주었다. 어려운 출판계의 실정에도 불구하고 부족한 글을 출판해준 풀빛출판사의 라병식 사장님과 김순진 박사님, 그리고 편집의 수고로움을 맡아주신 편집부의 이명희 선생님께 깊이 감사한다.

2001년 11월 7일

신복룡 씀

### 참고문헌


- Moore, Barrington, *Social Origins of Dictatorship and Democracy* (Boston : Beacon Press, 1967)
- Google
- Naver
- 《동아일보》
- 이종욱(역주), 『花郎世紀』(서울 : 소나무, 1999)
- 조용헌 대담
- 황현, 『매천야록』(서울 : 국사편찬위원회, 1972)

# 목 차

# 1. 한국인은 단일 혈통이 아니다

우리가 단일 민족이라고 믿는 허구는
스스로 옥죄는 굴레일 뿐이다.
우리 민족은 적어도 30개 종족의 혼혈이다.
— 본문 가운데에서

많은 여행을 해보지는 않았지만 내 일생에 가장 인상에 남는 곳은 미국의 네바다사막Nevada Desert이었다. 50만 년 전에 생성되었다는 소금 사막 앞에서 나는 인생의 왜소함과 역사의 유장悠長함을 느끼면서 이제까지 살아온 자신의 지난날을 문득 돌아보았다.

더욱이 사막 한가운데 있는 인디언 나바호족Navajo의 보호 구역에서 보낸 이틀은 내게 잊을 수 없는 추억이 되었다. 등에 아기를 업고 머리에 광주리를 인 할머니의 모습은 1950년대의 우리의 어머니와 너무도 흡사했다.

보호 구역으로 들어갈 때 신분증과 소지품을 검색하던 인디언 출신의 감독관이 나의 여권을 보더니 "어머니의 나라에서 온 분"이라면서 반색을 하던 장면은 더욱 충격적이었다. 이때 나는 우리 민족은 어디에서 왔으며, 어디까지 간 것일까에 대해서 관심을 두기 시작했고, 그 뒤 터키Turkey와 스페인Spain을 여행하는 동안 왼쪽 눈은 파랗고 오른쪽 눈은 노란 원주민을 보면서 혼혈混血의 신비에 관심을 두기 시작했다.

동서를 막론하고 어느 민족, 어느 국가에게나 신화神話가 있기 마련인데 이 신화라는 것이 때로는 정확한 검증이나 사실 확인을 거치지 않는 경우가 많다. 이러한 신화들은 무책임한 역사학자들의 단정적인 세뇌로써 대중에게 기정사실화되어 고정 관념으로 자리를 잡은 뒤에는 누구도 범접犯接할 수 없는 사실로 굳어지게 된다. 한국사에서 그 대표적인 사례가 아마도 단일 민족의 논리일 것이다.

우리 민족의 원류가 북방계와 남방계로 이뤄져 있다는 것은 학계가 다 잘 알고 있는 사실임에도 불구하고 아직도 단일 민족을 내세우고 있는 것은 기이한 일이다. 아마도 현대사의 비극을 겪으면서 민족의 동질성과 민족적 역량을 결집하고자 정치인이나 역사학자들이 이를 금과옥조처럼 내세웠기 때문에 빚어진 현상이리라고 생각된다.

그러나 생각해 보면 더 이상 이런 식의 국수주의적 사관에 따라 역사를 해석할 것이 아니라 이제는 정확한 사실에 근거하여 우리의 정체성을 밝히는 것이 역사학의 진정한 길일 것이다.

## 남방계는 쌍꺼풀이 있고 북방계는 뱁새눈이다

그렇다면 우리 민족은 어디에서 왔으며 어떻게 형성되었을까? 정확하게 말한다면 우리 민족은 북방계와 남방계가 주류를 이루고 있고, 그 밖의 소수 민족으로서는 내침족來侵族과 귀화인의 네 종족으로 이뤄지고 있으며 더 구체적으로 들어가 유전자를 따져 보면 적어도 26개 이상의 혈통으로 이뤄져 있다.

**몽골족**
북방계의 특징으로 코는 펑퍼짐하고 광대뼈가 다소 튀어나왔으며 모발은 굵고 뻣뻣하다.

태초에 아프리카에서 인류가 태어난 이후 그들은 동이 트는 곳을 향하여 한없이 이주하다가 몽골 대륙에 정착했으며, 그들의 일부는 다시 동진東進을 하다가 외딴 남쪽으로 흘러 들어와 지금의 한민족을 이루었는데 이들이 곧 북방계 한민족이다.

한민족의 주류를 이루고 있는 이들 북방계를 살펴보면 확연히 눈에 띄는 몇 가지 특징을 가지고 있다. 예컨대 엉덩이에 푸른 몽골 반점이 생기는 것은 다 잘 알려진 일이지만, 그밖에 북방계는 눈에 쌍꺼풀이 지지 않고 눈두덩이 두꺼우며 뱁새 눈almond eyes의 형태를 보여주고 있다. 한반도로 인구가 이동하던 2만5천~4만 년 전에는 기온이 영하 50°까지 내려갔기 때문에 그들은 눈동자의 동상凍傷을 막으려고 실낱같이 눈을 뜰 수밖에 없었다.

코는 펑퍼짐하고 광대뼈가 다소 튀어나왔으며 모발은 굵고 뻣뻣하다. 혀로 윗니의 안쪽을 더듬어보면 조금 패어 있는데 이는 북방계 몽골족에게만 나타나는 모습으로 인류학적으로는 삽니shovel teeth라고 한다.

북방계가 남하한 루트는 육로로 내려온 경우와, 산동반도山東半島일대에서 출발하여 인천仁川과 아산만牙山灣을 통하여 상륙한 경우와, 동해안을 따라서 해로로 남하한 경우가 있다. 따라서 경상남 · 북도 북부 해안지방은 남쪽 지방에 속하면서도 북방계가 자리 잡았으며 그 뒤 남방계의 북상과 함께 혼혈이 이뤄졌기 때문에 이곳은 남방계인지 북방계인지를 구분하기 가장 어렵다. 북방계의 남진 루트는 기이하게도 한국전쟁 당시의 피난길과 정확하게 일치하고 있다.

## 고수레는 북방계

남쪽으로 내려오지 않고 동쪽으로 계속 이주한 무리는 얼음이 덮인 베링Bering해협을 거쳐 미주 대륙으로 건너가 지금의 아메리칸 인디언이 되었고, 더 남쪽으로 내려간 종족들은 지금의 남미 인디오족Indios이 되었다. 이들에게 체형이나 얼굴 모습은 물론 북방계의 생활 습속이 그대로 남아 있는데, 이를테면 음식을 먹기에 앞서 고수레를 한다거나 세수할 때 푸드덕거리며 목덜미까지 씻는 버릇이 그에 해당한다. 이러한 버릇은 몽골리안에게만 나타나는 독특한 현상이다.

일제 시대에 일본의 첩보 당국에서는 얼굴 모습이 중국인을 빼닮았고 중국어를 유창하게 하는 한국인들을 뽑아 중국에 첩자로 파견한 일이 있었다. 그런데 어느 모로 보나 중국인과 구별할 수 없었던 이들이 중국 공안公安에게 적발되어 체포되었는데 그 단서가 바로 세수할 때 푸드덕거리는 소리를 내고 목덜미를 씻는 버릇 때문이었다. 비단 중국인들뿐만 아니라 세계의 모든 민족이 다 그렇듯이 고양이 세수를 하는 민족들에게 한국인과 같은 방식의 세수 방법은 신기하게 보일 수밖에 없었을 것이다.

남방계는 위와 같은 모습과는 달리 눈에 쌍꺼풀이 지고 코가 오뚝하며 북방계에 견주어 피부는 다소 검고 꺼칠하다. 우리는 길을 가다 일본인을 만나면 그들이 일본인임을 육감적으로 알아본다. 그러면서도 어떤 점에서 일본인 같으냐고 물으면 설명을 하지 못한다. 그러나 자세히 살펴보면 그 설명이 불가능한 것이 아니다.

우선 남방계는 얼굴의 모습이 북방계에 견주어 X축이 좁으며, 따라서 상대적으로 얼굴이 갸름해 보인다. 턱의 모습을 보면 북방계는 다소 넓고 모가 진 것과 달리, 남방계는 하관이 빠르다. 이것은 육식을 주로 하던 북방 유목 민족과 채식菜食을 주로 하던 남방계의 턱뼈[顎骨]의 진화 형태가 다르기 때문이다. 머리칼은 북방계에 견주어 더 가늘거나 보드랍고, 곱슬머리인 경우도 있다. 누에 눈썹에 눈썹과 눈의 간격이 좁은 것도 남방계의 특징이다. 눈썹이 짙은 것은 강우량과 관련이 있을 것이다.

남방계와 북방계가 결정적으로 다른 것은 체형이다. 북방계는 다리가 긴 반면에 상체가 다소 왜소해 보이고 손의 길이가 짧다. 이를 우리는 흔히 새가슴이라 부른다. 기골이 장대한 듯하면서도 가슴이 좁은 체형은 북방계에서 나타나는 현상이다.

그와는 달리 남방계는 손이 길고 상체가 발달하여 어깨가 벌어졌으며 다리가 짧아 약간 안짱다리의 모습을 하고 있다. 그러므로 영양 상태가 거의 같이 발달한 오늘날의 신세대에게서는 잘 나타나지 않지만 얼마 전까지만 해도 앉은 키는 일본인이 더 컸고 선 키는 북방계 한국인이 더 컸다. 초원을 달리던 북방계의 다리가 더 길고, 밀림에서 생활하던 남방계의 팔이 더 긴 것은 진화

**씨름**
다리가 발달한 북방계의 씨름에는
다리 기술을 많이 쓴다.

**스모(相撲)**
상체가 발달한 남방계의 스모는
팔 기술을 많이 쓴다.

의 자연스러운 결과이다.

우리는 주변에서 평소 볼 때는 커 보이지 않던 사람이 방바닥에 앉는 자리에서 문득 커 보이는 사람이 있는데 이런 사람이 대표적인 남방계이다. 체형이 다르므로 걸음걸이의 모습도 다르다. 엉덩이를 뒤로 빼고 오리걸음을 걷는 사람은 남방계이고 큰 키에 앞뒤로 건들거리듯이 걷는 사람은 북방계이다.

이러한 체형體型의 차이는 운동에서도 잘 나타나서 다리가 발달한 북방계의 씨름과 태권도에는 다리 기술을 많이 쓰고 상체가 발달한 남방계의 스모相撲와 가라테空手는 손기술을 많이 쓴다.

## 정주영鄭周永은 북방계, 박태준朴泰準은 남방계

남방계와 북방계를 구분하고자 더 긴 얘기를 할 필요가 없이 바로 말해 정주영鄭周永 씨와 박태준朴泰俊 씨가 각기 북방계와 남방계를 대표하는 모습이다. 우리야 그들이 모두 한국인이거니 생각하지만 제3국인이 이 두 인물을 보고 같은 종족으로 인식한다는 것은 어려운 일이다. 일본의 총리를 지낸 나카소네 야스히로中曾根康弘와 다케시다 노브루竹下登가 동족이 아니듯이 정주영 씨와 박태준 씨는 전혀 다른 혈통의 한국인들이다.

북방계와 남방계의 이입은 전쟁으로 이뤄진 경우도 적지 않았다. 이들 소위 내침족은 이미 터 잡고 살던 사람들의 이주를 유발했을 뿐만 아니라 패잔한 낙오병이나 잔류 병사들도 혼혈에 적지 않은 몫을 차지했다. 인류 역사에 어느 나라인들 전쟁이 없었을까마는 한반도만큼 전쟁이 빈번했던 지역도 그리 흔치는 않다.

고대사에서의 전쟁은 접어두고라도 중근세 이후만 하더라도 거란의 침략, 몽골족의 침입, 임진왜란, 병자호란, 일제 35년, 군정기와 한국전쟁 등을 통해서 수많은 혼혈이 이뤄졌다. 전쟁은 "원치 않는 임신"을 유발하기 때문에 더 많은 혼혈을 일으킬 수밖에 없었다.

혼혈의 특이한 현상으로는 옛날에도 귀화인歸化人이 있었다고 하는 사실이다. 귀화는 의도적으로 내한한 무리와 표착漂着한 무리로 다시 나뉜다. 김해金海 김 씨의 시조인 수로왕首露王의 부인이 중국을 거쳐 들어온 인도계의 허許 씨라는 것은 이미 잘 알려진 일이며, 김해의 수로왕릉의 문무상文武像이 곱슬머리를 한 아

허황후(許皇后) 도래 기념 한국 – 인도 공동 우표(2019)

랍계의 모습을 보여주고 있다는 사실이 이를 입증해 주고 있다.

덕수德水 장張 씨는 아랍계 상인이 이 땅에 정착한 사례로서 그들의 체형은 한국의 토종과는 달리 기골이 장대한 특징을 보여주고 있다. 얼굴이 희멀겋고 달덩어리 같은 얼굴은 서방계이다. 화산花山 이李 씨는 베트남의 왕족으로서 본국의 난을 피하여 떠돌다가 한국에 정착한 보트 피플의 후손들이며, 우록友鹿 김 씨는 임진왜란 당시에 조선에 쳐들어왔던 일본인 장수 사야가(沙也可 : 金忠善)가 조선이 좋아 귀순하여 사성賜姓을 받은 경우이다.

귀화인의 대종을 이루는 것은 역시 중국에서 들어온 성 씨이다. 예컨대 조선조의 명문거족이었던 연안延安 이 씨는 당나라의 군대가 고구려에 쳐들어왔을 때 함께 온 장수 이무李茂가 전쟁이 끝난 뒤에도 이 땅이 좋아 머물러 앉은 경우이며, 청해淸海 이 씨는 여진족이고, 경주慶州 설 씨는 위구르계의 귀화인이다. 희성稀姓이기는 하지만 가賈 씨, 공孔 씨, 은殷 씨, 맹孟 씨, 방龐 씨, 사史 씨, 어魚 씨, 인印 씨, 장蔣 씨, 팽彭 씨, 풍馮 씨, 제갈諸葛 씨, 호扈 씨, 호胡 씨, 형邢 씨 등은 모두가 중국에서 귀화한 씨족이다.

혼혈의 특별한 사례로는 약탈혼이 있다. 이른바 납치에 의한 혼혈을 뜻한다. 납치는 우리에게 피상적으로 알려진 바와 같이 여성을 대상으로 한 것은 아니며, 남자를 약탈혼의 대상으로 삼은 사례도 많다. 그러나 이러한 약탈혼이 전적으로 비인도적인 인권 유린만은 아니다.

이를테면 한국에서의 "보쌈"은 개가改嫁 금법이라는 엄혹한 신분법에서 젊은 여인을 탈출시키는 수단이었고, 아프리카 사회에서 이뤄지고 있는 부족 간의 약탈혼은 근친상간을 피하기 위한 자연의 섭리였다. 그러므로 이를 부르기 편하게 약탈혼이라 하지만, 사실은 양쪽에서 암묵적으로 동의한 상태에서 이뤄진 것이다.

한국인은 단일 민족이 아니라는 이와 같은 논지를 전개하면서 나는 이러한 이론이 우리의 국조가 단군檀君이 아니라고 주장한다든가 또는 한민족의 정체성을 혼란스럽게 만들 수도 있다는 점에서 매우 조심스럽다.

그러나 현대 민족주의에서 이미 혈통은 대체로 부인되고 있으며, 역사적 운명의 공유共有와 일체감, 그리고 언어의 동질성을 민족의 본질로 삼는 것이 지금의 추세인 점에서 본다면, 혈통이 같거나 다름은 민족의 정체성을 훼손하는 이유가 될 수는 없을 것이다.

이제는 인순이도, 할리[河一]도, 주현미도, 윤수일도 모두 우리가 보듬고 사는 세계화의 시대인데 더 이상 내 핏줄만을 따져서 무슨 의미가 있겠는가? 더구나 21세기에 들어와 폭주하고 있는 동남아 연인과의 혼인이 빈번한 상황에서 단일 민족의 신화는 이미 의미가 없다.

## * 추기

이 글은 당초에 "한국인은 단일 민족이 아니다"라는 제목으로 게재되었다. 많은 항의를 받고 이 책에서는 "민족"을 "혈통"으로 바꿨다. 이 글이 나간 뒤 독자들의 반향은 일반적으로 충격적이었다는 것이었지만, 남다른 항의를 한 통 받았다. 그분의 비평에 따르면, 한일 교과서 파동을 겪고 있고 기독교도들이 단군상檀君像을 훼손하는 이 미묘한 시점에 우리 민족이 혼혈이라는 주장은 민족 동질성을 파괴하는 처사로 비난받아야 한다며, 욕을 바가지로 퍼부었다.

그러나 나는 이 글을 통하여 민족 동질성을 부정하고 싶은 생각은 추호도 없었다. 카E. H. Carr의 말처럼, 해석은 각기 다를 수 있지만, 사실은 신성한 것이다. 사실이 먼저이고 의미 부여는 그다음이다. 나는 사실만을 말했을 뿐이고, 해석은 서로 다를 수 있다.

### 참고문헌


• E. H. Carr, *What is History?*(London : Macmillan Co., 1961)

## 2. 서낭당은 원시 석전石戰 시대의 병참 기지였다

전통 문화가 사라지면
현대 문명도 설 곳이 없다.
— 본문 가운데에서

요즘 젊은 사람들에게는 마치 전설 속의 얘기처럼 들릴지 모르지만, 우리가 어렸을 적, 아직 칡뿌리를 캐 먹을 수 있는 계절도 아닌 정 · 이월이면 정말로 배가 고파서 견딜 수가 없는 날들이 많았다. 그나마 다행히도 이 계절에는 정월 대보름을 전후하여 고사告祀를 지내는 집이 많았다.

제례 의식을 마치고 나면 이웃 사이에 나눠 먹기도 하고, 제수祭需 음식을 서낭당에 가져다 놓는 풍습이 있어 우리는 그곳을 찾아가 떡을 먹곤 했다. 그런 음식을 먹으면 남자가 담대膽大해진다고 하여 어른들도 그 음습하고 불결한 놀이를 막지 않았다.

그런데 이 땅에 기독교가 갑자기 성행하고, 10월유신維新시대에 조국 근대화 사업을 추진하는 동안 서낭당은 거의 없어져 이제는 민담으로나 전해오고 있는 실정이다. 기독교도들이 서낭당을 그토록 부정不淨하게 생각한 것은 그것이 우상 숭배라고 믿었기 때문이었고, 유신 시대에 더욱 인멸된 것은 도로 공사에 돌멩이가 필요했기 때문이었다.

교회 전도사나 학교 선생님의 말씀대로 서낭당은 미신이려니

**정월 보름 전후의 석전**

하던 철모르는 시절의 생각은 한국의 민속을 관찰하고 공부하게 되면서 전혀 다른 결론에 이르게 되었다. 그것이 지금은 비록 무속화巫俗化되었다고는 하지만, 서낭당은 당초부터 미신이 아니라 원시 부족 국가 시대에 돌싸움[石戰]으로 촌락을 방어하던 무기(돌멩이)의 저장소였다. 요즘의 표현을 빌려 말한다면 일종의 병참兵站기지였다.

## 고대 사회에서는 돌멩이가 주전 무기

우선 서낭의 사전적 의미를 살펴보면, 그것은 한자의 성황城隍이 음운 변화를 일으킨 것이다. 성城이라 함은 글자 그대로 성이며, 황隍이라 함은 성을 쌓고서도 미덥지 못하여 그 주변에 팠던 물길[垓字, moat]을 의미한다. 따라서 서낭은 본디 촌락 방어의 의미를 지니었다.

이러한 사실들은 역사적 문헌으로써도 입증되고 있다. 예컨대 신라는 왜구의 침략이 있을 때면 돌멩이 부대를 조직하여 적을 격퇴했고(『삼국사기』 자비왕 2년 4월), 고구려에는 당나라 군사에 대항하고자 특별히 조직된 돌멩이 부대[石投幢]가 있었다.(『삼국사기』 보장왕 4년 5월) 고려 시대에는 석투군石投軍이라는 정식 군사 조직이 있었고(『고려사』 志 · 兵 · 五軍條), 조선조에는 성황도감城隍都監이라는 별무군別武軍을 두어 정기적인 석투 훈련을 실시했다.(『태종실록』 6년 6월 癸亥)

남한에서 서낭이 가장 많이 분포된 곳은 남한산성南漢山城의 동북쪽인 마천동馬川洞, 속칭 돌무데기마을, 거여동巨餘洞일대의 산기슭과, 거제도巨濟島 장승포長承浦 일대의 옥포만玉浦灣 해안이다. 남한산성에 이토록 서낭이 많은 것은 병자호란丙子胡亂과 무관하다고 볼 수 없고, 장승포에 요새要塞처럼 서낭이 늘어서 있는 것은 이곳에 왜구의 피해가 잦았기 때문이며, 이순신李舜臣의 첫 해전이 이곳에서 벌어진 것도 우연은 아니었으리라고 생각된다.

서낭의 전투적 성격이 가장 잘 보전된 곳은 역시 행주산성幸州山城이다. 내가 1980년에 답사해 본 바에 따르면, 행주산성 동남

**광주군 서부면 감이리(남한산성) 서낭 :**
걸린 것이 병자의 옷이다. (1980년 9월 촬영)

쪽 기슭, 곧 한강의 북안北岸이 되는 덕양산德陽山의 남남동쪽 기슭에는 석전의 유적이 그대로 남아 있었고, 우리가 구전으로 들어오던 행주산성의 아낙네들이 행주치마에 돌멩이를 싸서 날랐다는 것은 단순히 민담이 아니라 사실임을 확인할 수 있었다. 이곳의 한강 바닥에는 사구砂丘가 형성되어 한강 하류 가운데서 깊이가 가장 얕아 임진왜란 무렵의 왜군이나 한국전쟁 무렵의 북한군도 이곳을 도강渡江 지점으로 삼았었다.

그러나 서낭의 군사적 기능은 병기 기술의 발달, 특히 화약과 총포의 발명과 함께 서서히 사라지고 민속놀이로 그 잔영殘影이 남아 있는데, 1960년대까지만 해도 시골에서 정월 대보름날의 행사로 볼 수 있었던 아래윗마을의 돌싸움이 그 대표적인 예였다.

개화기 의사이자 목사이자 외교관이었던 알렌Horace Allen은

**서울 만리동 고개 서낭 :**
11시 방향에 서소문이 보인다. (촬영 : 1910년대 초, 촬영 지점 : 아현동)

다음과 같은 기록을 남겼다.

이른 봄이 되면 서로 적수인 두 마을 사람들은 얼어붙은 들판에 모여 어느 편이 힘이 센지를 겨루는 시합을 한다. 머리에 새끼줄로 만든 헬멧을 쓰고 곤봉으로 무장한 선발대가 중립 지대를 가로질러 상대편에게 덤벼들면 후방에서 방어를 하고 있던 사람들은 언덕을 달려 내려가 상대편 마을 사람들을 향해 돌팔매질을 한다. 이들은 돌팔매질을 능숙하게 하므로 대단한 위력을 발휘한다.

일반적으로 이러한 실감 나는 싸움 끝에는 몇몇 사망자와 심한 부상자들이 많이 생긴다. 내가 조선에 도착한 지 얼마 안 되었을 때이다. 이러한 싸움이 벌어진 뒤, 전두골의 두개골판이 부서져 뇌가 들여다보이도록 몹시 다친 한 남자가 나를 찾아왔다. 아마 군인들이 보았다면 주민들이 격렬하게 군사 훈련을 한다고 생각할 정도였다.

— 알렌의 『조선견문기』에서

우리 나라에서 가장 큰 돌싸움 행사는 만리동萬里洞 고개의 것이었는데, 1900년대 초엽의 선교사 기록에 따르면, 구경꾼이 3~4만 명이었고, 싸움꾼만 9천 명이었다고 한다. 이 싸움에서 이기는 마을에는 풍년이 들고 지는 마을에는 흉년이 든다고 믿었기 때문에 싸움은 더욱 치열하였다. 사망자가 발생하는 일은 흔히 있었고, 부자父子가 갈려서 싸워도 양보하는 일이 없었다고 한다.

### 마을의 요로 후두부에 위치

서낭의 전투적 성격을 알려면 그 위치를 주목해야 한다. 서낭은 반드시 마을로 들어가면서 거치지 않을 수 없는 요로[後頭部]에 위치하고 있다는 공통된 특징을 가지고 있다. 그것이 제신祭神이나 제천祭天이나 제산祭山을 위한 것이었다면 한적하고 높은 곳에 위치할 일이지 사람이 번잡하게 왕래하는 동네의 어구에 위치할 이유가 없었다. 그리고 그것이 제단의 의미였다면 돌멩이의 크기가 더 클 수도 있고 규격화되어 있어야 하며, 꼭 던지기에 알맞아야 할 이유가 없었을 것이다.

당초에는 무기 저장고였던 서낭이 무속화 과정을 겪게 된 것은 그 신성성神聖性 때문이었다. 전쟁을 하는 사람들의 공통된 생각

색동헝겊은 성소의 장식이다.

은 죽음에 대한 공포와 승전에 대한 소망이다. 그래서 고대인들은 출진에 앞서 동구 앞에서 전승 기원戰勝祈願의 의식을 거행하는데 이때부터 서낭이 일종의 소도화蘇塗化 현상을 보임으로써 무속의 성격을 띠게 되었다. 서낭이 있는 그 동구를 잘 지키느냐 못 지키느냐에 따라 그 마을의 안녕이 달려 있었기 때문에 이곳을 성역처럼 생각하면서 신성 개념이 부여되었다.

## 서낭에서의 의식

서낭이 무속화된 이후로 촌락 사람들은 서낭 앞을 지날 때면 몇 가지 지켜야 할 의식을 갖게 되었다. 예컨대 일단 고개를 숙여 절을 올리는데 이는 성소聖所에 대한 공경의 의미가 있다. 떡과 같은 음식을 바치는 것은 물신物神에 대한 향응의 뜻을 가진 것 같다.

침을 뱉는 것은 그곳에 모여 있을는지도 모르는 잡신을 떨쳐버리려는 두려움 때문이다. 그 밖에 색동헝겊이나 왼쪽으로 꼰 새끼줄을 걸어놓는 것은 단장의 의미가 있고, 까치발을 세 번 뛰거나 짚신을 갖다 놓는 것은 여행의 안전을 비는 것이다.

돈을 놓는 것은 죽은 이와 저승사자를 위한 여비의 의미가 있고, 헌 옷을 걸어 놓는 것은 지금 병중에 있는 그 주인의 쾌유를 비는 소망이며, 황토를 뿌리는 것은 죽은 이의 황천행을 비는 마음의 표시이다. 그 밖에도 임신한 여인이나 생리 중인 여인은 그곳을 지나가지 않는 금기의 풍속이 있었고, 그곳은 성소이므로 그 앞에서는 말에서 내려 걸어가는 것이 관례였다.

## 원시와 문명은 공생 관계

아래 사진은 강원도 명주군 사천면 사기막리의 서낭인데 서낭의 무속성을 가장 잘 보여주고 있다. 꼭대기에 솟아 있는 돌멩이는 남근석男根石인데 이는 이곳이 아들을 바라는 아낙네들이 치성致誠을 드리던 기자암祈子岩이었음을 보여주고 있다. 주변에 둘러선 큰 돌은 이미 이곳이 성소가 되었음을 보여주고 있다.

나는 이 글을 통하여 서낭의 무속적 성격을 부인하거나 그 신성성을 찬양할 뜻은 없다. 내가 강조하고자 하는 것은 민속만큼 민족의 정서를 절실하게 표현하는 것은 없고, 서낭의 무분별한 훼손은 빗나간 근대화의 논리라는 점을 지적하고 싶을 뿐이다. 우상 숭배를 금지하는 기독교의 근본주의, 촌락의 단결심과 일체감을 깨트리고자 부락제를 금지했던 일제의 탄압, 그리고 1970년

강원도 명주군 사천면 사기막리 서낭(1980년)

대의 새마을 운동 등 일련의 반전통 운동 앞에서 사라진 우리의 유산에 대한 연민과 민족 문화의 뿌리에 대한 인식을 촉구하고 싶을 뿐이다.

원시와 문명의 차이는 그리 멀지 않다. 원시는 문명 속에 살아 숨 쉬고 있고, 문명은 원시에 뿌리를 두고 있다. 샹들리에 휘황한 워커힐호텔 옆에 다소곳이 앉아 있는 서낭의 모습은 얼마나 절묘하고도 아름다운 문명과 원시의 콘트라스트인가?

## * 추기

이 글이 나간 후로 나는 기독교계로부터 여러 차례 힐책詰責을 들었다. 서낭당 얘기만 하면 되었지 거기에 왜 기독교를 물고 들어가느냐는 것이었다. 나는 기독교가 이 땅의 전통 문화를 황폐화

한 데 대해 좋지 않은 감정을 가진 것은 사실이지만 의도적으로 기독교를 비난할 뜻은 없었다.

### 참고문헌


- 『고려사』
- 『삼국사기』
- 신복룡, 「고대의 전쟁 : 石戰과 서낭의 의미」, 『한국사에서의 전쟁과 평화』(서울 : 선인출판사, 2021)
- 알렌(Horace Allen)(지음), 신복룡(역주), 『조선견문기』(서울 : 집문당, 2019)
- 『태종실록』

## 3. 풍수지리설의 신비

풍수지리설은 미신이 아니라
그 시대의 인문지리학이었다.
— 본문 가운데에서

현대 문명, 특히 그 가운데 기독교로 착색된 서구 문명이 이 땅에 들어오면서 벌어진 가장 가슴 아픈 사실은 우리의 전통 문화가 비하卑下와 멸시 속에 매몰되었다고 하는 사실이다. 무당은 사람 취급을 받지 못했고, 장승은 모두 없어지고, 심지어는 몇 년 전에 영등포 장승배기의 장승이 석유 불에 탔고, 어느 대학에서는 학생들이 세운 장승을 밤중에 때려 부수는 것으로써 자신의 믿음[信心]을 과장해 보이려 했다. 어느 사회에서나 근본주의 또는 원리주의 신앙은 안 믿는 이보다 죄가 크다.

그러나 이러한 인식은 잘못된 것이었다. 우리의 민간 신앙을 서구적인 틀[眼目]로 이해하려는 것부터가 빗나간 시각이다. 우리의 민간 신앙은 서구적 유일신의 개념과는 다른 자연주의적 범신론汎神論으로서 일종의 물활론(物活論 : animism)이었고 자연숭배 사상의 발로였다.

이를테면 동구의 멋있게 생긴 느티나무에도 영혼이 있고, 수락산水洛山 입구의 마당 바위에도 하느님의 섭리가 있다고 생각했다. 한국인들은 모든 곳에 신이 있다고 생각했다. 부뚜막, 부엌,

장독대, 화장실, 문지방, 다락에도 신이 있다고 생각했다. 그러한 신들은 창조주 여호와나 유일신의 개념과는 전혀 다르며, 서구적 종교론으로는 규명될 수 없는 신비함이 있다.

## 공자孔子께서도 그 뜻을 깨우치지 못해

내가 대학에 다닐 적에 헌법을 가르치시던 김정실金正實 교수님이라는 분이 계셨다. 그분은 전공 강의에 못지않게 세상사는 얘기며 독서에 관한 말씀을 많이 해주셨는데, 어느 날 책을 소개하면서 말씀하시기를, "이 세상의 책이 지금 모두 불타고 있다면 불길에 뛰어들어 『구약성서』「창세기」를 먼저 건져야 할지, 아니면 『주역』周易을 먼저 건져야 할지 모르겠다"고 말씀하셨다.

『창세기』는 다 아는 얘기니까 그렇다 치고, 『주역』이란 무엇인가? 공자孔子께서도 주역을 늘 읽으셨다. 당시는 종이가 없어 대나무를 얇게 쪼개어 그 위에 글자를 썼는데 이를 죽간竹簡이라고 한다. 죽간의 위쪽에 구멍을 뚫어 쇠심줄[韋]로 엮어 책을 만들었는데 그 모양에서 冊이라는 상형 문자가 나왔다. 공자께서는 그 책을 얼마나 읽었던지 그 쇠심줄이 세 번 끊어졌다. 여기에서 위편삼절韋編三絕이라는 고사성어가 나왔다.

그렇다면 공자께서 그토록 심취하셨다는 『주역』의 본질은 무엇일까? 공자께서 쇠심줄이 세 번 끊어지도록 읽으셨지만, 노년에 "아직 모르겠다"고 탄식하시면서, 세상을 떠나실 무렵에는 "몇 년만 더 살았으면 알 수 있겠는데…." 하며 탄식하셨다. 그토록 오묘한 진리를 나 같은 필부가 어찌 알 수 있을까마는 굳이 설명

**장승은 원시 형태의 이정표였다.**
어느 기독교계 대학에서는 이를 우상이라고 도끼로 찍어버렸다.
솟대는 반드시 동쪽을 바라보아야 한다.

해 본다면 다음과 같은 다섯 가지로 구분하여 설명할 수 있을 것이다.

첫째로, 주역은 우주의 지속적인 변화를 전제로 한다. 따라서 주역은 우주 질서의 정체라든가 절대성 또는 숙명성을 부정한다. 우주 질서의 변화에는 세 가지의 원칙이 있는데;

(1) 우주는 끝없이 변한다고 하는 변역變易의 원리
(2) 이렇게 변하는 가운데에도 일정 불변의 정연한 이치가 있다는 불역不易의 원리
(3) 이 변화는 간명하다는 간역簡易의 원리가 있다.

이와 같이 우주의 만상이 끝없이 변한다고 하는 이론은 서구의 고대에서 "만물은 유전流轉한다"고 생각했던 헤라클리토스Heraclitus의 사상과 매우 유사한 성격을 보여주고 있다.

둘째로, 주역은 우주를 이원론적으로 파악하려 한다. 우주에는 천 · 지가 있고 음 · 양이 있다. 우주에 이렇게 음양이 구분된 것이 곧 도道이며, 이러한 도를 잘 이어받는 것이 곧 선善이라고 하고, 이를 이루는 것을 성性이라 생각한다.

어진 무리는 이것을 보고 인仁이라 하고, 지혜 있는 무리는 이것을 보고 지知라고 한다. 우주의 질서를 이원론적으로 보려는 견해가 정치 권력에로 전이될 때 그것은 권력의 상대론적 관계설로 발전할 수 있고 여기서 치자[君主]와 피치자[民]라는 정치 또는 권력의 이분법적인 확대 해석이 나오게 된다.

셋째로, 주역은 우주 질서를 이원론적으로 보고 있음에도 불구하고 음양이나 건곤이나 천지나 남녀가 화합할 수 없는 대립적 존재로 보지 않고 둘은 끊임없이 조화를 이루며 지속된다고 본다. 우주에는 이미 질서[位]가 마련되어 있고 이 질서 가운데서 음양이 서로 조화를 이루며 바뀌는 것이지 무질서한 것은 아니다.

바꿔 말해서 천지[乾坤]가 상호 관계를 유지[交]할 때 만물은 서로 통한다. 이러한 도를 이루고자 치자[乾]는 원(元 : 착한 것의 으뜸이 되는 일), 형(亨 : 기쁜 일의 모임), 이(利 : 의리의 화합), 정(貞 : 일의 줄거리)을 갖추어야 하지만, 백성[坤]은 늘 순하게 하늘을 따라야 한다. 이것이 곧 우주의 조화이며 질서이다.

넷째로, 주역에 따르면 인간은 우주의 한 부분이다. 따라서 인간은 소우주小宇宙라고 본다. 우주에 건곤 · 천지 · 음양이 있듯이 인간의 세계에는 남녀 · 노소 · 장유長幼가 있다. 인간이 소우주라는 것은 인간도 우주의 본질을 벗어날 수 없음을 의미한다. 인간이 소우주의 본분을 지키려면 네 가지의 자질을 갖추어야 하는데;

(1) 다른 사람과 더불어 덕을 함께 해야 하고,
(2) 밝음[明]과 더불어 자신의 밝음을 갖추어야 하고,
(3) 계절의 변화와 더불어 질서를 지켜야 하고,
(4) 귀신과 더불어 길흉을 함께 하여야 한다.

이 원리는 하늘도 거스르지 못했거늘 어찌 인간이 이를 거스를 수 있겠는가? 라고 묻는다.

다섯째로, 주역의 이원론은 평등의 개념 위에 기초하고 있는

것은 아니다. 하늘[天]은 항상 "높은 데"서 낮은 곳을 비추며, 땅[地]은 "낮으므로" 항상 위를 우러러보아야 한다. 왜냐하면 하늘은 항상 올바르게 운행되고 있기 때문이다. 하늘의 운수가 이렇듯이 소우주인 인간의 세계에도 마찬가지이다. 양은 음보다 높듯이 남자는 여자보다 높고 노인은 젊은이보다 높다. 따라서 올라가는 것은 거스름[逆]이요, 내려가는 것은 순리[順]이다.

## 잠蠶자가 들어가는 곳은 본디 내시촌

이와 같은 내용을 담은 주역이 점占과 무속巫俗으로 타락하기 시작한 것은 그 해석의 폭이 그만큼 넓었기 때문이었다. 이로써 주역이 억불숭유抑佛崇儒 시대의 조선조에는 도가道家사상과 융합되어 절간으로 들어가 점이나 보고 택일擇日이나 해주는 삼신각三神閣이나 칠성각七星閣이 되어 대웅전 뒤에 자리 잡았고, 여염으로 흘러 들어가서는 풍수지리와 점복占卜이 되었다.

그런데 점복은 잘 모르겠지만 풍수지리설은 참으로 오묘한 데가 있다. 이렇게 말을 꺼내면 독자들은 우선 묏자리 잘 써서 자손이 번창하고 금시발복今時發福했다는 옛날 할아버지들의 얘기를 연상하겠지만, 내가 말하고자 하는 것은 그런 방면보다는 우리의 옛 지명地名의 신비로움이다. 예컨대, 다음과 같은 예를 들어보자.

지금은 다소 규모가 축소되었지만 청주淸州비행장의 경우를 보면, 비행기가 뜨는 곳의 마을 이름이 비상리飛上里이고 활주로가 끝나는 마을에 비행기가 내려앉는 곳의 이름이 비하리飛下里이다.

**청주비행장 :**
비행기가 뜨는 윗마을이 비상리(飛上里)이고,
내리는 아랫마을이 비하리(飛下里)이다.

지금은 국내선 공항이 된 김포金浦는 "쇳덩어리가 내려앉는 항구"라는 뜻이다. 전북 이리裡里는 풍수지리적 용어로 말하면 집사혈集蛇穴 곧, "뱀이 모여드는 곳"인데 이리역에 서서 서울에서 내려오는 기차, 호남선과 전라선 그리고 군산선을 타고 들어오는 기차를 보면서 뱀을 생각하는 것은 무리가 아니다.

논산훈련소 사령부가 있는 동네의 이름은 구자곡九子谷인데 굳이 풀이하자면 "아홉 도道의 아들들이 모여드는 골짜기"라는 뜻이다. 풍수지리설에 따르면 이곳은 금계포란형金鷄抱卵型 곧, "닭이 알을 품고 있는 형상"이어서 닭과 상극인 지네[기차]가 들어가지 못해 지금까지도 신병 교육생들이 버스를 갈아타고 훈련소까지 걸어 들어가고 있다.

당초에 논산훈련소를 세울 당시에는 철로가 연무대를 지나게 되어 있었으나 그곳 유생들의 반대로 지금처럼 빗겨 가게 되었다. 당시 훈련소장 백○엽白○燁 장군은 알아주는 불도저였지만 유생들의 고집을 꺾을 수가 없었다.

광양제철소 앞바다에 있는 섬의 이름은 "쇠섬"[鐵島]이다. 핵폐기물을 묻기로 된 굴업도堀業島는 뭔가 "끌어 묻게 되어 있는 섬"이라는 뜻이다. 꽃지해수욕장에서 세계꽃박람회가 열릴 줄을 누가 알았으랴? 지금 전국의 학자들이 모여 있는 연구 단지 유성儒城은 "선비들이 모여 사는 곳"이라는 뜻이다. 익산의 성당포聖堂浦에 가면 유서 깊은 초기의 성당이 있다. 물론 성당포란 지명은 훨씬 오래 앞서 고려 때 생긴 것이다.

서울에 누에 잠蠶자가 들어가는 지명이 세 곳 있는데, 식자識者들은 그곳이 왕이 친잠親蠶하던 곳이라고 현학적衒學的으로 풀이하지만 그것은 괜한 소리이고, 이곳은 내시촌內侍村이라는 뜻이다. 상징적으로 "고추가 번데기처럼 되어버린 남자들이 사는 곳"이라는 뜻이다. 본래 한자어로 잠궁蠶宮이니 잠실蠶室이니 하는 지명은 내시촌이라는 보통 명사이며, 잠형蠶刑이라 함은 궁형宮刑이나 부형腐刑과 같은 뜻으로 남근男根을 자르는 형을 의미한다.

연세대학교 안의 서잠실 터

서울 남동쪽의 잠실은 내시양성촌이었고, 지금의 연세대학교 자리는 서잠실인데 은퇴내시촌이었다. 지금도 정문으로 들어가 옛 백양나뭇길로 150미터 쯤 올라가면 "서잠실"西蠶室이라는 나지막한 석주가 있다. 서울의 강남에 잠○동蠶○洞

배산임수(背山臨水)의 평화스러운 시골 마을

이라는 곳이 있는데 모두가 아파트 단지이다. 산아 제한을 하던 1970년대에 불임 수술한 남자들만이 이곳의 아파트를 청약할 수 있었다.

그러니 이런 문제들을 어떻게 서양의 과학이라는 이름으로 설명할 수 있을까? 풍수지리설에 입각한 지명의 신비한 사례는 전국에 수없이 많다. 신비함이 "무엇 무엇"이라고 남김없이 설명될 수 있을 때 그것은 이미 신비함이 아니다.

## 풍수지리설은 그 시대의 인문지리학

그렇다면 풍수지리란 무엇인가? 그것은 우리의 선조들이 그 시대의 인지人智로써 깨달을 수 있었던 최고의 인문지리학이자 정치지리학이었다. 그들로서는 안거낙업安居樂業, 곧 편안히 살며 생업을 즐길 수 있는 터전이 어디인가를 고민하던 끝에 얻어진 결론이 풍수지리설로 농축된 것이다.

우리의 조상들은 서구적 시각으로 보는 것처럼 그렇게 무지몽매하지 않았다. 그들은 자연의 순리를 지키며 사는 지혜를 가지고 있었다. 집을 짓는데 남향받이에 뒤로 산이 바람을 막아주고 앞으로 냇물이 흐르는 이른바 배산임수背山臨水가 얼마나 살기 좋겠는가? 십승지지十勝之地에 가보면 주거의 분위기가 다르다.

한 가지 덧붙여 둘 것은 이와 같은 한국의 오묘하고도 진솔한 지명들이 모두 왜식倭式 한자로 바뀌었다고 하는 사실이다. 그러므로 이제 우리도 먹고 살 만하게 되었다고 해서 승용차를 고급으로 바꿀 생각만 하지 말고 전통의 아름다움과 무지하지 않았던 우리 조상들의 얼을 되찾는 데로 우리의 눈길을 돌려야 할 것이다.

## * 추기

글은 기독교계의 반대를 의식한 신문사와의 견해 차이로 게재되지 않았음.

### 참고문헌


- 『주역』(周易)
- 헤라클리토스(Heraclitus)
- 『정감록』
- 『사기』
- 『구약성서』「창세기」
- 칼 만하임(Karl Manheim)

# 4. 화랑은 무사가 아니었다

"화랑"과 "화냥"과 "한량"과 "활량"은
본디 어원이 같다.
— 본문 가운데에서

학자는 정직해야 하고 진실을 말할 수 있는 용기가 있어야 한다지만, 갈릴레오G. Galileo 이래 많은 학자에게 할 말을 못하고 안 할 말을 해야 하는 고민은 수없이 많았고, 막스 베버Max Weber도 그 고민으로 벗어나지 못했다.

자연과학에서도 그렇거늘, 이념으로 굴곡되고 상황의 압박을 받아야 하는 사회과학은 더 말할 나위도 없고, 역사학도 그러한 고민으로부터 자유로울 수 없었다. 그 한 사례가 우리의 역사에서 최고의 "청년 문화"라고 칭송 받고 있는 화랑花郞에 대한 해석이다.

기존의 한국사에서 평가되는 화랑의 모습은 호국의 꽃이었고, 청년 문화에 대한 찬사의 극치였다. 왜 이런 일이 벌어졌을까? 먼저 분명히 해두어야 할 것은 화랑이 그토록 극찬을 받은 지는 지금으로부터 70년이 채 되지 못한다는 사실이다.

암울하던 식민지 시대인 1920년대에 신채호申采浩가 처음으로 화랑을 긍정적으로 평가했고, 1930년대에는 일제 식민지 사학의 선두 주자였던 미시나 아키히데三品彰英와 이케우치 히로시池內宏, 그리고 아유카이 후사노스스무鮎貝房之進가 화랑을 거론할 때만 해도 화랑은 그렇게 찬란한 것이 아니었고, 그저 남방계의 남성 성인식成人式으로 풀이했다.

그러다가 한국전쟁이 일어나자 이승만李承晩 대통령은 청년의 우국심이 필요하다고 생각하고, 육군본부 정훈감이자 조선학도의용대의 총지휘자였던 이선근李瑄根 대령에게 한국사에서 청년문화의 유산을 발굴하라고 지시한 바가 있다. 이에 따라 이 대령이 『화랑도연구』(1954)를 출판했을 때 화랑은 하루아침에 한국사에서 가장 위대한 유산으로 부상했다. 그의 논설을 빌리면, 윤관尹瓘, 충무공忠武公, 병자호란의 삼학사三學士, 개화파, 독립협회, 동학혁명, 3 · 1운동이 온통 화랑 정신이라는 것이다.

## 화랑은 본디 여자였다

화랑의 본래의 모습은 과연 그런 것이었을까? 화랑이 당초에 여자였다는 것은 학계에서도 다 인정하고 있는 사실이다. 이때만 해도 화랑은 원화源花라고 불리었으며, 그들이 하는 일은 추석[嘉俳]에 서라벌 6촌의 아낙네가 모여 두 패로 나뉘어 길쌈 내기를 하던, 이를테면 부락제의 리더의 역할이었다.

따라서 이 당시의 원화는 남모南毛와 준정俊貞이라는 두 명의 여자였다. 그러던 것이 부락제가 국가적 행사로 자리를 잡고 규모도 확대됨에 따라 원화는 화랑으로 바뀌었다. 여기에서 주목해야 할 사실은 원화가 화랑으로 바뀌었을 때도 화랑은 여자였다고 하는 사실이다.

王又念欲興邦國。須先風
德行者。改爲花娘。始奉
故竪碑於溟州。自此使

〈사진 1〉
화랑의 원전 표기

이를 확인하려면 우선 〈사진 1〉을 보자. 이것은 『삼국유사』 원본 가운데서 화랑에 관한 부분을 복사한 것이다. 그런데 여기에는 우리가 교과서에서 배운 것처럼 화랑이 花郎이 아니라 花娘으로 기록되어 있다는 사실이다. 이것은 이 문제를 풀어나가는 첫 번째 열쇠가 된다.

"꽃 같은 여자"라는 말은 있어도 "꽃 같은 남자"라는 말은 있을 수 없다는 점에서 화랑은 花娘이라고 쓰는 것이 옳았다. 이런 점에서 본다면 화랑을 花郎이라고 표기한 한국의 역사학자들은 『삼국유사』도 읽어보지 않은 사람이거나 아니면 의도적으로 문헌을 왜곡했다고 볼 수밖에 없다.

## "花娘"은 이두로 "화냥"이라고 읽어

문제는 여기에서 그치지 않는다. 그렇다면 신라나 고려시대 사람들은 花娘을 어떻게 발음했을까? 우선 〈사진 2〉를 보자. 이 책은 세종대왕世宗大王께서 한글을 창제하신 뒤에 한자를 어떻게 발음해야 하는가를 가르치기 위하여 편찬한 『동국정운』(東國正韻, 국보 142호, 1447)으로서, 여기에는 娘을 "냥"이라고 발음하도록 되어 있다.

그뿐만 아니라 조선조 최고의 어문학자였던 최세진崔世珍의 『훈몽자회』(訓蒙字會, 1572)〈사진 3〉와 조선조 후기 음운학자 정윤

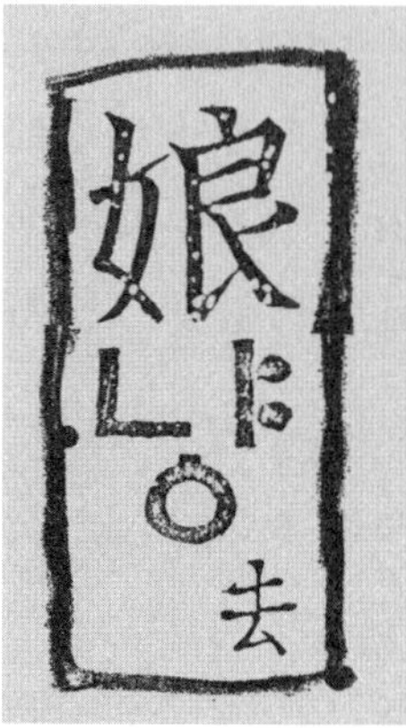


〈사진 2〉

〈사진 3〉

〈사진 4〉

용鄭允容의 『자류주석』(字類註釋, 1856)〈사진 4〉에도 娘은 "냥"으로 발음하게 되어 있다. 그렇다면 花娘은 어떻게 발음되었을까? 신라의 이두는 말할 것도 없고 조선조까지도 그것은 "화냥"이었다. "화랑"이 아니라 "화냥"이었다. 그다음 얘기를 더 할 필요가 있겠는가?

현대 어문학의 태두인 양주동梁柱東은 필생의 저작인 『조선고가古歌연구』(1954)를 발간한 뒤, "내가 죽은 뒤 1세기 안에는 이 책의 일점일획도 고칠 것이 없을 것"이라고 말하면서 스스로 국보國寶라고 호칭했다. 그는 그 책에서 화랑을 언급하면서 "화랑이 한때 타락하여 화냥의 칭호를 들었다"(pp. 372~374)고 기록했고 이선근도 그렇게 풀이했다.

그러나 그들의 주장은 틀렸다. 화랑은 당초부터 화냥이었지 화랑이 타락하여 화냥이 된 것이 아니다. 양주동은 화랑의 시원始原인 한가위 때 부른 노래인 회소곡會蘇曲을 "마소 마소"라고 풀이했는데 그것도 틀린 해석이다. 그것은 이두로 "모이소, 모이소"

의 뜻이었다.

그 뒤 3국 가운데 신라에만 특유하게 존재하던 모계 중심 사회[여왕제]가 점차 퇴조를 보이면서 화랑도 남자로 바뀌기 시작했다. 이때는 이름도 화랑花郎을 거쳐 국선國仙으로 불렸으며 그 최초의 인물이 설원랑薛原郎이었다. 화랑이 여성에서 남성으로 바뀌었다고 해서 그것이 곧 상무尙武정신과 같은 남성 문화로 바뀐 것은 아니었다. 화랑의 선발 기준은 여전히 "얼굴이 고운 남자"(『삼국사기』 진흥왕 37년조)였다. 화랑이 진정 무사도였다면 왜 우람한 남자를 뽑지 않고 얼굴이 고운 남자로 뽑았을까?

그것은 모계 사회의 풍습 때문이었다. 정치와 종교가 명확히 구분되지 않던 모계 중심의 부족 사회에서의 여왕은 부락장인 동시에 제주(祭主 : 무당)였고 의녀毉女였다. 따라서 신라의 여왕은 이미 그의 주신主神에게 출가한 몸이었다. 그래서 신라의 세 여왕, 곧 선덕여왕善德女王, 진덕여왕眞德女王, 진성여왕眞聖女王은 모두 결혼하지 않았다.

그렇다고 해서 의녀가 혼자서 잠자리에 들 수는 없었고, 그 얼굴 고운 남자들이 여왕과 잠자리를 함께 했다. 신라의 여왕들, 특히 그 얼굴 고운 남자들이 가장 득세했던 진성여왕 시대의 여왕과 궁남宮男들 사이에 벌어진 진한 에로티시즘에 관한 얘기는 『삼국사기』 진성여왕편과 『화랑세기』에 소상하게 기록되어 있다.

그렇다면 소위 세속오계世俗五戒는 어떻게 되는 것인가? 유감스럽게도, 화랑을 다루고 있는 『삼국사기』, 『삼국유사』, 『해동고승전』의 어디에도 화랑과 세속오계를 관련지어 설명한 곳이 없고, 미시나 아키히데의 저서 『신라 화랑의 연구』에는 세속오계라는 단어조차 나오지 않는다. 결국 세속오계란 화랑과 무관한 서민 청년들의 생활 규범이었다. 세속오계가 화랑의 계율이었다는 것은 이선근의 정훈政訓 교재에나 나오는 얘기였을 뿐이다.

내가 화랑에 대해서 다시 생각해 보아야겠다고 결심한 것은 신라 후기가 되면서 화랑이 국선으로 변하고 다시 고려조에 들어오면 왕손은 국선이 될 수 없다는 대목(『高麗史』 志29 選擧3)을 읽었을 때였다. 아마도 그 당시의 왕손들은 국선이 되는 것을 부끄럽게 생각했기에 그런 금령禁令을 내렸을 것으로 보인다.

## 조선조의 화랑은 박수무당이라는 뜻

〈사진 5〉

조선조에서의 화랑은 전혀 엉뚱한 뜻으로 사용되었다. 다시 최세진의 『훈몽자회』에 나오는 〈사진 5〉를 보자. 그림에 나타나 있는 覡(격)이라는 글자는 오늘날 박수무당을 의미한다. 그런데 조선시대에는 이를 "화랑이"라고 풀이했다는 것은 그 당시에 박수무당을 화랑이라고 불렀음을 의미한다.

같은 무당이라고 하더라도 박수白手무당은 판수와는 달리 다소 백수건달白手乾達의 의미를 가지고 있다. 판수는 시각장애인이지만 박수무당은 허우대도 멀끔하고, 인물도 잘생겨야 하며, 풍류를 알아야 한다. 여기에서 화랑은 놀고먹되 외양은 멀쩡한 "한량"이니 "활량"이니 하는 또 다른 파생

어를 낳게 되었다.

망국의 비분강개함을 느끼며 청년들에게 감동을 주려고 화랑의 애기를 꺼낼 수밖에 없었던 신채호申采浩나, 신라중심사로 삼국시대의 역사를 쓸 수밖에 없었고 그래서 화랑을 과찬할 수밖에 없었던 식민지사학자들의 필법을 이해하지 못하는 바는 아니다.

그러나 한국전쟁이라는 폐허 속에서 청년들을 전쟁터로 나가도록 하려고 화랑을 무사도로 미화한 이선근의 논리는 빗나간 우국심이었다. 그는 차라리 고구려의 대당大唐항쟁에서 국혼國魂과 청년의 기백을 찾는 것이 더 온당한 필법이었음에도 불구하고 그렇지 못한 것이 한국사학사의 아쉬움으로 남을 뿐이다.

### * 추기

이 글이 나간 뒤 많은 전화와 편지를 받았다. 특히 학계의 큰 어른이신 이재호李載浩 박사님(부산대학교 명예 교수)께서는 장문의 편지에서 화랑이 "花娘"으로 표기된 것은 오자誤字였다고 지적했다. 이재호 교수님은 물론 많은 독자께서 그다음에 나오는 화랑의 대목에는 "花郎"이라고 기록되어 있는 점으로 미루어보건대 "花娘"은 "花郎"의 오자가 분명하다는 논리였다.

나는 이것이 오자가 아니라고 생각한다. 『삼국유사』의 다른 곳에서도 "花娘"이라는 단어가 나오고 있으며(권2 桃花女條), 조선조에도 "花娘"이라는 단어가 존재하고 있었다는 점(『成宗實錄』 3년(1472) 7월 10일자 예조의 상소)과 『역어유해』(譯語類解, 1690) 인품조人品條에 보면 중국어의 양한적(養漢的 : 바람둥이)을 花娘으로 풀이하고 있는 대목 〈사진 6〉이 이를 뒷받침하고 있다. 일본인으로서 화랑을 연구한 미시나 아키히데도 여성으로서의 花娘의 시대가 분명히 있었음을 지적하고 있다.(三品彰英, 『신라 화랑의 연구』, p. 74.)

〈사진 6〉

"화랑"을 "花郎"으로 표기한 1차 사료는 세상 어디에도 없다. 오자라면 한두 개이지 어찌 모든 판본이 오자일 수 있겠는가? 오히려 花郎이라고 표기한 것이 오자이다. 거듭 말하거니와 "꽃 같은 여자"(花娘)라는 말은 있어도 "꽃 같은 사내"(花郎)라는 말은 적절하지 않기 때문이다. 그렇다면 그 뒤에 나오는 "花郎"은 무엇을 의미하는가? 내가 생각하기에 화랑이 모계 중심 사회의 여성에서 부계 중심 사회의 남성으로 바뀌면서 "花娘"도 "花郎"으로 바뀐 것으로 보인다.

이 글과 관련하여 이기백李基白 교수님께서는 화랑에 대한 이선근 박사의 해석에 동의할 수 없지만, 나의 글이 화랑으로 공업을 이룬 영웅들, 이를테면 관창官倉이나 사다함斯多含과 같은 인물들의 행적을 부인하는 뜻으로 말했다면 잘못된 논리라고 지적해 주셨다.

나는 이 교수님의 지적을 인정한다. 나는 화랑으로서 부족 국가 또는 고대 국가의 건설에 이바지한 청년 재사才士들의 공적을 부인할 뜻은 없다. 다만 화랑을 그런 식의 영웅사관으로 몰고 가는 신라중심사의 역사 필법에 저항하고 싶었을 뿐이다.

## 참고문헌


- Weber, Max, *The Protestant Ethic and the Spirit of Capitalism* (New York : Charles Scribner's Sons, 1958)
- 『高麗史』
- 『東國正韻』(국보 142호, 1447)
- 미시나 아키히데(三品彰英)(지음), 李元浩(역), 『신라 화랑의 연구』(서울 : 집문당, 1995)
- 『삼국사기』
- 『삼국유사』
- 『成宗實錄』
- 申采浩(저) · 이만열(역주), 『조선상고사』(上)(서울 : 형설출판사, 1983)
- 아유카이 후사노스스무(鮎貝房之進), 「花郎攷」, 『雜攷』(4)(京城 : 近澤出版社, 1932)
- 梁柱東, 『朝鮮古歌研究』(서울 博文出版社, 1954)
- 『譯語類解』(1690)
- 李瑄根, 『花郎道研究』(서울 : 동국문화사, 1954)
- 李載浩 박사님(부산대학교 명예 교수) 대담
- 이종욱(역주), 『화랑세기』(서울 : 소나무, 1999)
- 이케우치 히로시(池內宏), 「新羅の花郎に就いて」, 『東洋學報』(24/1)(東京, 1936)
- 『字類註釋』(1856)
- 장삼식, 『大漢韓辭典』(서울 : 진현서관, 1981)
- 崔世珍, 『訓蒙字會』(1572)

## 5. 의자왕義慈王과 3천 궁녀의 허구

"페르시아 왕의 후궁도
360명이었다."
— 플루타르코스

"당신은 그곳에 가보고 역사를 썼는가?"
— 헤로도토스Herodotus
/토인비Arnold J. Toynbee

백제사에 관한 일본의 기록을 읽으면서 갖게 되는 첫 번째 의문은 왜 일본 사람들이 백제를 "百濟"라 쓰고 이를 구다라くだら라고 읽는지 모르겠다는 점이다. 일본의 고유명사는 지은 사람 마음대로라고 하지만 百濟는 "햐쿠사이"(ひゃくさい)이지 구다라로 읽힐 수가 없는 음운이다. 더구나 くだらない(백제가 없다)라고 쓰고서 "시시하다"는 뜻으로 쓰는 것은 더욱 알 수 없는 일이다.

이런 저런 의문도 있고 또 백제 문화에 관한 공부도 할 겸, 나는 지난해(2000)에 부여扶餘 일대의 여행에 나섰다. 그런데 "구다라"의 의문은 백마강白馬江 나루터에서 금세 풀렸다. 백제 시대에 일본으로 배가 떠나던 나루터 마을의 옛 지명이 "구드레"였다. 지금도 이 지역의 촌로들은 그 마을을 구드레라고 부르고 있다.

역사학이란 천장만 쳐다보고 쓸 수는 없는 것이오, 책만 가지고 되는 일도 아니며, 다리품 파는 작업이란 것을 모르는 바는 아니었지만, 진작 현장을 돌아보지 못하고 책상머리에 앉아 고민만 하던 자신의 게으름에 대한 부끄러움이 머리를 스쳐 갔다. 그래서 역사학의 아버지 헤로도토스Herodotus나 현대 역사학의 거장 토인비Arnold J. Toynbee는 "당신은 그곳에 가보고 역사를 썼는가?"라고 계속하여 묻고 있다. 백제 연구자들은 구드레 마을도 안 가보고 백제사를 썼는가 보다.

부여에 온 김에 낙화암落花巖과 고란사皐蘭寺를 빼놓을 수가 없어서 나는 발길을 그리로 돌렸다. 이곳에 대해서 나는 늘 의문을 품고 있었다. 낙화암과 3천 궁녀의 전설은 어디까지가 진실일까? 낙화암을 돌아보면서 나는 이것이 역사의 굴절일 것이라는 생각을 떨쳐 버릴 수가 없었다. 여기 어디에 3천 명의 여자가 통곡하며 뛰어내릴 공간과 절벽이 있는가?

## 의자왕의 일화는 신라중심사의 희생양

의자왕義慈王은 망국의 군주였다는 점에서 어느 모로도 미화될 수 없는 인물이다. 현대적 개념으로서의 공화정 개념이 도입되기 이전 절대 군주 시대의 흥륭興隆이나 망국은 결국 그 시대 최고 지배자인 군주의 책임이기 때문이다.

고염무顧炎武의 말처럼 "한 나라의 흥망성쇠는 필부에게도 책임이 있다"(天下興亡匹夫有責, 『日知錄』)는 것은 사실이긴 하지만 그것은 부분적인 일이며, 결국은 그 시대의 지배 계급이야말로 흥망성쇠의 일차적 책임자이다. 그런 점에서 의자왕이나 경순왕敬順王이나 공양왕恭讓王이나 순종황제純宗皇帝 모두가 역사에 책임이 무거운 인물들이다.

그러나 그와 같은 역사의 문책이나 문죄問罪가 정도를 지나치는 것은 그 책임을 호도하는 것과 마찬가지로 온당한 필법筆法이라고 볼 수 없다. 의자왕의 경우가 더욱 그렇다. 우선 3천 궁녀 얘기만 해도 역사

**낙화암 위의 백화정**
왜 삼천정(三千亭)이 아닐까?

적으로 입증되지 않는다. 백제가 멸망할 당시의 총 호구 수는 76만 호였으며(『舊唐書』「東夷列傳 百濟條」) 총인구는 620만 명 정도였다.(『唐平百濟國碑銘』)

이 통계를 보면서 독자들은 놀랄 것이다. 우리가 백제의 옛 땅이라고 알고 있는 전라남북도와 충청남도의 현재 총 호구 수가 170만 호에 인구가 574만 명인데 지금으로부터 1천400년 전에 백제 인구가 지금보다 많았다는 점이 의아할 것이다.

그러나 이것은 사실이다. 여기에는 엄청난 역사의 논쟁이 내포되어 있다. 그것은 우리가 교과서에서 배운 것처럼 백제의 영토가 지금의 전라남북도와 충청남도가 아니라, 더 방대한 해상 강국이었음을 의미하기 때문이다. 이 문제는 또 다른 주제이므로 여기에서 더 이상 소상하게 다룰 수가 없다.

백제가 멸망하던 날, 궁녀들이 백마강에 투신자살한 것은 사실로 확인된다. 일연一然 스님의 기록에 따르면, 그날 궁녀들이 왕포암王浦巖에 올라가 물로 뛰어들어 자살함으로써 이곳이 타사암墮死巖이라는 이름을 얻었다.(『三國遺事』(1) 太宗春秋公條)

그 뒤 고려 시대에 이색李穡의 아버지인 이곡李穀이 부여를 돌아보고 이런 시를 지었다.

하루아침에 도성이 기왓장처럼 부서지니
천 척의 푸른 바위가 이름하여 낙화암이로다.
一日金城如解瓦 千尺翠巖名落花

고려 후기의 문신이자 시인인 이존오李存吾는 이런 시를 지었다.

낙화암 밑의 물결은 호탕한데
흰 구름은 천년을 속절없이 떠도누나
落花巖下波浩蕩白雲千載空悠然

이러한 점에서 보면 고려 시대에 이미 낙화암이라는 이름이 있었음을 알 수 있다.

백제 향로

조선조에 들어와서 백성들의 과음過飮이 빈번해지자 세종대왕께서 "백제가 낙화암에서 멸망한 것이 술 때문이었으니 백성들은 과음을 삼가라"(『世宗實錄』 15년 10월 28일)고 말씀하신 것으로 보아 이때 이미 낙화암이라는 말은 흔히 알려진 사실임을 알 수 있다.

그 뒤에 『동국여지승람』(東國輿地勝覽(8) 忠淸道 扶餘篇, 1481)에 이

곳의 지명이 공식적으로 낙화암이라고 기록되어 있다. 그러나 그 당시 투신자살했던 궁녀들의 숫자는 확인되지 않는다.

## 3천 궁녀란 공간적으로도 불가능한 일

기록에 따르면, 백제가 패망할 무렵 수도인 부여에는 총 1만 가구가 살았으니 인구는 4만5천 명 정도였으며, 2천500명의 군대가 있었다.(『北史』·『周書』「異域列傳 百濟條」) 가장 의심스러운 것은 바로 이 부분이다. 인구 4만5천 명에 군대가 2천500명이었던 도성에서 3천 명의 궁녀를 먹여 살린다는 것이 당시의 생산 능력으로 보나 공간적으로 과연 가능했을까?

이는 인구 비례로 볼 때 사실상 불가능한 일이다. 지금 부여의 인구가 9만5천 명인데 지금의 도시 기능으로써도 궁녀 3천을 거느리기는 어려울 것이다. 부여 어디에 3천 명을 수용할 만한 주거 공간이 있는가? 현재 한국 최대 종합병원인 현대아산병원의 병상 숫자가 2,715개이다.

그렇다면 "3천 궁녀"라는 말은 누가 제일 먼저 했을까? 어떠한 1차 사료로써도 궁녀가 3천 명이었고 그들이 낙화암에서 투신자살했다는 것이 입증되지 않는다. 안정복安鼎福의 기록(『東史綱目』(2) 庚申年에 秋7月條)에 따르면 "여러 비빈"(諸姬)이 자살한 것으로 되어 있을 뿐이다.

내가 과문한 탓이리라고 생각되지만, 3천 궁녀가 낙화암에서 투신자살했다는 글을 처음 읽은 것은 명종明宗 시대의 호조판서인 입암立巖 민제인閔齊仁이다. 그는 백제 의자왕의 타락을 탄식

낙화암(落花巖)

하며 「백마강부」白馬江賦를 지었는데 그 한 대목에,

> 구름 같은 삼천 궁녀를 바라보니
> 붉은 화장에 머리가 어지럽네.
> 낙화암 아래 강물만 동쪽으로 흐르누나.
> 望三千其如雲 眩後宮之粉紅 … 落花巖 下 江波東兮

라고 했다. 아마도 그가 공주 유배 시절 어느 즈음에 지은 듯하다. 내가 알기로는 3천 궁녀라는 말이 등장한 것이 이 글이 처음인 듯한데, 그 말의 어디에 근거를 두고 있는지에 관해서는 언급이 없다. 아마도 이 글에서부터 의자왕에 대한 3천 궁녀설이 시작되었을 것으로 보인다. 이는 한 편의 시일 뿐이지 사료는 아니다.

그러다가 3천 궁녀 이야기가 대중화된 것은 일제 시대에 윤승한尹昇漢의 소설 『김유신』(金庾信, 野談社, 1941)이었다. 3천 궁녀에 관한 최초의 공식적인 학술 기록은 아마도 이홍직李弘稙이 쓴 『국사대사전』(知文閣, 1962)의 「낙화암」 조항일 것이다. 그렇다고 해서 그가 첫 발설자라는 뜻은 아니다. 그 이전에도 3천 궁녀 얘기는 여염에서 흔히 들어오던 것이었다. 그는 참고 문헌으로 『신증동국여지승람』을 적어놓았으나 그 책에는 그런 얘기가 없다. 아마도 구전을 그렇게 정리한 것이 아닌가 여겨진다.

## 선치善治했으나 국방에 소홀한 업보

이런 얘기와 함께 의자왕의 평소의 공적이나 행실을 비교해 보노라면 나는 일종의 연민을 느낀다. 그는 무왕武王의 아들로 형제간에 우애가 깊었고 부모에 효성이 지극하여 해동 증자海東曾子의 칭호를 들었다. 증자는 공자孔子께서 가장 아끼시던 제자였다.

집권 초기에는 국력이 부강하여 신라를 제압했고, 성충成忠·흥수興首·계백階伯과 같은 충신이 있어 선정善政을 베풀었다. 다만 자식의 죽음으로 복수심에 불타던 김춘추金春秋와 김유신金庾信의 음모로 이뤄진 나당연합군의 정복 전쟁에 대비하지 않은 것이 그의 실책이었다. 결국 재위 20년 만인 서기 660년에 그는 중국으로 끌려가 그 해 죽어 중국의 망국의 제후들이 묻히는 북망산北芒山에 묻혔다.

**의자왕의 가묘**
망국의 군주는 영정도 없다.

요컨대 의자왕과 낙화암에 관한 역사는 허구이다. 그에 관한 어떤 일차 사료도 발견되지 않는 것으로 보아 그것은 고구려나 백제가 아닌 신라중심사로 삼국시대를 기록하려 했던 일제 친일사학자들이 백제를 비하하고자 꾸며낸 얘기에 지나지 않는다. 아마도 남효온南孝溫이 쓴 「부여회고」扶餘懷古에 "3백 명 후궁이 모두 목숨을 잃었네"(三百後宮齊喪生)라는 기록이 사실에 가깝다.

『플루타르코스영웅전』「알타크세르편」Altaxerxes에 따르면 페르시아 황제의 후궁이 360명이었다. 식민지사학자들은 의자왕이 황음무도荒淫無道했고, 궁녀 3천 명을 데리고 살았다는 식으로 역사를 곡필했으며 과학적으로 증명되지 않는 자료로써 그를 인신공격을 했다. 그런 점에서 의자왕도 이 나라 역사의 한 원혼冤魂이 되어 지금도 구천九泉을 헤매고 있을 것이다.

### * 추기

이 글이 나간 후로 "너, 전라도 놈이냐?"는 전화를 많이 받았다. 공정한 논쟁이 아닌 이런 식의 전화를 받는다는 것은 괴로운 일이다. 어느 앳된 여학생의 전화가 가슴을 친다. 이제까지의 연재를 계속해서 읽었는데 그러면 우리가 학교에서 배운 것을 어디까지 믿어야 하며, 수능시험과 논술 고사에 이런 문제가 났을 때 내가 주장한 대로 답안을 쓰면 어떻게 되겠느냐는 것이었다.

나는 단호하게 나의 주장대로 답안을 쓴다면 오답으로 처리될 것이라고 대답했다. 그러나 학생이 뒷날 그러한 답안지를 채점하게 될 때, 정답으로 처리해 주기 바란다고 부탁했다. 내부 식민지 사학은 어쩌면 일본의 교과서 왜곡보다 더 유독하리라는 생각이 든다.

호남에 사시는 어느 독자는 전화를 걸어 기호 지방의 속담에 "백제 그런 일이…."라는 말을 흔히 쓰는데 이는 "백제의 땅에서 어찌 그런 일이 있을 수 있느냐?"라는 뜻이 아니냐고 물어왔다. 이는 사실이 아니다. 기호 지방에서 흔히 쓰는 "백제 그런 일이…."라는 말은 "백주白晝(이 밝은 대낮에)에 어찌 그런 일이 있을 수 있을까?"라는 말이 변음된 것이다.

호남에 사는 어느 독자의 편지에 따르면, 그도 일본 사람들이 百濟를 구다라로 읽는 것이 이상하여 선생님께 여쭤보았더니, 선생님 말씀이 당시 백제에는 구具 씨와 다茶 씨와 나羅 씨가 많이 살아 그렇게 불렀다고 대답하더라는 것이다.

박지원朴趾源의 소설 『호질문』虎叱文을 보면, 어느 선생이 『삼국지』에 나오는 "死諸葛走生仲達 : 죽은 공명이 살아 있는 사마의를 쫓아보냈다"는 대목을 읽으면서 "죽은 제갈량諸葛亮이 달아나면서 사마의를 낳았다"고 해석했다고 한다. 학생이 어이가 없어 "어떻게 죽은 사람이 사마의를 낳습니까?" 하고 물으니 선생은 "이놈아, 그러니까 제갈량이지"라고 대답했다고 한다. 그 선생이 그 선생이다.

### 참고문헌


- Herodotus, *History*
- Toynbee, Arnold J., *A Study of History*, Vol. I(London : Oxford University Press, 1973)
- 顧炎武, 『日知錄』
- 『舊唐書』
- 南孝溫, 「扶餘懷古」
- 『唐平百濟國碑銘』
- 『동문선』
- 『東史綱目』
- 朴趾源, 『虎叱文』
- 『北史』
- 『三國遺事』
- 『世宗實錄』
- 신복룡(역주), 『플루타르코스영웅전』(서울 : 을유문화사, 2021)
- 『신증동국여지승람』
- 尹昇漢, 『金庾信』(서울 : 野談社, 1941)
- 이홍직, 『국사대사전』(서울 : 知文閣, 1962)
- 『立巖집』, 「白馬江賦」
- 『周書』

# 6. 삼국 통일은 허구이다

국토의 75%가 남의 땅이 되었는데
어찌 이를 통일이라 말할 수 있는가?
남북조시대일 뿐이다.
— 본문 가운데에서

철들어 한국 고대사를 공부하면서 나에게 가장 황당하고 납득할 수 없었던 대목은 이른바 "신라 통일 / 삼국 통일"이라는 것이었다. 고구려와 백제를 멸망시킨 것이 어떻게 통일이 될 수 있으며, 왜 그런 억지를 부려야 했는지에 대한 의문이 내 역사 공부의 중요한 화두話頭의 하나였다.

그래서 나는 남이 써놓은 글을 되도록 쓰지 않으면서 일차 사료를 중심으로 접근하여 나름대로 사실을 알아보려고 노력해 보았다. 그 결과 그 일련의 사건은 통일이라 말할 수 있기는커녕 오히려 이때로부터 한국의 역사적 비극이 비롯되었다는 결론에 이르게 되었다.

## 신라 "통일"로 영토의 75%를 잃어

삼국시대의 성격에 대한 논쟁은 고구려 · 신라 · 백제의 영역이 어디에까지 뻗어 있었느냐의 문제로부터 시작된다. 물론 그 당시에는 오늘날과 같은 선線의 개념으로서의 국경이 존재했던 것도

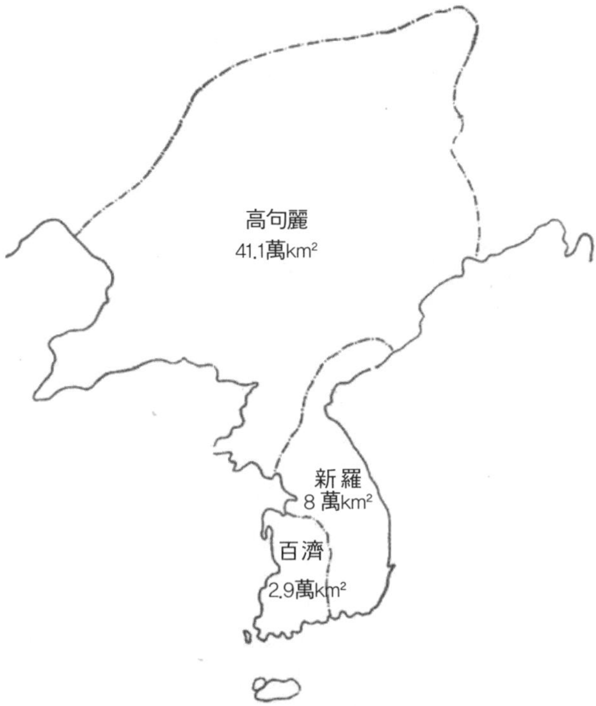


**삼국시대 중기(6세기 진흥왕 시대)의 지도**

아니고, 그저 "생활 영역"Lebensraum이라고 표현하는 것이 더 적절할 것이다. 그런데 그 당시 특히 북방 민족은 유목민nomad이었기 때문에 그 영역마저도 일정하지 않았고, 이동이 빈번하여 어디까지를 생활권으로 볼 것인가의 문제도 그리 간단하지 않다.

삼국의 영토 가운데 가장 논란의 여지가 많은 것은 역시 고구려이다. 백제의 영토 문제도 그리 간단하게 대답할 수 없을 만큼 미묘한 문제를 안고 있다. 그 가운데서 고구려의 영토만을 따져본다면, 서쪽 국경은 몽골의 고비사막에 연접해 있었고, 서남쪽은 북경성北京城에서 그리 멀지 않았으며, 북쪽은 흑룡강黑龍江까

**삼국전쟁 이후(8세기 성덕여왕시대)의 지도**

지 올라간 것은 확실하고, 동북쪽은 사할린의 대안對岸에까지 이르고 있었다.(『三國志』 魏志東夷傳)

이럴 경우 삼국의 영토는 대단히 광활한 대국이었음이 틀림없으나 불행하게도 이런 식의 영토론은 세칭 "재야 사학"이라는 이름으로 밀려나 있다. 백 번을 양보하여 현행 국정교과서에 수록된 면적을 계산해 본다고 하더라도 삼국의 영토는 약 52만㎢ 정도가 된다. 현재 남북한의 면적이 22만㎢이니까 그 이북의 만주땅에만 30만㎢의 영토가 있었다.

그런데 삼국 통일이 이뤄졌을 때의 면적을 보면 약 13만㎢가 된다. 신라가 가장 강성했던 진흥왕眞興王 때의 면적이 약 8만㎢였고, 백제의 면적 약 3만㎢를 합병하고서도 통합된 면적이 13만㎢였다면 통일을 한 뒤에 실제로 북방 영토에서 늘어난 면적은 2만㎢가 채 되지 못한다.

요컨대, 삼국시대의 총면적 52만㎢가 신라 통일 이후에는 13만㎢로 줄어들었으니 실제로 잃은 영토가 39만㎢가 된다. 이를 백분율로 나타내면 우리는 결국 75%의 영토를 잃은 셈이 된다.

## 김춘추의 백제 멸망은 사사로운 원한 때문

그렇다면 이와 같이 엄청난 국가적 손실을 감수하면서도 김춘추 부자가 삼국 전쟁을 일으키고 끝내는 백제와 고구려를 멸망시킴으로써 한국사의 뼈아픈 비극을 가져온 이유는 무엇일까? 단적으로 대답하여 신라와 백제의 전쟁은 김춘추 부자의 사사로운 원한 때문이었다.

김춘추에게는 본디 딸이 있었는데 그가 품석品釋에게 출가하였다. 품석은 백제와 신라의 국경인 대야성大耶城의 도독으로 있다가 선덕여왕 11년(642년) 백제의 장군인 윤충允忠의 침략을 받아 일가가 몰살하는 비극을 당했다. 이 비보를 들은 김춘추는 기둥에 기대서서 종일토록 눈도 깜짝하지 않고 사람들이 그 앞을 지나가도 알지 못했다.

얼마 뒤에 김춘추는 입을 열어 "아– 슬프다! 사나이 대장부로 어찌 능히 백제를 멸망시키지 못할까 보냐!"(『삼국사기』 선덕왕 11년조)라고 탄식했다. 그 뒤 복수심에 불타는 김춘추는 여러 차례 당

김춘추(金春秋)

김유신(金庾信)

나라로 건너가 아들 7명 가운데 두 아들을 당나라에 인질로 남겨두면서까지 원병을 청하여 끝내는 백제를 멸망시키는 데 성공했다.

품석 부부의 피살에 대한 원한은 김춘추의 아들들에게도 마찬가지였다. 김춘추의 아들 법민法敏, 곧 문무왕文武王이 백제를 멸망시키고 의자왕義慈王의 아들 융隆을 만났을 때 그를 말 앞에 꿇어 앉히고 얼굴에 침을 뱉으며 말한 첫 마디가 이렇다.

> "일찍이 네 아비는 나의 누이동생(品釋의 처)을 참혹하게 죽여 옥중에 묻어놓아 내가 20년 동안 마음 아프게 하고 괴로워하게 만들었으니 오늘 너의 목숨은 내 손에 달렸다."(『삼국사기』 태종무열왕 7년조)

라고 외친 것만 보더라도 그들의 사사로운 원한이 얼마나 뼈에 사무쳤는가를 알 수가 있다.

비록 사사로운 원한이었다고는 하나 김춘추가 당이라고 하는 외세를 등에 업고 백제를 멸망시키는 데 성공하자 그 아들 문무왕은 차제에 고구려마저 멸망시키려고 결심했다. 대對 고구려전은 대 백제전처럼 그렇게 전적으로 사사로운 충동으로 말미암아 빚어진 것이라고는 할 수 없다.

그러나 김춘추/법민 부자가 고구려로부터 숱한 고초를 겪은 것은 사실이며 또한 국가적으로 보더라도 신라는 너무 오랫동안 고구려로부터 곤욕을 치러왔는데 거기에는 이러한 여러 가지의 복합적인 요소들이 신라의 지배층이 고구려를 멸망시키게 한 것이라고 볼 수 있다. 거기에는 신라가 당나라의 고구려 멸망 정책에 이용당한 측면이 있다.

## 신라 "통일"로 약소국화

통일이란 일차적으로 영토의 통합이다. 따라서 영토의 75%를 잃고 삼국을 통일했다고 주장하는 것은 논리적으로 맞지 않는다. 만약 그런 식으로 통일을 설명한다면, 오늘날 국제적으로 어떤 계기가 마련되어 중국의 힘을 빌려 북한을 멸망시키고, 그때 진신세 때문에 한반도의 75%를 중국에 할양해 줌으로써 남한 정부의 영토가 지금의 경상도나 전라도로 축소되었다고 하자. 이럴 경우에 우리가 북한을 멸망시켰다는 이유만으로 남북통일을 했다고 강변强辯할 수 있을까?

나제통문(羅濟通門)

삼국 통일은 이와 같은 영토의 상실 이외에도 후대의 우리 민족에게 많은 비극적 유산을 남겨 주었다. 우선 웅혼雄渾한 대륙적 기마 민족이 반도적 하천 문화의 농경 민족으로 몰락했다. 중국에 조공을 바치고, 중국의 연호를 쓰며, 중국의 복식을 받아들였고, 중국으로부터 왕위를 받는 소위 사왕賜王제도에 의한 종번宗藩 관계가 형성됨으로써 그 광활하던 제국이 졸지에 약소국가로 몰락했다.

음식도 바뀌었다. 육식을 주로 하던 기마 유목 민족이 채식菜食을 주로 하는 왜소 민족으로 몰락했다. 채식을 해야 건강하고 장수한다는 것이 의학적으로는 맞는 말일는지 몰라도 역사적으로는 전혀 그렇지 않다. 인류의 역사를 보면, 한 시대를 지배했던 민족은 반드시 그 시대에 육류 소비량이 가장 많았던 민족이었다. 이것은 불변의 진리이다.

로마는 우유로 목욕을 할 정도였고, 몽골은 요구르트yokurt를 만들었고, 지금의 미국이 세계에서 육류단백질 섭취가 가장 많다. 그런데 우리 민족은 이른바 삼국 전쟁으로 말미암아 유목 민족에서 채식 민족으로 몰락했고, 그 과정에서 육류단백질의 효소인 락타아제lactase가 퇴화하여 안 마시던 우유를 마시면 설사를 한다.

신라가 민족을 통일했고 문화를 통일했고 언어를 통일했다고 주장하는 사람도 있지만, 전혀 사실이 아니다. 지금도 서울의 뚝섬 주민과 마포 주민의 언어가 다르다. 20세기에 발발했던 한국전쟁 당시에 함경도에서 제주도로 피난한 사람들이 언어가 통하지 않아 일본어로 의사를 소통했는데, 하물며 1천300년 전에 무슨 문화를 통일했고 언어를 통일할 수 있었겠는가? 그저 남방 민족이 외세를 등에 업고 북방 민족을 멸망시킨 사건에 지나지 않는다.

값진 유산의 상실이라는 문제를 잠시 접어두고, 그 대신에 발해渤海의 건국에 역사적 의미를 둔다면 삼국 통일이란 통일이 아니라 "남북조시대"로 보아야 한다. 서기 699년에 건국하여 926년에 멸망할 때까지 비록 230년 동안 존재한 단명 왕조라고 할지라도 발해는 고구려의 구강舊疆을 차지하고 중국 문화와는 전혀 다른 동이東夷 문화를 형성했다는 점에서 발해의 의미를 과소평가할 수 없다.

그러나 우리의 교과서에서 발해는 잊힌 왕국일 뿐이다. 대조영大祚榮에 의해 건국되어 야율아보기耶律阿保機에 의해 멸망되었다는 몇 줄짜리 기록으로 발해에 대한 설명은 끝나고 있다. 발해사는 우리에게 잊힌 역사이다.

## 신라 통일은 일제 식민지 사학의 사생아

어쩌다가 이토록 우리 역사가 왜곡되었는가? 그것은 전적으로 일본 식민지 사학의 결과였다. 경순왕敬順王의 후손으로서 턱없이 신라사를 미화하여 『삼국사기』를 쓴 김부식金富軾도 삼국 통일이라는 말을 쓰지 않았다. 고려시대와 조선왕조시대에도 삼국 통일이라는 말은 없었다. 그러다가 느닷없이 조선총독부 조선사편수회의 식민지사학자들이 삼국 통일이라는 용어를 쓰면서 김춘추와 김유신을 영웅으로 우상화하기 시작했다.

식민 사학에서는 왜 신라사를 미화하고, 신라를 삼국의 정통으로 보면서, 신라가 삼국을 통일했다고 가르치고, 그들의 문화 선조라 할 수 있는 백제보다 신라를 더 우위에 놓고 가르쳤을까? 그것은 신라를 정통으로 보아야 한일 합방의 역사적 연고권을 주장할 수 있기 때문이었다.

일본의 정사正史라고 할 수 있는 『일본서기』日本書紀에 따르면, 서기 190년경에 추아이仲哀천황이 일본을 다스리고 있었다. 그의 아내는 징구神功황후였다. 그는 남편이 죽자 스스로 대권을 잡고 서기 201년에 신라의 남쪽에 있는 임나任那를 정복하여 식민지로 지배하였는데 이때 고구려와 백제의 왕도 찾아와 조공을 바쳤다는 것이 그들의 주장이다.(『日本書紀』(9) 「氣長足姬尊」條)

이것이 곧 일본의 임나일본부설任那(みまな)日本府說이다. 이 주

장은 일본이 한반도 남쪽, 곧 신라를 다스린 적이 있다는 연고권緣故權의 논거로 이용되었다. 그럴 경우에 신라를 삼국의 정통으로 보는 것이 한반도에 대한 연고권을 더욱 강력하게 주장할 수 있으므로 일본은 신라를 지나치게 미화함으로써 한반도 진출을 합리화하려고 했다. 도요토미 히데요시豊信秀吉가 임진왜란壬辰倭亂을 일으킬 때도 그런 논거를 제시했고 이토 히로부미伊藤博文도 그런 식으로 한일 합방을 정당화하려고 했다.

결국 삼국을 통일했다는 식의 신라중심사는 임나일본부라는 허구虛構에 근거를 둔 일본 식민지사학자들이 한일 합방의 논거를 강화하고자 침소봉대한 형해形骸에 지나지 않는다. 신라가 백제와 고구려를 멸망시킴으로써 우리에게 주어진 긍정적인 역사적 결과라고 부를 만한 것은 아무것도 없다.

오히려 한국사의 비극은 이때로부터 비롯되었다는 점에서 김춘추와 김유신의 평가는 부정적일 수밖에 없다. 그런데도 이미 일본에서도 허구로 평가되고 있는 임나일본부설의 사생아인 신라 통일론의 망령이 아직도 이 땅에서 엄존하고 있다는 사실이 기이할 뿐이다.

## * 추기

이 글은 신문사 측과의 입장 차이로 게재되지 않았음.

### 참고문헌


- 『삼국사기』
- 신복룡(역주), 『三國志』(서울 : 집문당, 2021)
- 『日本書紀』

# 7. 첨성대瞻星臺는 천문대가 아니다

평지의 도심에 천문대를 세우는 법은 없다.
첨성대는 제천 의식의 제단이었다.
신라사라면 침소봉대하던 김부식金富軾은
왜 첨성대에 관하여 침묵했을까?
— 본문 가운데에서

지금 일본 교과서가 국수주의적이라 하여 말썽이 되고 있지만, 교과서 문제는 그들만의 문제가 아니요, 우리의 경우에도 마찬가지이다. 특히 삼국시대사의 문제는 아직도 논쟁의 여지가 많고 신비에 싸여 있는 것도 한두 가지가 아니다. 삼국시대의 역사가 이토록 논쟁의 여지를 안고 있는 이유는 무엇일까? 이는 다음과 같은 세 가지의 이유 때문이다.

첫째로는 삼국 역사의 기본 사료가 되는 김부식金富軾의 『삼국사기』가 안고 있는 신라 중심의 역사 인식 때문이다. 그가 사대주의자였고, 그래서 중국의 당송唐宋 8대가인 소식蘇軾을 흠모하여 이름까지 김부식으로 지었다는 점을 차치且置하더라도, 그가 멸망한 신라의 마지막 왕인 경순왕景順王의 후손이었다는 사실이 운명적으로 그의 역사 기록을 신라중심사로 빗나가게 했다. 그는 신라가 고구려보다 먼저 건국했다고 위증했고, 신라의 타락된 문화를 호도糊塗했다.

둘째로는 임나일본부설任那日本府說에 입각한 일제 시대의 신라중심사적 식민지 사관이 삼국시대의 역사를 왜곡하였다.(이에 관한 자세한 논의는 앞의 "삼국 통일" 편을 참조할 것)

셋째로, 남북 분단으로 말미암아 남한은 고구려의 역사 연구에 소홀했고, 북한은 신라의 역사 연구에 소홀하게 되었는데, 이러한 현실이 결국 남한에서도 마치 신라사가 삼국의 정통인 것처럼 역사를 왜곡하게 했다. 예컨대 고구려가 멸망하고 발해渤海가 건국한 이상, 세칭 신라 통일은 진정한 의미로서의 통일이 아니라 남북조 시대였음에도 불구하고 이를 삼국 통일이라고 부르게 했다.

이러한 신라중심사는 비단 삼국 통일에만 국한되는 것이 아니라 그 문화의 가치나 역사의 의미를 해석하는 데도 많은 왜곡을 유발했다. 이를테면, 포석정鮑石亭이나 안압지雁鴨池와 같이 음주飮酒를 중심으로 하는 퇴폐적 유산이 마치 민족 문화의 위대한 유산인 양 가르쳤으며, 국보 31호로 지정된 첨성대를 가리켜 동양에서 가장 오래된 천문대라고 거짓 기록[僞纂]한 것도 그러한 예 가운데 하나이다.

## 성안의 평지에 세우는 천문대는 없다

그렇다면 첨성대란 과연 무엇일까? 이를 알아보려면 첨성대의 실상을 살펴볼 필요가 있다. 먼저 그 위치를 보면, 첨성대는 경주의 중심지로부터 동남쪽으로 30리 떨어진 곳에 반월성半月城을 끼고 있다.

석재는 화강암으로서 높이는 9m 17cm이며, 바탕의 지름은 5m

17cm이고 상층부의 지름은 2m 50cm이다. 모양을 보면, 2층의 기단이 있고, 그 위에 대략 30cm 두께의 돌로 27층을 쌓았으며, 꼭대기에는 다시 우물 정井 모양의 2층 천개석天蓋石이 있다. 따라서 굳이 층수를 따지자면 31층이 된다.

13층에서 15층에 이르기까지의 3층에 걸쳐 정남향으로 네모난 문이 있는데, 이 문의 아래로 12층이 있고 위로 12층이 있으니까 이 문은 정확히 그 중간에 자리 잡고 있는 셈이다. 내부에는 12단까지 흙이 채워져 있고 여기에 사용된 돌의 숫자는 모두 362개이다. 밖에서 보이지는 않지만, 내부에는 19단과 20단, 그리고 25단과 26단이 장대석을 이루고 있다. 세워진 연대는 신라 27대 선덕여왕善德女王 16년, 서기 647년인 것으로 전해오고 있다.

일부의 이론異論이 없었던 것은 아니지만, 이제까지의 국정교과서는 한결같이 첨성대를 천문대로 풀이했고, 이에 대해서 우리는 아무런 저항도 느끼지 않은 채 "동양 최고最古"라는 자부심을 가지고 그것을 바라보았다. 역사학자들이 첨성대의 정체를 놓고 고민하지 않은 것은 아니었다.

1917년에 일본인 고고학자 와다 유지和田維治가 첨성대를 실측한 이래로 한국 학자들 사이에는 그것이 천문대였다는 설(全相運, 『한국과학기술사』, 1966)과 종교적 상징물이었다는 설(李龍範, 『진단학보』, 1974), 또는 선덕여왕의 불심을 상징한 조형물로서 우물과 관련이 있다는 설(김기흥, 『천년의 왕국 신라』, 2000) 등이 제기되었으나 어느 학설도 명증하게 입증되지 못했다.

첨성대(瞻星臺)

## 내부 석재는 다듬지 않아

그러나 위의 주장 가운데 첨성대를 천문대로 보는 입장이 정설이 되려면 다음과 같은 몇 가지 풀어야 할 정황적 의혹이 있다.

첫째로, 첨성대를 천문대로 보기에는 그 위치가 적합하지 않다. 별을 관측하려면 좀 더 높고 한적한 곳을 찾아가야 한다는 것은, 아무리 그때가 고대 국가 시대였다고 하더라도, 필부필부匹夫匹婦도 알 수 있는 일이었다. 그런데 첨성대는 경주의 영내 평지에, 더욱이 반월성半月城을 옆으로 끼고 있다.

별을 관측하겠다는 사람이 어떻게 낮은 지대에 쌓은 성 밑에 관측소를 세울 생각을 했을까? 이 지구상에 평지에 천문대를 세울 만큼 어리석은 역사의 사례는 없다. 이 의혹에 대하여 논리적인 대답을 할 수 없는 한, 첨성대는 천문대일 수가 없다.

둘째로, 돌의 다듬질에 문제가 있다. 햇살이 잘 비치는 날 남쪽으로 뚫린 문을 통하여 안을 들여다보면 안쪽의 석재는 다듬어지지 않았다. 이 건축물이 안에서 사람들이 활동[관측]하려고 지어진 것이라면 바깥 표면을 다듬지 않는 일은 있을 수 있어도 안을 다듬지 않는 일은 있을 수가 없다.

더구나 위쪽으로 올라갈수록 사람이 운신하기조차 협소한데 돌에 부딪혀 생기는 두상에 부상을 막으려면 안을 다듬었어야 한다. 안을 다듬지 않고 밖을 다듬었다고 하는 것은 이 건물을 밖에서 사용하려고 지은 것이지, 안에서 사용하려고 지은 것이 아니라는 증거이다.

셋째로, 첨성대는 별을 관측하기에는 매우 불편하다. 첨성대의 정상에 있는 우물 정자의 위에 어떤 장비를 설치하고 그 위에서 별을 관측할 요량이었다면 처음부터 사다리를 타고 위로 올라갈 일이지 중간에 사람이 드나들기에는 너무도 비좁은 문을 뚫어놓고 그리로 들어갔다가 다시 위로 올라가야 할 이유가 없었다. 입구의 문지방이 마모된 것으로 보아 그 문으로 사람들이 드나든 것은 분명하다.

넷째로, 신라에 관련된 것이라면 허물이 되는 것도 아름답게 묘사했던 김부식이 왜 그토록 훌륭한 첨성대에 대하여 일언반구의 언급도 없었을까? 첨성대가 진실로 위대했고 의미 있는 것이었다면 그가 언급하지 않았을 리가 없다. 신라사에 대하여 그토록 애착을 가졌던 일연一然스님도 선덕여왕이 첨성대를 세웠다는 말만 남긴 채 일체의 부연 설명이 없다는 점을 납득할 수 없다.

다섯째로, 내가 과문한 탓인지는 모르지만, 첨성대의 용도를 최초로 설명한 사람은 아마도 안정복(安鼎福 : 1712~1791)일 것이다. 그는 『동사강목』[(3下) 丁未年 선덕여왕 16년조]에서 첨성대를 축조했다는 사실과 그것은 "천문을 보며 요망스러운 기운을 살피고자"(候天文 察氛祲) 지은 것이라고 설명했다. 이 문맥으로 미루어 볼 때 아마도 첨성대를 천문대라고 설명한 첫 인물이 바로 안정복일 것이다.

그런데 여기에서 주목해야 할 사실은 후대의 학자들이 안정복의 설명을 인용하면서 "천문을 보며"라는 대목만 주목했지 정작 중요한 대목인 "요망스러운 기운을 살피고자"라는 귀절을 누락했다는 사실이다. 이것은 안정복의 진의를 왜곡한 것이다.

## 첨성대는 제천 의식의 제단일 뿐

그렇다면 첨성대란 과연 무엇이었을까? 나는 그것이 고대 부족국가 시대의 제천 의식祭天儀式을 거행하던 제단祭壇이라고 믿는다. 그러므로 나는 앞서 말한 안정복의 설명 가운데서 "요망스러운 기운을 살피고자"라는 대목을 주목하고 있다. 그것이 제단이었다는 것을 입증하고자 나는 위에서 제기된 문제점을 반증하는 방법을 따르고자 한다.

첫째로, 그것이 왜 평지의 성 밑에 있었던가의 문제는 출진出陣에 앞서 전승 기원戰勝祈願의 의식이 필요했기 때문이었다. 원시 국가에서 고대 국가에 이르기까지의 전쟁은 출전할 때의 기원과 승전한 다음에 축제의 의미를 담고 있었고 거기에는 무속적이고 주술적인 요인이 필수적으로 가미되었다.

둘째로, 왜 김부식은 첨성대에 관하여 전혀 언급이 없고, 일연은 설명이 없었던가? 그것은 유학을 믿는 김부식이나 스님의 신분인 일연의 눈으로 볼 때 그와 같은 제천 의식은 음사淫祠로 보였기 때문이었다.

셋째로, 첨성대를 불교와 관련시키는 것은 무리이다. 27층의 적석積石이 점성술의 28수宿와 관련이 있다거나 31층이 삼십삼천三十三天과 관련이 있다거나, 그 모양이 수미산須彌山과 관련이 있다는 것은 추론이다. 숫자는 의미가 없는 우연일 뿐이다.

28수나 33천을 생각했다면 정확히 28층이거나 33층이었어야 했다. 그리고 그것이 진실로 불교적 사고에서 축조되었다면 그 문은 서방 정토淨土가 있는 서쪽을 향했어야지 남쪽을 향해야 할 이유가 없으며, 그것이 불교의 성지였다면 일연 스님이 그토록 백안시하지 않았을 것이다.

넷째로, 그렇다면 문은 왜 남쪽으로 났는가? 그것은 제주祭主와 부족들이 그 앞에서 북쪽을 향하여 제사를 올렸음을 의미한다. 북쪽의 무엇을 향하여 제사를 올렸다는 말인가? 그것은 북두칠성이었을 것이며, 그 때문에 첨성대瞻星臺라는 이름이 붙여졌을 것이다.

북두칠성은 영원과 장생長生을 기원하는 노장老莊사상의 상징이었으며, 첨성瞻星이라는 말도 "별을 관측한다"는 뜻이 아니라 "별을 우러러본다"는 사전적 의미를 지니고 있다. 장독대에 정한수[井한水]를 떠 놓고 북두칠성을 향하여 치성致誠을 드리던 풍습은 우리의 어머니 대에서도 흔히 보았다. "瞻"은 "우러러볼 첨" 자이다. 그들은 별을 우러러보았지 꿰뚫어 본 것이 아니었다.

## 井자는 기우제의 상징

첨성대를 위에서 본 모습

다섯째로, 그러면 맨 위에 있는 우물 정井 자는 무엇을 뜻하는가? 그것은 글자 그대로 우물로서, 제천 의식 가운데 중요한 주제였던 기우祈雨의 의미를 담고 있다. 관개가 발달하지 않고 천수답에 의존할 수밖에 없었던 하천문화권의 농경 사회인 신라로서는 기우제야말로 중요한 국가 행사였다.

남쪽으로 난 창은 음수陰水가 흘러내리는 음문陰門이었다. 첨성

**기우제 :**
민간에서는 산상 · 냇가 등에 제단을 만들고 신역(神域)으로 정하여 정결히 하고, 마을 전체의 공동 행사로 제사를 지냈다. 제주(祭主)는 마을의 장이나 지방관청의 장이 맡았으며, 돼지 · 닭 · 술 · 과실 · 떡 · 밥 · 포 등을 제물로 올렸으며, 경우에 따라 무녀의 가무도 곁들였다.

대의 모습이 여자의 치마폭과 흡사하다는 점이 눈길을 끈다. 고분 벽화에서 볼 수 있는 춤추는 여인의 치마와 똑같다. 가뭄이 심할 때 여자가 나체로 밭에 음수를 뿌리며 김을 맨 것은 원시 사회의 공통된 의식儀式이었다. 그것을 "나경"裸耕이라 했다.(『眉巖先生集』(3) 雜著 立春裸耕議) 여자의 음수[달거리]는 재수와 풍요의 상징이었다. 그래서 전통 사회의 도박꾼들은 여자의 개짐을 훔쳐 몸에 지니고 도박을 했다.

영국의 역사학자 카E. H. Carr의 말을 빌리면 역사학이란 결국 풀이解釋의 학문이다. 따라서 이 풀이가 잘못되면 역사는 그 본래의 뜻과는 전혀 다른 방향으로 흘러갈 수밖에 없다. 첨성대가 별을 신앙의 대상으로 여겨 우러러보던 곳이었는가 아니면 과학적으로 관측하던 곳이었는가의 해석에 따라서 우리는 그것을 과학사로 볼 것인가 아니면 정신사로 볼 것인가를 결정하게 될 것이고 이에 따라 그들의 결론은 전혀 다른 곳으로 흘러가게 될 것이다.

## * 추기

이 글이 나간 뒤에 나는 많은 격려 전화를 받았다.

### 참고문헌


- 『삼국사기』
- 『眉巖先生集』
- 카(E. H. Carr), *What is History?* (London : Macmiillan Co., 1961)
- 『동사강목』
- 全相運, 『한국과학기술사』(1966)
- 李龍範, 『진단학보』(1974)
- 김기흥, 『천년의 왕국 신라』(2000)

## 8. 빗나간 신라중심사와 약소 민족의 논리

"신라가 멸망한 것은
포석정鮑石亭의 술판 때문이었으니
백성들은 과음을 삼가라"
— 세종世宗

마야Maya와 헝가리에서도
우리 민족의 흔적이 보인다.
— 본문 가운데에서

얼마 전, 모처럼 만에 신라 천년의 고도인 경주慶州를 찾아볼 기회가 있었다. 올 때마다 느끼는 일이지만 문화재란 본디의 모습을 보전하는 것이 원칙인데 개발이라는 미명 아래 온통 파헤치고, 흙이라고는 밟아 볼 틈도 없이 시멘트를 발라 놓아 고색창연함을 볼 수 없는 것이 못내 아쉬웠다. 그러나 그보다도 더 나를 울적하게 만든 것은 곳곳에 써 붙인 설명문들이었다.

예컨대 포석정鮑石亭만 해도 그렇다. 포석정은 신라 문화의 상징인 유락遊樂의 대표적인 표상인 동시에 타락한 귀족 문화의 표본이었다. 신라의 왕후장상들은 이곳에서 환락 속에 취생몽사하였으며 포석정의 이용 빈도頻度는 신라 멸망의 역사와 궤도를 함께 했다. 오죽했으면 세종世宗께서, "신라가 멸망한 것은 포석정鮑石亭의 술판 때문이었으니 백성들은 과음을 삼가라"(『世宗實錄』 15년 10월 28일)는 어명을 내렸을까?

**사적 제1호 포석정**
포석정은 신라 문화의 상징인 유락(遊樂)의 대표적인 표상인 동시에 타락한 귀족 문화의 표본이다.

신라의 경애왕景哀王은 서기 927년 이곳에서 술놀이를 하다가 견훤甄萱의 침략을 받았다. 견훤의 포로가 된 왕과 비빈 그리고 공경대부와 시녀들은 개처럼 땅바닥을 기면서 노복이 되더라도 좋으니 목숨만 살려 달라고 애원했지만, 견훤은 그들을 죽일 가치도 없다고 생각했던지 왕을 자결하도록 하고 비첩들은 난행亂行했으며 공사公私 재물을 약탈했다.

안압지雁鴨池는 어떠한 곳인가? 이곳은 왕후장상들이 여자 끼고 술 마시며 뱃놀이하던 곳이다. 귀족들이 여름 한철 시원하게 살도록 해주려고 석빙고石氷庫에 얼음을 채워 넣느라고 엄동설한에 얼마나 많은 백성이 추위에 떨었을까? 감은사感恩寺 쌍탑은 통일신라를 기원하며 세운 것이라니 기가 막혀 말이 나오지 않는다. 감은사는 문무왕이 부모님의 은혜에 감사하고자 당나라의 감은사를 본떠 지은 사찰이다. 한국의 유명 사학자들은 "내 말에 감히 누가 토를 달랴?"는 식으로 마구 뱉어낸다.

이와 같은 오욕汚辱의 역사가 담겨 있는 것들이 아직도 문화재라는 미명으로 철없는 아이들의 국사 교과서에 큼직하게 사진이 실려 있으니 이 나라의 역사 교육이 한심스럽다. 왜냐하면 기생 끼고 앉아 술 마시다가 칼 맞아 죽은 자리가 문화재일 수는 없기 때문이다.

이 나라의 역사학자들은 금붙이나 옥비녀만 나오면 "국보급 … 운운"하면서 감탄하는데 역사란 그런 것이 아니다. 그런 식으로 역사를 해석한다면, 먼 뒷날 지금의 역사는 어떻게 해석될까? 지금으로부터 천년의 세월이 흘러 지금 우리가 살고 있는 서민들의 연탄 아궁이며 토담집은 모두 사라졌는데 요즘 같은 어느 넋 나간 역사학자가 연희동이나 서빙고의 도둑촌을 발굴하면서 2000년대의 한국인들은 마호가니와 티크로 만든 가구를 쓰고 이탈리아 대리석으로 장식한 에스컬레이터 타고 살았다고 기록한다면, 돈 없고 힘없어 서럽게 살다간 우리네 서민들은 지하에서 얼마나 서럽고 억울할까?

## 인디언 "아파치"Apache의 어원은 아버지

우리의 삼국시대를 신라중심사로 볼 경우에 우리가 겪어야 하는 또 다른 아픔은 우리 스스로가 반도에 몰려 살던 약소 민족으로 비하할 수밖에 없다고 하는 사실이다. 그러나 세칭 삼국 통일이 이뤄지기 앞의 역사를 보면 우리는 반도 민족도 아니었고 약소 민족도 아니었다.

흔히 몽골족으로 알려진 우리의 조상들은 태양이 떠오르는 곳을 향해 동진東進하다가 일부는 만주 대륙에 정착하고 일부는 좀 더 따뜻한 곳을 찾아 남하하여 반도에 정착한 무리가 있었는데 이들이 북방계 한국인이다. 이들은 남방계 인종들과 피가 섞이어 반도를 지배했다.

동쪽으로 계속 이주한 무리는 그 당시만 해도 알래스카와 동부 시베리아가 얼어붙어 있었기에 미주 대륙으로 쉽게 건너갈 수 있었다. 북빙北氷의 추위 속에서 낙오한 무리는 오늘날의 에스키모족을 이루었고 이주를 계속한 무리는 미주 대륙 서해안에 이르러 뿔뿔이 흩어졌다. 일부는 남쪽으로, 일부는 서쪽으로 옮겨갔으며, 일부는 광활한 대륙에 정착했다.

동쪽 대륙에 정착한 무리는 오늘날 아메리칸 인디언이라고 불린다. 인디언 가운데서 우리의 귀에 익숙한 아파치족Apache의 어원은 우리말의 "아버지"와 같다. 그들은 우리와 똑같이 등에 아기를 업고 머리에 광주리를 이고 다닌다. 그들의 모습은 우리와 너무나도 같아 1950년대의 우리와 구분하기가 어렵다.

내가 나이아가라폭포Niagara Falls에 들렀을 때 그곳에서 인디언 원주민을 연구하는 한 학자는 내가 한국인임을 알아보자 나에게 나이아가라가 무슨 뜻인지 아느냐고 물었다. 나로서는 그것을 알 턱이 없었다. 그의 설명에 따르면, 나이아가라가 문명사회에 노출된 것은 200년이 채 못 된다고 한다. 미대륙의 개척 시대에 백인들이 이곳에 도착했을 때 나이아가라폭포의 장엄함에 경탄을 금치 못했다.

그들이 원주민에게 폭포의 이름을 물으니 나이아가라라 했다.

**나이아가라폭포**
"네 가닥으로 흐르는 강"이라는 뜻으로 이는 한국어의 "네 가람"(Negaram, 四川)이라는 뜻이라고 인디언 원주민 연구를 하는 한 학자는 말했다.

나이아가라의 뜻을 물으니 "네 가닥으로 흐르는 강"이라는 뜻인데 이는 한국어의 "네 가람Negaram, 四川"이라는 뜻이라고 그 학자는 설명해 주었다. 이러한 주장이 학술적으로 검증된 것은 아니어서 확언할 수는 없지만, 깊이 고구考究해 볼 문제이다.

미대륙에서 더 남쪽으로 이주한 부족들은 파나마를 거쳐 남미의 문화를 이룩했는데 이들이 곧 마야Maya와 잉카Inca이다. 이들은 인류 역사상 가장 신비하고도 찬란한 문화를 구가하다가 스페인 군대에 몰살되는 비극적 최후를 맞이했다.

아직도 남아 있는 멕시코 일대의 원주민인 인디오Indios의 생활에서 솟대[蘇塗]와 장승, 그리고 서낭(돌무지)의 흔적을 찾아볼 수 있다. 체형과 피부색도 우리와 같다. 우리보다 코가 조금 더 큰

아메리카 인디언인 아파치족 남녀

것이 형질인류학으로 보아 무슨 의미가 있는지는 더 연구해 볼 문제이다. 목이 짧은 것은 추위를 거친 인종에서 나타나는 현상이다.

몽골에서 추위로 동진을 멈추고 서쪽으로 되돌아간 사람들은 어찌 되었을까? 남들은 모두 해 뜨는 쪽으로 떠났는데 유독 해가 지는 쪽으로 떠난 이들은 고생을 많이 했다. 따라서 그들은 형태를 찾아볼 수 없을 만큼 유럽인에 동화되었으나, 유독 헝가리인에게서만은 그 잔영殘影을 찾아볼 수 있다.

헝가리Hungary라 함은 흉노(匈奴 : Hun)가 세운 나라라는 뜻이다. 멀리 거슬러 올라가면 흉노는 우리와 뿌리가 같다. "훈"이라든가 몽골어에서 왕을 의미하는 "한(汗 : Kahn)"이라든가 우리말에서 크다는 뜻의 "한", 예컨대, 한밭[大田], 한가위, 경상도 사투리의 한아버지 등은 그 어원이 같다.

유럽으로 들어간 몽골족들은 신체적으로 이제 거의 백인화되었지만 핏줄만은 아직 사라지지 않아 그들이 태어날 때면 엉덩이에 푸른 반점이 있다. 주소를 쓸 때도 유럽식으로 소단위에서 시작하여 국가의 명칭을 마지막에 쓰는 것이 아니라, 국가를 먼저 쓰고 마지막에 이里와 번지를 쓴다.

그들의 민속도 또한 우리와 흡사하여 게오르규Constantin V. Gheorghiu의 소설 『25시』의 영화를 보면 그들의 모습이 우리와 너무도 닮은 데 놀라지 않을 수 없다. 물론 『25시』의 무대는 루마니아이다. 그러나 흉노는 루마니아를 거쳐 지금의 헝가리에 정착했는데 이때 흉노 민속의 부스러기가 떨어져 남아 있게 되었다.

현재 루마니아 인구의 10%는 마쟈르족Magyar이다. 마쟈르족은 지금의 헝가리 인종을 의미하는데 이는 말갈靺鞨과 어원이 같다. 그들은 우표나 화폐 단위에 헝가리라는 국호 대신에 마쟈르라는 민족의 명칭을 쓴다. 터키Turkey라는 말은 돌궐突厥과 어원이 같다.

## 신라중심사는 경순왕의 후손이 저지른 실수

경순왕敬順王의 후손이라는 숙명성 때문에 김부식은 어쩔 수 없이 신라 중심으로 『삼국사기』를 쓸 수밖에 없었을 것이다. 그러나 역사란 그렇게 쓰는 것이 아니며 문화재란 그런 것이 아니다. 굳이 신라 문화에 연민을 느끼고 있다면 신라 문화를 그런 식으로 해석할 것이 아니라 차라리 원효元曉의 호국 불교라든가 아니면

**헝가리 민속춤** : 우리의 강강술래와 흡사하다.

향가 문화 또는 장보고張保皐의 해상 활동 쪽으로 연구의 깊이를 더해 가는 것이 바람직할 것이다.

신라를 삼국의 정통으로 보는 일제 식민지 사학의 빗나간 가설과 민족 사관을 정립하지 못한 채 이를 답습하고 있는 썩은 선비들의 오도된 역사 교육은 이 시대에서 끝나야 한다. 반도사관은 일본이 조작한 것이지만 한국사학은 영문도 모르고 따라갔다.

## * 추기

이 글은 신문사와의 견해 차이로 게재되지 않았음.

### 참고문헌


- 『세종실록』
- 『삼국사기』
- 게오르규(Constantin V. Gheorghiu)(원작), 영화『25시』(1978)

## 9. 왕건의 훈요십조訓要十條는 위찬僞纂

“이 땅에 호남이 없었더라면
이 나라도 없었다.”
若無湖南 是無國家
— 이순신李舜臣

호남은 풍년에 배곯는 땅이다.
— 본문 가운데에서

차별이 없어 무등산無等山이라 했는데
이 땅에 왜 그리 설움이 많은가?
— 본문 가운데에서

한국 현대사가 안고 있는 아픔이 어디 한두 가지일까마는, 아직도 우리에게 애물처럼 달려 있는 것은 아마도 지역 감정일 것이다. 지역 감정이란 플라톤Platon이나 보댕Jean Bodin의 저술에도 보일 정도로, 동서고금의 어느 곳에나 있었던 것이라고는 하지만 특히 우리의 경우에는 그 골이 너무 깊어 많은 사람의 가슴에 멍울지게 했다.

세계 어느 나라에나 지방색과 지역 차별은 예로부터 있었다. 이러한 지역 감정은 오래전부터 우리의 의식 속에 적층積層 문화로 이어져 내려왔다. 이를테면 우리는 조선 8도의 풍토가 인심을 결정한다고 설명하면서 다음과 같이 말한다.

곧 전래의 팔도 인심에 따르면,

함경도 사람은 진흙탕에서 싸우는 개[泥田鬪狗],
평안도 사람은 숲을 박차고 나오는 성난 호랑이[猛虎出林],
황해도 사람은 자갈밭에 쟁기를 끄는 소[石田耕牛],
경기도 사람은 거울 속에 비친 미인[鏡中美人],
충청도 사람은 맑은 바람결에 보이는 밝은 달[淸風明月],
강원도 사람은 바위 밑에 앉아 있는 늙은 부처[巖下老佛],
경상도 사람은 높고 우람한 산[泰山喬岳],
전라도 사람은 바람 앞에 나부끼는 버들가지[風前細柳]

로 되어 있다.

누구의 발설인지는 명확하지 않으나, 이는 조선조의 태종太宗 또는 정도전鄭道傳이라고도 하고, 정조正祖 시대의 규장각 학사였던 윤행임尹行恁이 발설한 것이라고도 하고,(이몽일, 『한국풍수지리설의 변천과정』, pp. 131~132.) 대원군大院君이라는 구전도 있으며, 달레C. Dallet의 기록에도 같은 내용이 실려 있는 것으로 보아(『한국천주교회사』(上), pp. 236~237.) 무근하게 지어낸 이야기는 아닌 것으로 보인다.

위의 전래는 한국 사회에서 지방색을 표현하는 대표적인 전거典據로 인용되는데, 경상도와 충청도를 제외하고서는 어느 도道에게도 호의적이지 않았다. 그 가운데서도 호남은 가장 불쾌한 모습으로 그려져 있다.

이것이 해방 전후에 들어오면서 굳어진 것이 곧 8도 별명이다. 이를테면 함경도는 무턱대고 덤벼든다 해서, "함경도 덤배," 홍경래洪景來의 말을 빌리면 평안도는 "평안도 놈," 황해도는 "극젱이," 경기도/서울은 "깍쟁이," 충청도는 "양반/멍청이," 강원도는 "감자바위," 경상도는 "문둥이," 전라도는 "전라도치"라고 불렀다. 위의 두 별명 두 가지 가운데 어느 것에도 호남에 대해서 호의적이지 않았다.

그 가운데서도 가장 견디기 어려웠던 것은 "호남 기피"였다. 호남은 왜 그리 기피의 대상이 되었을까? 가난 때문이었다. 호남이 전국 제일의 곡창인데 가난하다니? 곡창 지대일수록 대부大富와 극빈이 공존한다. 왜 그럴까? 곡창 지대일수록 지주와 방백 수령의 수탈이 극심하기 때문이다.

그래서 호남은 "풍년에 배곯는 땅"이었으며, 전국에서 호남인의 이향률離鄕率이 가장 높았다. 본디 동양인은 "땅을 떠날지언정 고향을 버리지 않는다."(離土不離鄕)는 것이 비효통費孝通의 지론이지만, 호남의 경우는 그렇지 않아 아예 고향을 떠났다.

가난한 이들은 비빔밥을 먹었다. 비빔밥은 영양가 높은 향토 음식이 아니라 가난한 사람들이 바가지에 푸성귀와 된장과 보리밥에 눈물을 섞어 먹던 구황식救荒食이었다. 바가지를 쓰는 것은 그것이 음식의 습도를 조절해주기 때문이다. 지금도 서울 북촌 토박이들은 세 가지 음식을 먹지 않는다. 곧, 개장국과 추어탕과 비빔밥이다. 혼례 전의 상견례에서도 비빔밥은 주문을 받지 않는다.

이와 같은 호남 차별의 문제는 사회과학자들의 오랜 쟁점이 되어, 누구는 박정희朴正熙의 개발 편중 때문이라고도 하지만, 나는 고려 태조 왕건王建이 남긴 훈요십조가 중요한 계기가 되었다는 사실을 주목하고 있다.

## 호남의 한恨은 "훈요십조"에서 비롯

고려 태조 왕건

흔히 알려진 바와 같이 고려 태조 왕건王建은 서기 943년, 눈을 감기 직전에 가까운 신하였던 박술희朴述熙를 불러 훈요십조를 전하면서 그 8조에서 "내가 죽은 후, 차현車峴 이남과 금강錦江 아래의 사람들에게 벼슬을 주지 말라"는 유언을 남겼다고 전해지고 있다.(『고려사』 태조 26년 4월조)

이러한 차별의 근거는 호남이 배산역수(背山逆水 : 임금이 있는 반대쪽으로 산맥과 물이 달린다)의 땅이기 때문이라는 것이었다. 왕건이 남긴 이 유언은 제도적 차별을 정당화하였지만, 무엇보다도 심각한 것은 이 유언이 사회적 차원에서 호남인들에 대한 편견을 유발했다는 점이다. 풍토적으로 볼 때 백제의 유산을 받아 이지적이고 학문을 좋아하며 정감적情感的인 호남인들[1]은 이로 말미암아 깊은 내상內傷을 입었다.

그런데 왕건의 훈요십조와 여기에서 시작하여 풍수지리설로

---

1) 호남인들이 스스로 표현하는 바에 따르면, 여수(麗水) 가서 돈 자랑하지 말고, 순천(順天) 가서 인물 자랑하지 말고, 벌교(筏橋) 가서 주먹 자랑하지 말고, 고흥(高興) 가서 힘 자랑하지 말고, 고창(高敞) 가서 양반 자랑하지 말고, 전주(全州) 가서 글씨 자랑하지 말고, 목포(木浦) 가서 그림 자랑하지 말고, 진도(珍島) 가서 창(唱) 자랑하지 말고, 남원(南原) 가서 미녀 자랑하지 말고, 정읍(井邑) 가서 땅 자랑하지 말라고 한다. 이 말은 내가 30년 동안 호남을 답사하면서 들은 이야기의 종합이다.

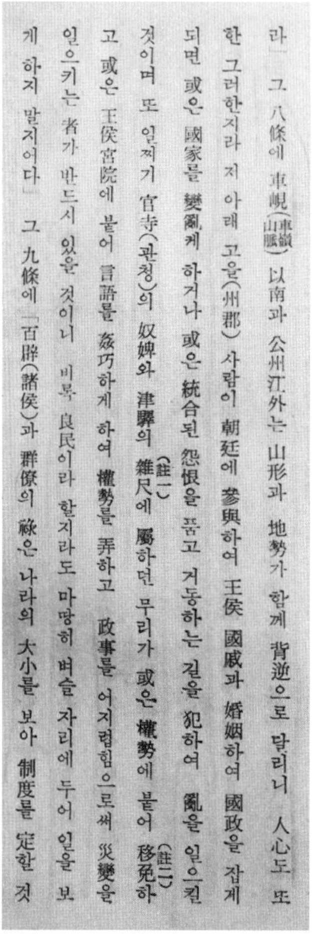

라」 그 八條에 車峴(車嶺山脈) 以南과 公州江外는 山形과 地勢가 함께 背逆으로 달리니 人心도 또
한 그러한지라 지 아래 고을(州郡) 사람이 朝廷에 參與하여 王侯 國戚과 婚姻하여 國政을 잡게
되면 或은 國家를 變亂케 하거나 或은 統合된 怨恨을 품고 거동하는 길을 犯하여 亂을 일으킨
것이며 또 일찌기 官寺(관청)의 奴婢와 津驛의 雜尺(註一)에 屬하던 무리가 或은 權勢에 붙어 移免(註二)하
고 或은 王侯宮院에 붙어 言語를 姦巧하게 하여 權勢를 弄하고 政事를 어지럽힘으로써 災變을
일으키는 者가 반드시 있을 것이니 비록 良民이라 할지라도 마땅히 벼슬 자리에 두어 일을 보
게 하지 말지어다」 그 九條에 「百辟(諸侯)과 群僚의 祿은 나라의 大小를 보아 制度를 定할 것

『고려사』 훈요십조 제8조

굳어진 이 배산역수의 논리에는 짚고 넘어가야 할 몇 가지의 의혹이 있다. 여러 문헌으로 미루어 볼 때 왕건이 정말로 훈요를 남겼는지, 그것이 꼭 10조였는지, 그리고 그 8조에 호남 기피의 조항이 들어 있었는지에 대해 의문이 제기되고 있다.

『고려사』에 그렇게 적혀 있는데 무슨 말이냐고 되물을지 모르지만, 이 문제는 그리 간단하지 않다. 훈요십조가 의심을 받는 논거는 다음과 같다.

첫째로, 현재 전해지고 있는『고려사』 태조편에 훈요십조가 기재된 경위에 의혹이 있다. 문헌에 따르면, 일찍이『고려사』의 태조 편의 사초史草가 편찬되어 있었지만, 현종 시대(1010~1011)에 거란군 40만 명이 쳐들어왔을 때 사초가 모두 불타고 없어졌다. 그러니까『고려사』 태조 편은 본디 존재하지 않는다.

그래서 태조가 죽은 지 80년이 지나『고려사 : 태조편』의 사초를 다시 편찬했다. 이때 최제안崔齊安이라는 인물이 최항崔沆의 집에 간직해 두었던 문서를 가지고 와서 왕건의 유서라고 하며 실록에 끼워 넣었다.(『高麗史』 列傳 崔承老 · 齊安條) 최항은 경주의 황룡사黃龍寺의 중창重刱을 주장하고 이를 수행한 인물로서 신라의 후예였다.

최제안은 고려 초기의 중신이었던 최승로崔承老의 손자이며, 최승로는 경주 출신으로 신라에서 고위 벼슬을 지낸 최은함崔殷含의 아들이다. 이미 불타고 없었던 훈요십조가 80년의 세월이 지난 뒤에 복원되었고 이를 주도한 사람들이 신라 구신舊臣의 후손이라는 점에서 훈요십조의 진위가 의심스럽다. 왕실의 그토록 중요한 문서가 어떻게 사가私家에 보관되어 있었을까?

둘째로, 왕건이 그러한 유언을 남길 만큼 백제인들을 미워했다는 것이 역사적으로 입증되지 않는다. 『고려사』를 살펴볼 때, 왕건이 이 훈요 8조대로 호남인들을 관직에서 배제했다고 볼 수 있는 증거가 없다. 왕건이 (후)백제 세력을 토벌하고자 17년이라는 짧지 않은 세월을 보내며 고초를 겪은 것은 사실이다.

그러나 그로 말미암아 왕건이 백제를 미워했다는 논리는 성립되지 않는다. 왕건이 견훤甄萱과의 원한 관계로 말미암아 호남을 미워했을 개연성도 있다고는 하지만 실제 정황을 보면 그에게 큰 상처를 준 것은 청주淸州 일대의 호족 저항 세력이었지 지금의 호남 세력은 아니었다.

## 왕건의 호남 기피는 입증되지 않는 허구

오히려 호남인들 가운데는 당시에 중앙 정부에 입신한 사람들이 많이 있었다. 예컨대 왕건이 평생 사표로 삼았던 도선국사道詵國師와 살아서는 상주국上柱國이요 죽어서는 태사太師가 된 최지몽崔知夢은 영암 출신이었고, 왕건의 비妃이자 2대 혜종惠宗의 모후인 장화왕후莊和王后 오吳 씨는 나주인이었으며, 왕건과 말년을

**금강의 역수론(逆水論)**
이익(李瀷)의 주장에 의하면, 금강은 반궁수(反弓水), 곧 강의 모습이 마치 개경을 향하여 활을 겨냥하고 있는 듯한 형국이기 때문에 흉지(凶地)라는 것이다.
(『星湖僿說』 天地門 漢都條)

함께 산 동산원부인東山院夫人과 문성왕후文成王后는 승주昇州 태생의 순천順天 박朴 씨로 견훤의 외손녀들이었다.

그뿐만 아니라 고려의 창업 과정에 왕건을 대신하여 죽은 개국공신 신숭겸申崇謙은 곡성谷城 사람이었다. 더구나 훈요십조를 받았다는 박술희는 후백제의 당진唐津 사람이었는데, 호남 사람을 피하라는 말을 굳이 백제 사람인 그를 불러 지시했을 리가 없다.

셋째로, 고려 왕실이 그토록 호남을 기피했다면, 거란의 침입 당시에 현종顯宗이 굳이 호남으로 피난했다는 사실이 납득되지 않는다. 곧 거란의 침입 당시 현종이 전주全州에 7일 동안 머물렀다고 기록되어 있는데(『고려사』 현종 2년 정월 己亥條), 왕건의 훈요십조가 사실이고 또 후손에 대한 훈요십조의 영향력이 그토록 강력했다면 왕은 영남이나 강원도나 경상도로 피난했어야 옳았지, 호남으로 피난하지는 않았을 것이다.

넷째로, 훈요십조와 호남 기피의 원인으로 지적되고 있는 풍수지리설의 견지에서 볼 때 금강이나 차령산맥이 개경開京에 대하여 배산역수背山逆水가 아니라는 점이다. 개경에 대한 배산역수를 굳이 따지자면 오히려 신라의 젖줄이오, 생활 터전이었던 낙동강洛東江과 태백산맥이 배산역수이다. 호남의 젖줄인 금강과 차령산맥은 경주(慶州 : 신라)에 대해 배산역수이지 개경에 대해 배산역수라는 것은 기하학적으로도 타당하지 않다. 결국 호남을 배산역수로 본 것은 고려인의 시각이 아니라 신라(경주)의 시각이었다.

금강의 역수론逆水論에 대해서 이익李瀷은 좀 더 색다른 주장을 하고 있다. 그의 주장에 따르면, 금강은 반궁수反弓水, 곧 강의 모습이 마치 개경을 향하여 활을 겨냥하고 있는 듯한 형국이기 때문에 흉지凶地라는 것이다.(『星湖僿說』 天地門 漢都條) 그러나 이것은 옳지 않은 논증이다. 왜냐하면, 개경에 대한 반궁수를 따지자면 턱밑에 있는 한강이 먼저이지 6백 리나 멀리 떨어진 금강을 거론해서는 안 되기 때문이다.

## 이중환의 『택리지』가 사태를 악화시켜

훈요십조의 호남 기피를 합리화한 배산역수론을 가장 구체적으로 적시한 저술은 이중환李重煥의 『택리지』擇里志였다. 그는 8도의 풍물과 인심을 기록하면서 유독 전라도에 대해서만은 악의적

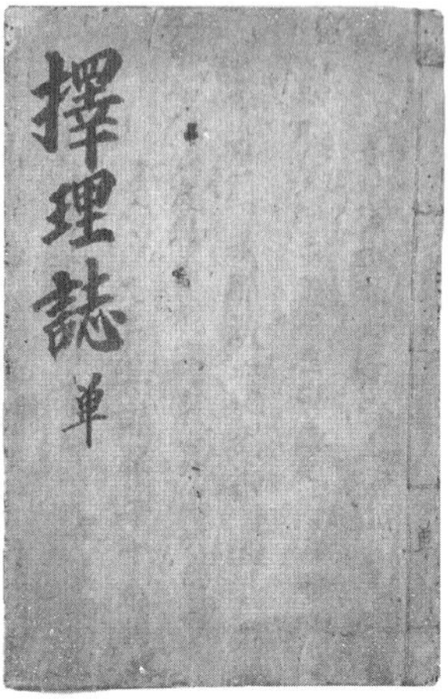

이중환의 『택리지』

이었다. 그의 주장에 따르면, 호남은 반역과 요사妖邪와 미신과 재앙의 땅이었다.

그런데 참으로 희한한 일은 이중환이 8도지를 쓰면서 천하를 모두 돌아보았지만 유독 호남 땅은 밟아보지 않았다는 점이다. 여행이라면 원악遠惡한 오지도 아니오, 인심 좋고 구경거리 많은 호남을 빼놓을 수 없는 것이며, 설령 여행이 아니라 하더라도 그의 외갓집이 나주(羅州 吳氏)였기 때문에 정리情理로 보더라도 한 번쯤은 가보았음 직한데 그는 끝내 호남에 발을 들여놓지도 않고 그런 무책임한 글을 썼다.

이중환은 호남 땅에 발도 들여놓지 않은 이유는, 그가 병조정랑兵曹正郎에 있으면서 목호룡睦虎龍 사건(1725)에 연루되어 1년에 네 번씩이나 악형을 당한 뒤 유배되는데 이것이 광산(光山 : 光州) 김 씨 김일경金一鏡의 고변告變에 따른 것이어서 그의 가슴에 평생 한으로 남았기 때문이었다. 그는 그 뒤 유배에서 풀려나 20여 년을 유리걸식遊離乞食한 다음에 『택리지』를 썼으니, 거기에 담긴 그의 호남 인식이 호의적일 리가 없었다.

## 호남 기피는 신라인이 저지른 집단 따돌림

요컨대, 한국 현대사의 아린 상처를 남긴 훈요십조의 호남 기피는 오랜 역사성을 가진 집단 따돌림(苛め)이었다. 호남 푸대접의 책임

**"차별이 없어" 무등산(無等山)이라 했는데,
이 땅에 왜 그리 설움이 많은가?**

을 박정희 대통령에게 뒤집어씌우기로 한다면 그 이전에 이미 호남 출신의 학생이나 신혼 부부들이 서울이나 충청도에서 하숙집이나 전셋집을 얻기 어려웠던 이유를 설명할 수 없다.

이러한 현실로 말미암아 그들의 객지 생활에는 응어리[寃]가 맺혀 있었다. 백제라면 이쁜 짓도 밉게 여겼던 김부식이 온조왕溫祚王의 치적을 기록하면서, "검소하나 누추하지 않았고, 화려하나 사치하지 않았다."(儉而不陋 華而不侈, 『삼국사기』「백제본기」, 온조왕 15년 봄 정월; 『葛川先生文集』(3) 文/ 三水菴重創記)하였으며, "이 땅에 호남이 없었다면 이 나라도 없었다"(若無湖南 是無國家)라던 이순신李舜臣의 말도 호남인들을 위로해주지 못했고, 그들의 한은 깊어갔다.

그리고 자신들의 한을 풀어줄 선지자를 기다리던 차에 김대중金大中이라는 인물이 나타났고, "차별이 없다"고 그 이름이 지어진 무등산無等山은 1980년 5월에 그 천년의 한을 토해냈다.

## * 추기

이 글이 나간 후로 격려 전화와 함께 많은 욕설 전화를 받았다. 비난 전화는 한결같이 지난번에는 첨성대 문제로 신라를 비하했고, 이번에는 전라도 사람을 싸고돈 것으로 보아 "너, 전라도 놈이냐?"는 것이었다. 나는 경상도(신라)나 전라도 "백제"와는 아무 아리고 쓰릴 것이 없는 충청북도 출신이다. 내가 가지고 있는 역사 인식이 신라중심사에 대한 저항과 호남에 대한 연민이 깔린 것은 사실이지만 그것은 나의 출생과 관련이 없다.

### 참고문헌


- Bodin, Jean, *The Six Books of the Republic*
- Platon, *Republic*
- 『葛川先生文集』(3)/ 文/ 三水菴重創記
- 『고려사』
- 달레(C. Dallet), 안응열 · 최석우(공역), 『한국천주교회사』(上)(왜관 : 분도출판사, 1979)
- 『삼국사기』「백제본기」
- 『星湖僿說』
- 양필승(편저), 『중국의 농업과 농민운동』(서울: 한나래, 1991)
- 이몽일, 『한국풍수지리설의 변천과정』(대구 : 경북대학교 박사학위논문, 1990)
- 『擇里志』

# 10. 묘청妙淸은 반역자가 아니다

김부식의 손에 죽은 묘청의 원혼冤魂이
아직도 대동강 변을 떠돌고 있다.
만주를 되찾자는 꿈이 반역이라면
고려의 도성을 경주로 옮겼어야 했나?
— 본문 가운데에서

어느 나라를 가리지 않고 각 나라에는 그들 고유의 신화神話가 있다. 정치학에서 말하는 신화라 함은 역사학에서 말하는 신화와는 조금 다른 의미로서, 신에 관한 설화가 아니라 "엄연히 역사적 사실이 아님에도 불구하고 끝없이 되풀이되는 세뇌를 통하여 이제는 사실처럼 위장된 허구虛構"를 의미한다.

그런 의미로서 대표적인 허구적 신화가 아마도 "삼천리 반도 금수강산"이라는 우리의 역사 인식일 것이다. 이러한 반도사관半島史觀은 우리의 웅혼雄渾했던 고대사를 왜소하게 만드는 것으로서 매우 위험한 인식이다. 우리 땅은 삼천리도 아니고 반도도 아니었기 때문이다.

이러한 허구가 우리에게 고정 관념으로 정착된 이유를 한 가지로 설명할 수는 없다. 왕건王建은 이름을 고려라고 지음으로써 마치 고구려의 법통을 이어받은 듯이 위장했지만 실은 그보다 훨씬 좁은 남쪽의 삼한三韓에 안주하려고 했던 왕건의 소심함이 먼저 지적되어야 한다.

왕건이 북벌주의자였던 궁예弓裔와 의견 충돌을 일으킨 일차적 이유도 북벌에 대한 왕건의 반대 의견 때문이었다. 고구려의 영토를 되찾고 싶어 했던 궁예의 꿈과는 달리 왕건은 남방 세력인 삼한을 통일해야 한다고 늘 말했고, 고려를 건국한 뒤에도 공신들에게 "삼한 공신"三韓功臣이라는 이름으로 훈작勳爵을 부여할 정도로 남쪽 영토에 집착했다.

왕건의 이러한 삼한 위주의 건국 이념을 이어받은 김부식金富軾은『삼국사기』를 쓰면서 신라를 정통으로 함으로써 의도적으로 고구려를 비하했고, 중국에 항전했던 고구려의 기상을 묻어버리고자 삼국 통일이라는 미명으로 김춘추金春秋와 김유신金庾信을 지나치게 미화했다. 이를테면 그는 고구려가 신라보다 먼저 건국한 사실을 바로 적지 않았다.

## 고구려 고토에 대한 염원

이러한 반도 사관에 대하여 가장 분노를 느꼈던 사람이 바로 고려 인종仁宗 때의 승려인 묘청妙淸이었다. 그런데 우리는 묘청이 요승妖僧이며 그가 거사했던 사실을 "묘청의 난"이라고 부르고 있다. 이것은『고려사』를 쓴 정인지鄭麟趾의 잘못도 있지만, 그 뒤 신라 중심으로 역사를 기록한 남방계 역사학자들과 일본 식민지 사학자들의 그릇된 기록 때문이었다.

역사에 역신逆臣으로 기록된 탓인지 묘청이 어느 해에 태어났는지는 알려지지 않고 다만 그가 서경(西京 : 평양)에서 태어났다는 사실만이 알려져 있다. 그가 승려였다는 사실은 그가 풍수지

묘청(妙淸)

김부식(金富軾)

리에 밝았음을 의미한다. 서기 624년 우리 나라에 도교道敎가 들어온 뒤 한국인들은 자연의 이치에 따라 사는 삶이 가장 아늑하다고 생각했다.

이때부터 불교에도 도교의 무위자연無爲自然의 사상이 깃들기 시작했다. 그리고 사찰 대웅전의 뒤편에 도교의 상징인 삼신각三神閣과 칠성각七星閣이 생기기 시작했다. 그 안에 불상은 없고, 소나무 아래 흰 수염의 노인[道士], 동자童子 그리고 호랑이가 있다.

묘청이 윤관尹瓘의 아들인 윤언이尹彦頤와 절친한 친구였다고 하는 사실은 중요하다. 왜냐하면 윤관은 그 당시 외교를 북방에 치중해야 한다고 믿었던 대륙론자였기 때문이다. 따라서 묘청의 북방 정책의 뒷면에는 윤관으로부터 어떤 영향을 받았을 것이다.

고려의 숭불정책崇佛政策과 더불어 묘청도 그 당시 사회에서 높은 인망人望을 얻고 있었다. 인종 시대에 이르면 묘청은 왕으로부터 대단한 신망을 받게 된다. 그는 왕을 알현하는 기회가 있을 때마다 송도松都[개경]는 이미 왕기王氣가 약해졌을 뿐만 아니라 고구려의 옛 영토를 찾는다는 점에서 보더라도 모름지기 도읍을 서경으로 옮겨야 한다고 주장했고, 인종도 묘청의 그와 같은 주장에 대해 상당한 호감을 가지고 있었다.

그러한 예로써 인종은 반드시 일 년 가운데 며칠은 평양의 서궁西宮에 머무르면서 북방 백성들을 어루만지는 작업을 게을리하지 않았을 뿐만 아니라, 자신이 몸소 행차할 형편이 되지 못 할 경우에는 몸이 가는 대신 자신의 옷이라도 보내어 왕의 기운을 서경에 심으려고 했다.

## 칭제건원稱帝建元이 역적일 수는 없어

인종의 두터운 신임을 받게 되자 묘청은 이제 도읍을 서경으로 옮길 것을 적극적으로 권유하기 시작했다. 그러나 묘청의 이와 같은 생각은 송도의 유생들로부터 심각한 도전을 받게 된다. 그들은 묘청이 서경에서 태어난 인물이라는 점을 지적하면서 그가 지방색 때문에 서경 천도를 주장한다고 몰아붙이기 시작했다. 그의 서경 천도론을 지방색으로 몰고 간 것은 묘청의 진심과는 다른 것이었다. 오히려 그가 서경 출신이었기 때문에 서경에 대해서는 누구보다도 깊은 지식을 가지고 있었고 그래서 서경 천도를 남달리 강조했다고 볼 수 있다.

이와 같은 반대에 부딪히자 묘청은 순리대로 해서는 천도가 어려워지리라고 생각하고 자기 딴에는 묘책을 쓰기로 했다. 인종

**평양 대동강**

10년(1132), 왕이 서경에 행차하는 기회를 타 묘청은 비밀리에 커다란 떡을 만들고 그 속에 기름을 넣어 대동강 물속에 집어넣었다. 시간이 지나 떡의 기름이 물 위로 떠올라 영롱한 빛을 발휘하기 시작했다.

묘청의 무리는 왕에게 상소를 올려 중국의 천자天子처럼 고려의 왕도 제왕帝王이라는 칭호를 쓰고 중국의 연호를 버리고 자신의 연호를 써야 한다고 주장하는 한편, 대동강에 서기瑞氣가 피어오르고 있으니 이는 신룡神龍의 침이라고 풀이하면서 이제 곧 금金나라로 쳐들어가야 한다고 주장했다. 물론 그 동기가 아무리 훌륭한 것이었다 하더라도 묘청이 진실하지 못했다는 점은 그의 실수였다.

신룡의 침이라는 것은 곧 거짓임이 발각되었으며 이때부터 묘청의 계획은 의도했던 바와는 다른 방향으로 흘러가기 시작했다. 진실보다 더 큰 무기는 없다. 설령 자기의 뜻을 이루는 일에 시간이 걸린다고 하더라도 묘청은 좀 더 인내와 성실을 가지고 일을

정지상(鄭知常)

을밀대(乙密臺)

추진했어야 했다. 그러나 묘청은 그렇지 못함으로써 자기 자신을 망쳤고 더 나아가서는 국가적으로 불행을 끼쳤으니 안타까운 일이다.

공교롭게도 이 무렵 서경의 궁궐인 대화궐大華闕이 벼락을 맞아 민심이 흉흉해지고 이런 틈새를 타고 송도파의 반격이 거세지자 인종도 마음이 흔들려 서경 천도를 멈칫거리기 시작했다. 이에 초조해진 묘청은 결국 인종 13년(1135)에 서경을 근거로 하여 정지상鄭知常, 조광趙匡, 유참柳旵, 조창언趙昌言 등과 더불어 반정反正을 일으켜 나라 이름을 대위大爲라 부르고 연호를 천개天開라 불렀다.

대위니 천개니 하는 칭호는 당시 묘청이 꿈꾸었던 세계가 어떤 것인가를 가르쳐주는 좋은 자료가 된다. 그러나 불행하게도 묘청은 사대주의자인 김부식이 이끄는 정부군의 공격을 받고 고전하다가 부하 조광의 손에 죽임을 당함으로써 신채호申采浩가 이른 바 "조선의 역사 1천 년 이래 가장 큰 사건"이라고 평가했던 그의 고구려 정신도 사그라지게 되었다.

## 실패한 자에게서 교훈을

미국의 정치학자 무어B. Moore의 말을 빌리면, 역사에서 실패한 무리에 대한 연민을 갖지 않으면 역사는 그 시대의 지배적 신화에 파묻히고 만다고 한다. 그러나 역사를 돌아보면, 승리한 무리의 주장에 틀린 점이 있고, 실패한 무리의 주장에 들을 말이 있다.

이 시대에 묘청을 다시 거론할 수밖에 없는 것은 고구려의 정신을 망각하도록 끊임없이 세뇌한 신라중심사의 신화에서 벗어나 우리가 반도 민족도 아니었고 약소 민족도 아닌 대륙 민족으로서의 기백을 되찾을 수 있는 역사의 동력과 암시를 얻고자 함이다. 그런 점에서 묘청은 반역자가 아니었으며, 묘청의 난 또한 묘청의 "고토故土회복 운동"(irredentism)이라고 바꿔 불러야 할 것이다.

## * 추기

이 글이 나간 뒤에 유도회儒道會에 계신다는 권權 선생님으로부터 두문동杜門洞 72현賢에 관한 기록과 함께 과찬의 글을 받았다.

## 참고문헌


- Moore, B., *Social Origins of Dictatorship and Democracy* (Boston : Beacon Press, 1967)
- 『고려사』
- 『삼국사기』
- 申采浩, 「조선의 역사 1천 년 이래 가장 큰 사건」, 『나라사랑 : 신채호편』(3)(서울 : 정음사, 1971)

# 11. 최만리崔萬理는 한글 창제를 반대하지 않았다

최만리는 세종의 건강을 걱정하여<br>
과로를 만류했을 뿐이다.<br>
최만리는 만년에<br>
억울한 죽음을 주제로 쓴<br>
『무원록』無寃錄을 읽으며<br>
쓰린 마음을 달랬다.<br>
— 본문 가운데에서

역사란 결국 인간들이 살아간 흔적이라고 한다면 역사학의 한 분류사로서의 인물사는 매우 중요하고도 흥미로운 주제이지만 거기에는 많은 함정과 어려움이 있다. 어떤 인물에 대한 평가가 문중의 반목과 애증, 학파와 학통의 이해 관계, 그리고 시대적 요망 등에 따라 전혀 달라지는 경우는 허다하다.

더욱이 어떤 인물을 숭모하고자 상대적으로 다른 인물을 비하하려는 비교사의 필법은 인물사를 빗나가게 만드는 결정적인 요인으로 작용하고 있는 것이 우리의 현실이다. 훌륭한 분의 이야기는 그분만을 현창하면 되는 일이지 그를 북돋우고자 어떤 인물과 견주는 이른바 비교인물사는 매우 조심하고 신중해야 한다.

## 중화주의의 희생자들

세종대왕

우리 민족 5천 년의 역사를 되돌아보노라면 영광에 못지않게 오욕의 역사도 적지 않은데 그 가운데서도 가장 마음 아픈 것은 너무 오랫동안 중국의 영향력을 벗어나지 못했다는 사실일 것이다. 어느 나라가 이웃 나라의 문화에 젖는다는 것은 저들의 문자를 빌려 쓴 데에서부터 비롯된다.

글자란 단순히 글을 쓰는 수단을 의미하는 것이 아니다. 사고가 훌륭하면 훌륭한 글과 언어가 나오는 것도 있겠지만, 그와는 달리 언어와 문장을 훈련하면 사고가 발달하는 현상이 나타난다. 따라서 언어는 단순한 의사의 전달 수단이 아니라 사고의 발전 수단이기도 하다.

그런데 한글 이전의 시대에 우리의 글이 한자였기 때문에 사고도 중국화하는 현상이 벌어졌다. 곧 그 글을 쓰는 동안에 우리는 중국의 문화까지도 받아들이게 되었고 그런 과정에서 저들의 중화주의中華主義의 세계관을 벗어나지 못한 역사를 살게 되었다.

이런 점에서 본다면 세종대왕世宗大王께서 훈민정음을 창제한 것에 대하여 아무리 칭송해도 지나칠 것이 없다. 세종이 한글을 창제한 것은 통치를 수월하게 하고자 함이었던 것이 진심이기는 하지만, 더 나아가 한문이 너무 어려워 백성들이 알리고자 하는 바를 글로 풀어쓸 수 없음을 측은하게 여겼기 때문이었다.

한글이 가지는 문화사적 의미를 넘어서 정치적인 의미로 보더라도 그는 우리의 역사에서 일찍이 그 사례를 찾아보기 어려운 명군明君이자 현자賢者였다. 역사적 평가라는 점에서 본다면 세종은 한글 창제라는 큰 그늘에 가려 그 밖의 과학이나 예술에서의 공정이 묻힌 안타까움이 있다.

그러나 한글의 역사를 얘기할 때 우리는 한 인간에 대한 그릇된 인식을 그 밑바닥에 깔고 이론을 전개한다. 그는 다름 아닌 최만리崔萬理라는 인물에 대한 편견이다. 우리가 이제까지 배운 역사에 따르면 그는 한글의 창제에 반대했고, 이 사실로 말미암아 "역사의 죄인"으로 비난받고 있는데, 그 이면에는 사실史實의 과장과 왜곡이 깔려 있다.

최만리는 역사적으로 비난받은 사람이었던 탓인지 언제 태어나서 언제 죽었는지조차 기록이 없다. 다만 『국조방목』國朝榜目에 따르면 그는 해주海州 최 씨의 시조인 해동 공자 최충(海東 孔子 崔沖)의 12대 후손으로서 아버지의 이름은 최하崔荷였다. 그는 세종이 왕위에 등극한 1419년에 진사시 을과에 합격함으로써 벼슬길에 올랐다.

본디 학문이 높았던 최만리는 과거 합격과 더불어 벼슬이 올라 집현전에 들어가 박사博士를 거쳐 직제학直提學이 되었고 1439년에는 강원도 관찰사가 되어 잠시 임금의 곁을 떠났다가 이듬해 집현전 부제학이 되어 서울로 올라와 세종의 사랑을 받았다. 그는 늙어서 통정대부通政大夫에 올랐고 청백리로 기록된 것으로 보아 무능하거나 부덕했던 사람으로 보이지는 않는다.

## 세종의 건강을 걱정한 것이 곡해를 불러

1443년이 저물어 갈 무렵, 세종은 오랜 노력 끝에 훈민정음을 창제하였다. 창제 과정에 미스터리가 있는데, 그는 다름이 아니라 세종이 한글 창제를 기밀에 부쳐 그 내막을 아는 사람이 집현전 학사들밖에는 없었다는 점이다. 이 문제도 최만리의 처신과 무관하지 않았을 것이다. 이듬해 연초가 되자 최만리는 흔히 알려진 것처럼 왕에게 상소를 올렸다.

그러나 『세종실록』 갑자년(1444)년 2월 20일(庚子)일자에 실린 그의 상소문을 자세히 읽어보면 우리가 그의 진심을 얼마나 오해하고 있는가를 알 수 있다. 왜냐하면 그는 어느 신하보다도 세종께서 훈민정음을 창제하신 일을 공경스럽게 생각했고 왕을 아낀 인물임을 알 수 있기 때문이다. 그는 상소의 첫머리에서 한글을 창제하신 왕의 업적이 “지극히 신묘하여 사리를 밝히고 지혜를 나타내심이 천고에 뛰어난 업적임”을 경하하는 것으로 글을 시작하고 있다.

그러나 그는 상소를 이어가면서 몇 가지 우려를 나타내고 있다. 첫째로, 한글을 쓰노라면 한문을 사용하지 않게 될 것이며, 그렇게 되면 백성들이 장차 중국의 예법을 모르게 될 것이니 그 점이 걱정스럽다고 그는 말하고 있다. 이 대목에서 우리는 최만리에게 세 가지 잘못이 있음을 알게 된다.

먼저 한글을 쓰게 되면 한문을 쓰지 않게 되리라는 것은 생각이 지나친 것이었다. 그렇지만 그때로부터 560년이 지난 지금도 한문이 없어져서는 안 된다고 생각하는 학자들이 있고, 또 그들

최만리의 묘

의 주장이 잘못되었다고만 볼 수 없다면 당시 최만리가 그런 생각을 한 것을 크게 나무랄 일만은 아니다.

또 한 가지, 그가 중국의 제도를 버리는 것은 잘못이라고 말한 부분에 대해서는 비난을 받을 만하다. 한글의 창제가 중국의 제도를 버리는 것도 아니려니와 중국의 제도에서 벗어난다고 하더라도 그것이 곧 국가의 운명을 바꿔 놓는 것도 아니었다.

그러니 그가 중국에서 멀어지는 것을 걱정한 것은 그가 한때 총명을 잃은 것이라고 할 수 있다. 그러나 당시의 정황으로 볼 때 그런 식의 사고에 대해 최만리 혼자서 책임을 질 일은 아니었다. 상소가 합소(合疏 : 여러 명이 연명한 상소)였다는 점이 이를 잘 보여주고 있다.

둘째로, 최만리는 한글 창제가 집현전의 고유 사항임에도 불구하고 동궁[晋平大君]과 함께 집현전의 몇몇 소장 학자들이 국사를

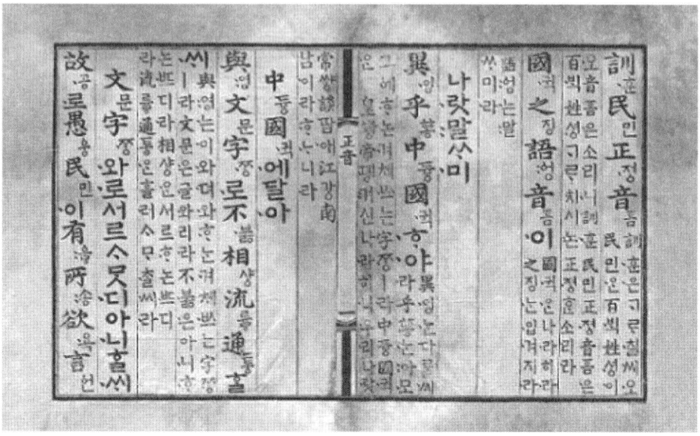

**훈민정음(세계 문화 유산)**

논의하는 의사청議事廳에 불려가 일을 처리하는 데 대한 불평을 담고 있다.

셋째로는 음운학상 세종과 집현전 학자들 사이의 견해차에 대한 설명인데, 이는 최만리 자신도 한글 창제에 참여했던 집현전 부제학으로서 당연히 할 말을 한 것이므로 그를 탓할 일이 못 된다.

끝으로 최만리의 상소에 담겨 있는 간절한 사연은 그가 세종대왕의 건강을 몹시 걱정하고 있다는 사실이다. 세종은 한글을 창제하면서 몸을 돌보지 않아 한글이 완성되었을 때 왕의 건강은 지극히 쇠약해지고 특히 시력이 나빠져 청주淸州 초정리 약수[椒水]에서 휴양하지 않을 수 없었다.

그런데 놀랍게도 세종은 휴양을 떠나면서도 유독 한글 관계 자료만을 챙겨 떠나고자 했다. 최만리가 안타깝게 생각한 대목은 바로 이 점이었다. 세종은 훈민정음 때문에 병이 났고 이제 그 때문에 휴양을 떠나면서 "기한을 정해 놓고 처리해야 할 급무도 아닌데" 또 한글 보따리만 들고 떠나려 하니 최만리로서는 그 점이 야속했을 것이다.

## 언문諺文이란 세종이 지은 명칭

이런 점에서 볼 때 최만리의 실수랄 것도 없지만, 굳이 있다고 하더라도 그것은 그 시대의 사조였지 그가 역사의 죄인으로 비난받을 일은 아니었다. 그런데 최만리의 이 상소문은 마치 그가 한글 창제를 "반대한 것처럼" 비난받고 있다.

아마도 최만리를 역사의 죄인으로 취급한 최초의 학자는 한결 김윤경金允經이었던 것으로 보인다. 그는『조선 문자 및及 어학사』(서울 : 조선기념도서출판관, 1938)에서, 최만리를 "한글 창제를 반대한 저능아의 발광發狂"(1946년판, p. 86)이라고 비난했고 그 평가가 지금까지 이어 내려오고 있다.

세종대왕을 찬양하고 최만리를 몰아붙이는 한글숭모론자들은 더 나아가서 "사대주의자들이 한글을 언문諺文이라고 비하했다"고 비난한다. 그러나 실은 언문이라는 용어를 처음 쓴 사람도 세종이었고(『세종실록』 25년 12월 30일자) 한글을 보급하고자 만든 관청의 이름도 언문청諺文廳(『세종실록』 28년 11월 8일자)이었다는 점에서 본다면 언문이 마치 한글을 비하하려고 지어낸 말이라는 논리도 근거가 없다.

세종대왕은 훌륭한 분이었고 그를 기리는 것은 합당한 일이다. 그러나 어떤 역사적 인물의 공적을 높이고자 다른 인물을 상대적으로 비하하는 것은 바람직하지 않다. 최만리를 헐뜯는다고 해서 세종대왕의 공적이 높아지는 것도 아니고, 최만리가 한글 창제를 찬성했다고 해서 세종대왕의 공적이 낮아지는 것은 더욱 아닐 것이다.

아마도 저승의 최만리는 자신의 뜻이 그토록 곡해된 데 대해 무척 원통히 생각하고 있을 것이다. 그런 그가 자신의 운명에 대한 어떤 예감이라도 느꼈던지, 중국 송나라의 왕여王與가 억울한 죽음을 주제로 쓴 법의학서인 『무원록』無冤錄을 즐겨 읽었다는 것도 기이한 일이다.

## * 추기

이 글이 나간 후로 예외 없이 "욕쟁이 할아버지"로부터 전화가 왔다. 심할 경우에 그는 하루에 다섯 번씩이나 욕을 퍼부었다. 그의 지적에 따르면 최만리가 상소의 서두에 세종의 한글 창제를 칭송한 것은 인사치레였다는 것이다. 그러나 최만리의 상소문을 면밀하게 읽어보면 그의 치하는 인사치레라고 볼 수 없을 만큼 간절한 데가 있다. 나의 글에 대하여 이의가 있는 분은 이숭녕李崇寧 박사가 쓴 「최만리 연구」(『李相佰박사 화갑기념논문집』, 1964)를 참고하시기 바란다.

### 참고문헌


- 『國朝榜目』
- 金允經, 『조선 문자 及 어학사』(서울 : 조선기념도서출판관, 1938)
- 『無冤錄』
- 『세종실록』
- 李崇寧, 「최만리 연구」, 『李相佰박사 화갑기념논문집』(1964)
- 『훈민정음』

# 12. 성삼문成三問과 신숙주申叔舟

신숙주와 성삼문은
서로 갈 길을 갔을 뿐이지
누가 옳고 그름을 따질 일이 아니다.
— 본문 가운데에서

우리 세대의 많은 사람이 젊은 날에 이광수李光洙의 소설 하나쯤은 읽고 감동했던 경험을 지니고 있다. 나의 경우도 예외는 아니어서 꿈 많던 학창 시절에 『흙』을 읽으면서 낭만적인 생각을 가져보기도 했고, 『단종애사』端宗哀史를 읽으며 훌쩍거린 적도 있다. 특히 『단종애사』는 어린 시절의 나에게 깊은 감동과 함께 역사학에 관심을 일깨워 주었다.

## 비분강개悲憤慷慨의 역사학

그런데 『단종애사』를 읽은 대부분의 독자의 독후감이란 비분강개할 수밖에 없었다. 독자들은 성삼문을 비롯한 사육신의 절의節義에 눈시울이 뜨거워지는가 하면, 수양대군首陽大君과 그의 추종자였던 신숙주에 대한 분노를 금할 수 없었다.

더욱이 성삼문이 국문鞠問을 겪고 죽던 날 신숙주가 집에 돌아오니 그의 아내 윤尹 씨가 남편을 향하여 오랜 동지인 성삼문과 함께 절의節義를 지켜 죽지 않고 돌아온 것을 힐책하고 부끄러워

수양대군(세조)의 초상

하면서 다락에 올라가 목을 매어 자살하는 장면에서는 더욱 비감悲感함을 금할 수 없었다.

이와 같은 야사野史를 기억하고 있는 우리는 신숙주(1417-1475)와 성삼문(1418-1456)의 정치적 공과나 선악을 따질 때면 깊이 생각해 보지도 않고 성삼문의 편을 드는 데 익숙해졌다. 성삼문은 의인이요 신숙주는 비겁자라는 것이다.

그러나 신숙주와 성삼문에 대한 역사적 평가는 그와 같은 소설의 공간에서 있었던 것과는 다를 수밖에 없다. 신숙주에 대한 평가는 더욱 그렇다.

단종이 즉위하자 수양대군은 사은사謝恩使가 되어 명나라로 떠나는데 이때 신숙주가 동행했다. 수양대군의 일행은 공식적인 업무가 끝나자 도성인 연경[北京]으로부터 다소 떨어져 있는 영락제永樂帝의 장릉長陵을 찾아간다. 영락제는 명나라 태조[朱元璋]의 넷째 아들로서 부왕이 죽고 그의 장조카인 혜제惠帝가 등극하자 그를 죽이고 스스로 임금의 자리에 오른 인물이다.

영락제는 평소에 "나의 패륜은 세월이 흐르면 잊히겠지만 나의 위업은 역사에 오래도록 기록될 것"이라고 말했다. 그는 과연 자신이 말한 대로 명나라 3백 년의 기틀을 마련했다. 그러한 영락제의 능에 나란히 절을 하면서 수양대군과 신숙주가 무엇을 생각했을까를 짐작해 보는 것은 그리 어렵지 않은 일이다. 그들은 서

성삼문(成三問)

신숙주(申叔舟)

울로 돌아와 개성의 궁지기인 한명회韓明澮를 만나게 된다. 이러한 정황으로 볼 때 수양대군이나 신숙주는 서울에 이르기에 앞서 이미 그들의 앞날을 결심했다고 볼 수 있다.

## 절의節義와 현실은 두 날개와 같은 것

이와 같은 정치적 오리엔테이션을 체험한 신숙주와는 달리, 성삼문은 정치적인 것보다는 학문적이며 유교적인 성향을 더 짙게 갖추고 있는 인물이었다. 그에게 정치적 경륜은 그리 중요하지 않았으며, 그의 궁극적 관심은 충군과 절의, 그리고 학문이었다.

한 살 차이였던 이 두 사람은 20세 초반의 젊은 나이, 1438년에 함께 과거에 합격하여 성삼문이 서른여덟 살, 신숙주가 서른아홉 살이 되던 해에 헤어졌으니 20년 가까운 친교가 있었던 셈이다. 벼슬길에 갓 올랐을 때만 해도 그들은 혈기와 앞날에 대한 부푼

꿈에 젖어 굳이 다툴 것도 없었고, 비켜 갈 일도 없었다.

그러나 세월이 흐르고 자신의 주변을 스치는 세상 풍파를 겪으면서 그들은 각기 사물을 보는 시각을 교정하기 시작했다. 신숙주는 현실이 중요한 것이며 남는 것은 인간이 성취해 놓은 업적業績이라고 생각했고, 성삼문은 이상이 중요한 것이요 남는 것은 대의大義라고 생각했다. 성삼문의 이러한 생각은 단근질이나 죽음으로써도 돌이킬 수 없었다.

성삼문은 죽어가면서까지 자기의 뜻을 굽히지 않았으며, 신숙주는 단종端宗의 폐위와 죽음이 목숨을 걸만한 일이라고는 생각하지 않았기 때문에 죽지 않고 살아남아 자신의 갈 길을 갔다. 신숙주가 자신의 학문적 · 정치적 벗들이 참형을 당하는 순간에 함께 죽지 않았을 때 인간적인 괴로움이야 없지 않았을 것이다.

그러나 신숙주가 자신을 부끄러워했다고 볼 수는 없다. 그는 자신이 살아남아 할 일이 있다고 생각했을 것이다. 그가 목숨을 구차히 여겨 성삼문과 같은 길을 함께 가지 않은 것이라고 보는 것은 가혹하다. 왕정의 비능률성이 인위적으로 제거되지 않는 당시의 시대 상황에서 신숙주는 사직을 생각한 것이지 일신의 영달을 도모했다고 보기는 어렵다. 따라서 신숙주와 성삼문의 만남과 헤어짐에는 두 사람 모두 가상하고 장엄한 데가 있다.

신숙주는 살아남아 영락제의 무덤 앞에서 결심했던 바를 이룸으로써 조선조 5백 년 왕업의 초석을 이룩했다. 그는 일본으로 건너가 건국 초기의 불편했던 조일朝日 관계를 정상화했고, 강원도와 함길도咸吉道의 체찰사體察使로 파견되어 여진女眞의 침략을 막았으며, 몇십 년 동안 예조판서와 병조판서로 국가에 봉사했으니 당태종唐太宗에게 위징魏徵이 있었듯이 세조世祖에게는 신숙주가 있어 수성守成을 이룰 수가 있었다. 그는 중국어와 일본어와 여진어를 이해했다.

성삼문은 젊은 나이에 자신이 확신했던 바를 목숨과 바꿨으니 그 또한 훌륭한 일이다. 그는 세종대왕의 한글 창제를 돕고자 열세 번에 걸쳐 요동의 황찬黃瓚을 찾아가 만났고, 집현전 부제학이 되어 영화가 보장되었으나 세조의 찬위를 용서할 수 없었다. 그는 세조가 통치한 기간에 받은 봉록을 한 푼, 한 알도 쓰지 않고 곳간에 쌓아두었으며, 죽음 직전에는 거적을 깔고 살 정도로 곤궁했으나 절개를 굽히지 않았으니 그 또한 비범한 일이었다.

성삼문은 형장으로 끌려가면서 다음과 같은 절명시絕命詩를 남겼다.

> 북소리 울려 죽음을 재촉하는데
> 머리 돌려 바라보니 해가 저물려 하네.
> 황천에는 주막도 없다던데
> 오늘 밤은 뉘 집에서 잘꺼나
> 擊鼓催人命 回頭日欲斜
> 黃泉無客店 今夜宿誰家

### 이광수李光洙의 실수

세상 사람들이 모두 "그렇다"고 말하는데 홀로 "아니다"라고 말하는 것은 세상 사람들이 모두 "아니다"라고 말하는데 홀로 "그렇다"고 말하는 것과 똑같이 용기가 필요하다. 만약 신숙주가 성

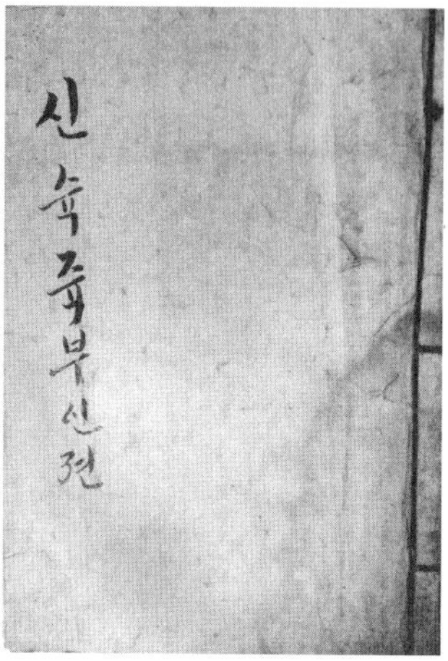

『신숙주부인전』

삼문의 편이 되었다거나 성삼문이 신숙주의 편이 되었더라면 역사는 오히려 발전하지 못했을 것이다.

남한산성南漢山城에서 항복 문서를 작성할 때 그것을 찢으며 통곡한 김상헌金尙憲이나, 찢어진 항복 문서를 다시 붙이는 최명길崔鳴吉에게 모두 깊은 속뜻이 있고 훌륭했듯이, 성삼문도 훌륭했고 신숙주도 훌륭했다. 그러므로 신숙주는 성삼문의 고집을 야속하게 여길 것도 없고, 성삼문은 신숙주의 처신을 괘씸하다고 탓할 것도 없다. 그들은 각기 갈 길을 갔을 뿐이다.

이러한 사실에도 불구하고 성삼문은 의인이요, 신숙주는 비겁자라는 논리가 우리 사회를 지배하고 있는 것은 전적으로 역사 소설과 텔레비전 연속극의 탓이다. 자살은커녕 멀쩡하게 살아서 부귀와 복락을 누리다가 생애를 마친 신숙주의 부인 윤 씨를 자살하게 만드는 식의 소설적 허구가 우리의 역사학을 병들게 하고 있다.

물론 소설과 정사正史를 구별하지 못한 독자에게도 책임이 있고 독자들에게 정확한 역사 자료를 제공하지 못한 학자들의 게으름에도 책임이 있지만, 그 일차적 책임은 작가에게 있다. 셰익스피어W. Shakespeare나 시바료타로司馬遼太郎나 홍명희洪命憙, 최인호崔仁浩의 작품이 위대한 것은 그들이 소설적 흥미를 잃지 않으면서도 역사의 큰 흐름을 왜곡시킨 예가 없기 때문이다.

## 연속 사극의 책임

한 통계에 따르면 우리 나라 사람들이 역사에 관한 지식을 얻는 매개물로서는 신문이 38.8%, 연속극이 33.1%, 잡지가 9.2%, 역사 소설이 8.3%, 전문 서적이 7%, 역사 강좌가 3.2%로 나타나 있다. 연속극이나 소설의 영향력(41.4%)은 그만큼 높다. 아울러 이 통계는 작가들에게 얼마나 열심히 공부할 것을 요구하고 있는가를 보여 주고 있는 동시에 독자들이 얼마나 편하게 역사 공부를 하려는지도 잘 보여 주고 있다.

결국 역사 공부는 필자 · 독자 · 매개자 모두에게 노력과 투자를 요구하고 있다. 요즘 서점가에 지천으로 깔려 있는『한 권으로 읽는 ○○○』이나『하룻밤에 읽는 ○○○』유類의 책을 보면서 독자와 필자가 역사를 얼마나 안일하게 생각하고 편하게 읽으려 하는가를 보는 듯하여 나는 마음이 편치 않다.

천장 보며 역사 소설을 쓰는 시대가 지나갔듯이 연속극이나 소설을 보며 역사 공부하던 시대도 이미 지나갔고, 하룻밤에 역사를 통달하는 시대도 아니다. 역사학에 대한 투자와 노력을 게을리한 업보가 지금 일본 교과서 왜곡 파동을 통하여 아리게 우리에게 다가오고 있다.

## * 추기

이 글이 나간 후로 나는 욕을 바가지로 먹었다. 가장 많은 전화는 내가 신숙주의 후손이냐고 힐책하는 것이었다. 그러나 신숙주는 고령高靈 신 씨고 나는 평산平山 신 가이니 문중의 인연 때문에 신숙주를 두둔한 것은 아니었다.

회현동에 산다는 어느 분은 "신숙주가 얼마나 매가리가 없는 인간이었으면 '숙주나물'이라는 말이 생겼겠느냐?"고 나에게 힐문詰問했다. 그런데 신숙주申叔舟와 숙주나물은 어원이 같지 않다.

신숙주의 후손이라는 어느 분의 전화에 따르면 신숙주의 부인은 사육신 사건이 나기에 앞서 신숙주가 명나라에 사신으로 가 있는 동안에 이미 죽었다고 한다. 다만 신숙주의 초취 부인이 윤 씨였는지, 아니면 그가 재취 부인이었는지는 확인이 되지 않았다.

### 참고문헌


- Shakespeare, W., *King Rear*
- 『端宗哀史』
- 『세종실록』
- 시바료타로(司馬遼太郎), 『료마가 간다』(竜馬がゆく)(문예춘추사, 1963-1966)
- 이광수, 『흙』(서울 : 하서출판사, 2006)
- 崔仁浩, 『잃어버린 왕국』(서울 : 열림원, 2003)
- 洪命憙, 『임꺽정전』(서울 : 사계절, 1985)

# 13. 정여립鄭汝立은 역신逆臣이 아니다

"아비가 왕이라고
어찌 자식이 반드시 왕이랴?"
— 정여립

호남 국도를 타고 내려가다가 삼례參禮를 지나 김제 금산면 원평院坪에 이르면 앞에 세 갈래 길이 나오는데 오른쪽으로 가면 신태인으로 빠지는 황새마을 샛길이요, 직진하면 정읍이며, 왼쪽으로 빠지면 금산사金山寺 입구가 된다. 그 왼쪽 길로 몇 마장 가다가 증산교甑山敎 성지를 보고 조금 지나노라면 금평金坪저수지 너머로 제비산帝妃山이 보이고 그 아래 구릿골[銅谷]이라는 마을이 나온다.

마을에 들어서면 멀리서 보던 것과는 달리 꽤 큰 마을이 있고, 대궐 같은 집들이 여러 채 있다. 이곳이 곧 전주 모악산母岳山의 신흥종교 집합촌이고, 큰 집들은 신흥종교의 교당들이다. 본디 구한말의 어지러운 때부터 명당으로 소문이 나자 취락이 형성되었는데 박정희朴正熙 대통령이 공주로 천도遷都를 추진하면서 계룡산 신도안의 신흥종교들이 쫓겨나 일부가 이곳 구릿골에 정착했다.

마을 바로 입구에 초라한 반半양옥이 있고, 대문에 "동곡약방"銅谷藥房이라는 세로 간판이 붙어 있다. 이곳이 증산甑山 강일순姜一淳이 임종[化天]한 곳인데 그대로 보존되어 있다. 강증산은 본디 한의사로 이곳에서 세상을 떠났는데 그의 후계자들은 비전祕傳의 의술을 알고 있다. 기둥에는 강증산이 남긴 선비의 상징 문자가 남아 있고, 옆방에는 증산의 영정을 모셔 놓았다.

증산 강일순

> 증산은 이날(1909년 6월 23일) 오후에 약방 마루 위에 누우셨다가 다시 뜰에 누우시고 또 사립문 밖에 누우셨다가 형렬亨烈에게 업혀 형렬의 집에 가서 누우셨다가 다시 약방으로 돌아오사 이렇게 네댓 번을 왕복할[신 뒤] … 스무나흗날 신축辛丑 아침에 … 화천 하시니 … 문득 비가 뿌리며 우레가 크게 나고 번개가 번쩍이더라.
> (『大巡典經』, pp. 413-415)

약방 대문을 나서면 제비산과 강증산을 가假매장했던 솔개봉이 보인다. 금평저수지에서 바라보면 솔개봉은 음혈陰穴의 자태가 역력하다. 강증산이 처음 묻혔다는 솔개봉 날맹이 밑의 장태날은 여지없이 클리토리스clitoris이고 금평저수지는 음수陰水이다. 제

금구 금평저수지 너머 제비산과 구릿골

비산 옆에 그리 높지 않은 산이 있고, 산마루에는 그리 크지 않은 평지가 있는데, 이곳이 바로 정여립(鄭汝立 : ?~1589)이 천하를 도모하고자 말달리며 활을 쏘던 터가 있다.

정여립은 이곳에 작은 집을 짓고 살며 혁명을 모의했다. 산세를 바라보면 정여립이 이곳에 온 이유며, 강증산을 비롯한 많은 사람이 이곳에서 미륵이 오기를 기다린 이유며, 용화교龍華敎가 이곳에 터를 잡은 이유를 알 것 같다. 호남인들이 이 "엄뫼"[母岳山]에서 찾으려 했던 것은 아마도 어머니의 품과 같은 체온이었을 거라는 생각이 든다. 모악산을 바라보며 원평문화원장 최순식崔洵植 선생의 말씀을 회상했다.

"우리는 정여립의 전설 속에서 자랐습니다."

## 정여립의 출생 설화

한국의 정치사상사에서 주자학적 절의節義와 충군忠君 사상이 지니는 긍정적 요소가 없었던 것은 아니지만 그것의 폐해도 적지

구릿골약방

않았다. 왕권에 대한 도전을 금기로 여겼고, 이기면 군주가 되지만 지면 그 의지나 가치에 관계없이 역적이 된다는 논리("勝則君王 敗則逆賊," 『사기열전』 「伍子胥」 편)는 정치사상의 발전에 커다란 암초가 되었다.

그들의 꿈이 아무리 훌륭했더라도 아직도 묘청妙淸의 난, 만적萬積의 난, 이징옥李澄玉의 난, 홍경래洪景來의 난, 동학란東學亂으로 불리고 있으며, 역사에 묻힌 정여립의 난도 또한 이러한 예에 속한다.

정여립은 동래東萊 정씨로서 정희증鄭希曾의 아들이다. 희증은 대대로 전주 남문 밖에서 살았다. 그는 문과에 급제하였으나 벼슬이 첨정僉正과 현감에 그쳤을 뿐, 크게 발탁되지 못했다. 정여립을 잉태할 때 그 부모의 꿈에 정중부鄭仲夫가 나타났다. 아마도 그는 1540년 전후에 태어났을 것이다.

정여립의 성품을 묘사한 글은 여러 군데 남아 있다. 예컨대 친구들이 와서 희증에게 득남을 축하했으나 그는 기뻐하는 빛이 없었다. 정여립의 나이 7-8세에 이웃 아이들과 놀면서 까치 새끼를 잡아 주둥이부터 발까지 뼈를 부러뜨리고 살을 찢어 죽인 일이 있었다. 희증이 그것을 보고, "누가 이렇게 못된 짓을 했느냐?"고 물으니 한 여종이 먼저 사실대로 대답하였다. 희증이 분노하여 여립을 크게 꾸짖었더니, 그 날 밤에 종아이가 혼자 자는 것을 여립이 들어가서 칼로 배를 갈라 죽였다. 7-8세에 살인을 했다거나 그 밖에 많이 거론되는 험담은 아마도 그에 대한 악마화 작업이었을 것이다.

정여립의 초상(상상화, Google)

이러한 많은 부정적인 기록에도, 그의 동료나 정적을 가릴 것 없이, 그가 총명하고 박학강기博學強記했으며, 경전에 조예가 깊었다는 데 의견이 일치하고 있다. 『국조방목』國朝榜目에 따르면, 그는 선조 3년(1570) 식년시式年試에 급제하였다.

조정에 등장한 정여립은 많은 사람으로부터 주목과 굄을 받았는데, 이이李珥와 성혼成渾이 그를 아꼈다. 그는 홍문관 정육품 수찬修撰의 직책을 받았다. 문헌에 그가 율곡과 우계의 천거로 수찬이 되었다고 기록하고 있으나, 그가 수찬이 된 것은 선조 17년(1584)으로 율곡이 이미 그해 정월에 죽었기 때문에 율곡이나 우계의 천거로 수찬이 된 것은 아닌 것으로 보인다.

율곡은 학자로서는 훌륭했지만 인간관계가 원만하지는 않았다. 그는 자기가 아끼는 사람은 편벽되게 도와주었으나 마음이 넉넉한 사람은 아니었다. 선조도 그의 허물을 알고 있던지라, 처음에는 이이를 매우 융숭하게 대접했으나, 그가 죽은 뒤에는 은혜와 예우가 매우 엷어졌다.

이로부터 동인들은 왕의 마음이 점점 변하는 것을 보고 모두 꾀를 합해서 이이 · 성혼 등을 "심의겸沈義謙의 당"이라 하며 삼사

三司가 매일같이 탄핵했다. 이런 정황에서 정여립도 서인을 버리고 동인의 편에 서니 이발李潑이 이를 받아들였다. 당시 정여립의 처신과 그에 대한 조정의 분위기가 어떠했던가는 유성룡柳成龍의 다음과 같은 상소에 잘 나타나고 있다.

> 신臣이 10여 년 전에 호남에 정여립이란 사람이 독서와 학문에 부지런하다는 것으로 자못 이름이 났다는 말을 들었습니다. … 그 뒤 명성이 차츰 성대하여지고 전傳하는 무리가 더욱 많아지자, 모두 요로에 천거하려고 하면서 오래도록 하찮은[冗卑] 자리에 침체한 것을 억울하게[屈抑] 여겼는데, 오직 고故 집의執儀 이경중李敬中의 말에 따르면 정여립은 대단히 무상無狀한 사람이어서, 책을 읽는 것을 명예로 삼고 있으나 기질을 변화시키는 것은 옛사람도 오히려 어렵게 여겼다고 합니다.(『宣祖修正實錄』 22년 12월 1일)

율곡이 살았을 적에 정여립은 그를 공자孔子에 견주더니, 율곡이 죽으니 이발의 편에 서서 율곡을 해치는 일이면 앞장을 서자 왕은 그를 더 높이 쓰지 않았다. 그는 조정에 있으면서 명성이 높아지자 수찬에 만족하지 않고 지방 근무를 위해 엽관 운동을 했다.

정여립은 고향 김제나 황해도로 가고 싶어 했다. 그가 황해도사黃海都使 후보자로 추천된 것은 1589년(기축)이었는데, 그 무렵 황해도에는 임꺽정林巨正의 난이 일어나고 있었기 때문에 그가 황해도로 부임하기를 바랐던 사실은 뒷날 그의 역모 사건에 매우 불리한 요인으로 작용했다.

정여립은 벼슬을 버리고 금산사 아래 구릿골로 이주하여 글 읽기에 힘쓰니 이름이 전라도 일대에 높이 나서 "죽도竹島 선생"이라 일컬었다. 그는 한편으로 무술을 연마하며 왕조 전복을 준비했다. 그가 금산사를 찾은 것은 그곳이 단순히 그의 고향이라는 이유만이 아니라 이곳이 내세 사상의 고향이었기 때문이었다. 그는 이곳 견훤甄萱의 유허지에서 후백제와 호남의 정신을 암시하며 무술을 닦았다.

그때 정여립은 아들 정옥남鄭玉男, 길삼봉吉三峰 등과 서당에 주재하여 함께 거처하며 왕조 전복을 모의했다고 소장에는 기록되어 있지만, 길삼봉은 날조된 인물이었다. 당시 정여립은 대동계大同契라는 조직을 거느리고 있었다.

정여립은 잡술에 능통하여 장차 나라에 변란이 일어날 것을 미리 알고 기회를 타서 난을 일으키려고 전주 · 금구 · 태인 등 이웃 고을의 무사들과 공 · 사公私 노비 등 계급을 통틀어 계를 조직하여 매월 보름이 되면 모두 정여립의 집에 모여 활쏘기를 연습하였다. 1587년(선조 20)에는 전주 부윤府尹 남언경南彦經을 도와 왜구를 물리쳐 공명을 얻었다.

이로 미루어 볼 때 그의 대동계는 어느 정도의 무장을 갖춘 조직이었음을 알 수 있고, 이것은 뒷날 그의 역모를 입증하는 근거로 이용되었다. 정여립은 정도령鄭道令이 새 왕조를 세운다는 비기(秘記, 『정감록』)를 주목했고 자신의 입지를 위해 이를 이용했다. 실제로 당시 해서海西에 떠도는 말이 자자하였는데, "호남 전주 지방에 성인이 일어나서 우리 백성을 구제할 것이며, 이로부터 국가가 태평하고 무사할 것"이라고 선전했다.

## 정여립의 생각

정여립은 홍문관 정육품 벼슬로서 왕에게 직접 글을 올릴 위치는 아니었으나 왕에게 고전을 강의하고 자문에 응하던 경연經筵의 구실을 겸하고 있어 왕의 가까운 거리에 있으면서 그 그릇을 읽을 수 있었으며 아울러 군주제의 모순을 깨달았던 것으로 보인다.

그는 천하란 능력 있는 무리에게 돌아가야 한다고 생각했다. 그의 아들 옥남玉男은 호號가 거점去點이었는데, "옥玉에서 점點을 뗀다[去]"는 의미가 매우 상징적이었고, 역심逆心을 보여 주는 것이었다. 이것이 뒷날 화근이 되었다.

본디 동양의 전통 사상에서는 왕의 세습을 부인하였다. 그는 중국의 성인인 요堯·순舜·우禹가 그들의 자식에게 왕위를 물려주지 않고 당대의 현자賢者에게 왕위를 계승한 것을 높이 평가하면서 천하의 제위帝位가 혈연이 아닌 능력에 따라 이어져야 한다고 믿었다.

그러한 생각의 연속선상에서 정여립은 충군忠君 사상을 부인했다. 그는 임금과 신하가 절대적 충성심으로 이루어지는 수직적 관계는 아니라고 생각했다. 이는 선조에 대한 불신을 뜻하며, 군신의 주종 관계가 무너짐을 의미한다. 정여립의 이러한 인식은 그가 선조를 가까이 모시면서 얻은 결론으로 보인다.

그러다 보니 정여립은 충군을 부인하는 데에서 더 나아가 절의節義를 부인했다. 정확하게 말한다면, 이 대목은 정여립의 어록이 아니라 정개청鄭介淸의 생각이었다. "정개청은 반역하지 않은 정여립이요, 정여립은 반역한 정개청"이라고 말할 만큼 두 사람

**정여립의 은거지인 진안 죽도의 음혈(陰穴)**
(죽도는 섬이 아니며, 그 모습이 기괴하다.)

사이에는 교감이 있었다. 정개청은 미천한 사람으로 곡성 출신이었다.

정여립의 생각은 끝내 패왕 사상을 넘어 국가[천하]는 공물公物이라고 주장함으로써 그 주인이 반드시 군주가 아님을 주장했다. 이는 원시적 형태의 인민주권설의 성격을 담고 있다. 이런 점에서 정여립은 한국 역사상 최초의 공화주의자였다. 그가 꿈꾸던 사회는 『예기』禮記에서 언급된 고대의 대동大同 사회였던 것으로 보인다.

선조 22년(1589) 10월이 되자 그동안 음지에 있던 서인의 반격이 시작되었다. 임진왜란 3년 전이었다. 호남 유생 양천회梁千會의 상소와 더불어, 황해도 관찰사 한준韓準이 고변서告變書를 올려 전前 수찬 정여립이 모반한다고 보고하였다. 선조는 "정여립

호남의 해원(解冤)을 위해 세운 금산사 미륵전

의 무리를 능지처사陵遲處死하고 가산을 몰수하며, 그의 자녀와 연좌된 무리도 아울러 논죄論罪하고, 국문하면서 죄인들은 승복하는 대로 처결하라."는 교서를 내렸다.

조사관은 정철鄭澈이었다. 정여립은 평소에 정철이 고위 관리로서 술이 지나치다고 여러 차례 비난했는데 그 말이 정철의 귀에 들어가 앙심을 품고 있던 터였다. 고향이 그리 멀지 않았으나 정여립은 동래 정 씨였고, 정철은 연일延日 정 씨였으니, 문중으로 아리고 쓰릴 일이 없었다.

관군의 공격을 받은 정여립은 사세가 기울었다고 생각했다. 이제 탈출의 가능성도 없는데 자신으로 말미암아 무고한 백성이 억울하게 죽는 것을 피하고자 자결을 결심했다. 그는 우선 칼로 변숭복邊崇福을 먼저 베고 다음에 아들 옥남을 베었는데, 옥남이 칼

날을 피하였으므로 죽이지 못하였다. 정여립은 곧 칼을 땅에 거꾸로 꽂고 목을 늘여 꽂아 죽었다.

정여립의 집터는 숯불로 지져 음기陰氣를 죽였다. 이 사건이 이른바 기축옥사己丑獄事인데 이때 처형 또는 고문으로 죽은 사람이 53명, 유배자 9명, 파직이 파직 12명이며, 이런저런 이유로 고초를 겪은 사람이 1천 명에 이르렀다. 이후로 정철은 반대파로부터 "동인東人 백정"이라는 비난을 들었다. 이로 말미암아 호남의 한[冤]이 더욱 깊어졌다.

## 정여립의 신원伸冤

그렇다면 역사는 정여립을 어떻게 평가해야 할까? 정여립은 백제(義慈王) 멸망의 한, 견훤의 이루지 못한 꿈, 그리고 금산사를 중심으로 하는 미륵 사상이 농축된 새 왕조의 건설을 구상했다. 그가 가장 증오했던 것은 무능한 왕조의 세습과 그로 말미암은 백성의 아픔이었다.

정여립은 자신의 도전이 얼마나 엄혹한 징벌을 받는가를 잘 알고 있던 시대에 전근대적 봉건 질서를 부인하고, 누구의 암시에 의해서가 아니라 스스로의 사고와 판단에 따라 새로운 정치사상을 수립했다. 그는 크롬웰(Oliver Cromwell, 1599-1658)보다 60년 앞선 조선의 실패한 공화주의자였다.

정여립의 의지가 좌절된 것은 한국의 정치사상사에서 공화주의의 좌절을 뜻한다. 그 당시의 정치적 정황으로 볼 때, 공화주의가 반드시 옳았느냐 또는 군주제가 반드시 악이었느냐는 또 다른 논의를 가져올 수 있다.

그러나 지금의 시점에서 정치의 궁극적 가치를 논의할 때 절대 군주제란 언제인가 사라져야 할 가치였다는 점에서 본다면, 정여립의 공화주의적 생각은 크롬웰보다 앞서는 선구적 사상이었다. 그러나 그의 생각은 좌절되었고, 그에 대한 역사적 평가마저도 묻혀 왔다.

정여립 사건이 비극적이었던 것은 그 수습에 문제가 있었다. 당색黨色의 보복적 성격을 띠고 수습 과정에서 호남인들은 참혹한 피해를 겪었고 이는 그들의 자괴감을 유발했다. 그뿐만 아니라 이 사건을 통하여 호남은 역향逆鄕의 낙인이 찍힘으로써 호남 기피phobia의 가속화 요인이 되었다. 그 결과 임진왜란의 논공행상에서 호남의 의병이 배제되었다.

## * 추기

1999년에 이 글을 발표했을 때 나는 동래 정씨 문중의 어느 분으로부터 정중한 항의 편지를 받았다. 정여립 역모 사건은 날조된 당화黨禍였으며, 정씨 문중은 억울하다는 것이었다. 그러나 내 생각은 좀 달랐다.

정여립 사건에 당색과 음모의 여지가 있는 것은 사실이지만, 크롬웰보다 먼저, 지금으로부터 430년 전에 공화정을 꿈꿨다면, 당시로서는 역신이었는지 모르나, "너무 일찍 태어난 한 선각자의 후손이라는 긍지를 가지고 가슴을 펴고 자랑스럽게 사시라"고 나는 위로의 답장을 보냈다.

## 참고문헌


- 『國朝榜目』
- 신복룡, 『한국정치사상사』(서울 : 지식산업사, 2021)(하) 정여립 편
- 『禮記』
- 『사기열전』
- 『宣祖修正實錄』
- 『정감록』

# 14. 조광조趙光祖는 편집偏執된 이상주의자

"하늘은 내 뜻을 알리라."
— 조광조의 유시遺詩

영국의 역사학자 토인비Arnold J. Toynbee는 역사를 도전과 응전의 교호交互작용이라고 말했다. 어느 시대를 막론하고 그 시대의 비리에 대해 분노하며 도전하고 직언하는 무리는 있게 마련인데 이러한 개혁가들의 삶은 늘 북풍한설 앞에 선 사람처럼 고독하고 위태로웠다. 한국의 역사에서는 조광조가 바로 그러한 인물이었다.

역사적으로는 "동방 4현四賢"으로 추앙받으며, 도학적道學的 개혁가로서 가장 존경받는 조광조의 평가란 그리 쉬운 일이 아니며 조심스럽지만, 오늘과 같이 개혁이 좌절되는 시대에 그를 역사적으로 다시 평가해 보는 것은 나름대로 의미를 지니는 작업이 될 것이다.

정암靜庵 조광조(1482~1519)는 찰방察訪이었던 아버지를 따라 영변寧邊에 살면서 무오사화戊午士禍로 그 인근에 유배되어 있던 김굉필金宏弼을 만나게 된다. 이 만남은 그가 도학자로 일생을 살아가게 만든 중요한 계기를 이루었다. 대부분의 국외자가 그렇듯이 당시의 사림士林은 현실에 대하여 불만을 느끼며, 기성에 대한 강한 개혁 의지를 가지고 있었다.

연산군燕山君이라고 하는 미증유의 폭군 시대가 가고 소위 반정反正이라는 이름의 정변이 있었으나 개혁의 주체가 논공행상을 하는 과정에서 혁명의 과실果實을 독점하고 기득권에 안주하려는 태도를 조광조로서는 받아들일 수가 없었다. 이런 혁명의 병폐는 어느 사회에나 늘 있는 일이었다.

조광조

조광조가 진사 회시會試와 알성시謁聖試에 장원급제하고 조정의 각광을 받으면서 33세에 사간원 정언正言에 발탁되어 언로言路를 통한 개혁을 추진했을 때 이미 폭풍은 잉태되어 있었다. 그의 말을 빌려 그 시대를 표현하면, "왕[中宗]이 즉위한 지 이미 오래이나 선치善治의 공효功效를 보지 못하여 빈번하게 재변災變이 나타나고, 선비의 뜻과 행실이 날로 무너져 조정에서 또한 내세울 만한 일이 없었다."(『靜庵集』「經筵陳啓 侍讀官時啓」)

이러한 난세에 조광조가 대사헌의 중책을 맡게 되었을 때 그는 자신이 국가의 기강을 바로잡아야 한다는 소명감에 사로잡혀 있었다. 이러한 취지에서 개혁을 추진했던 조광조의 진심을 의심하는 역사의 시각은 없다. 그럼에도 불구하고 그의 도학적 개혁은 실패한 것으로 평가되고 있다. 조광조의 개혁은 왜 실패했을까?

## 개혁의 속도를 조절하지 못해

첫째로, 조광조는 현실을 인정하지 않은 이상주의자였다는 데 문제가 있다. 개혁은 개혁가의 의지와 지혜의 상승 작용으로 이루어지는 것이지 이상만으로는 실현되지 않는다. 그런데도 그는 주자학의 명리에 지나치리만큼 집착했다.

조광조가 맨 먼저 직면한 역풍은 소격서(昭格署 : 왕실에서 일월성신에게 제사를 지내던 관청)의 혁파였다. 유학자인 그로서는 노장老莊의 사상을 받아들일 수 없었기에 소격서를 폐지하지 않고서는 유학이 바로 설 수 없다고 생각했다.

알성시에 합격하여 성균관에 들어간 중종 5년 1510년부터 기묘사화(己卯士禍, 1519)까지의 9년 동안에 조광조가 소격서를 폐지하라는 상소를 265회나 올렸다. 이러한 사실은 그 무렵 그가 이 문제에 지나치게 집착했으며, 그 선악과 공과를 떠나 전통과 구습의 개혁은 시간을 필요로 하는 것인데 그는 이를 고려하지 않았음을 의미한다. 그 정도의 상소라면 1년에 30통이며, 한 달에 2.5통이니 이는 충언이라기보다는 집착이었다.

둘째로, 조광조는 공·맹孔孟의 군자·소인君子小人의 단순 논리로써 세상을 읽으려 했다. 이러한 그의 인식이 현실로 나타난 것이 현량과賢良科를 두어 인재를 특채할 것을 요구한 점이다. 그는 왕이 정치적 위업을 이루지 못하고 있는 것은 바른 인재를 등용하지 못했기 때문이라고 생각했고, 따라서 과거科擧에 따르지 않고 초야에 묻혀 있는 사림을 특채해야 한다고 왕에게 주청奏請했다.

조광조를 기리는 효종의 사액서원 심곡서원(용인)

조광조의 주장은 끝내 관철되어 28명의 현량과 급제자가 배출되었다. 그가 기성 세력의 안주를 혐오한 데에는 그럴 만한 이유가 있었다 하더라도 현량과는 또 다른 특권층의 등장을 의미하는 것이었기 때문에 그 자체로서 저항을 불러일으키기에 충분했다.

셋째로, 여기에서 사태를 더욱 악화시킨 것은 그의 개혁이 지나치게 질주疾走했다는 사실이다. 그는 공자孔子의 말을 빌려 "나도 3년이면 묵은 폐단을 척결할 수 있다"고 공언했다. 그는 너무 조급했다. 대개의 경우 혁명의 질주는 인간적인 교만과 독선에서 온다.

격변기의 격앙된 정서를 감안한다 하더라도 조광조의 다그침은 주군을 짜증 나게 했고 국민 정서를 지나치게 앞지르고 있었다. 주군의 총애를 받을수록 그는 더욱 겸손하고 신중했어야 했다. 그는 아마도 조정 대신 가운데 절반이 개혁을 요구하고 있다는 사실에 고무받았을 수도 있다.

## 보수파를 이길 수 있는 지혜를 결여해

현실과 동떨어진 조광조의 상황 인식에서 비롯된 오만은 중종반정中宗反正을 주도한 정국 공신靖國功臣 76명의 훈작勳爵을 삭탈하려는 것으로 나타났다. 이것은 무모한 도전이었고 반대파로부터 생사를 건 저항을 받았다. 그는 반정 공신들이 무식하고 간교한 소인이라고 몰아붙였다. 혁명에서 가장 경계해야 할 것은 과속이다. 과격한 혁명은 많은 사람을 공포의 도가니로 몰아넣음으로써 불필요한 정적을 만들게 마련이다.

자신의 힘이 비축되지 않은 상태에서 조급하게 기득권 세력을 공격한 것은 그 동기가 아무리 훌륭했다 하더라도 조광조가 지혜롭지 못했음을 의미한다. 왜냐하면 "세상은 다 썩었는데 나만은 깨끗하다."(擧世皆濁 我獨淸)는 굴원屈原 식의 인식은 그 자신이 이미 특권과 선민 의식에 빠져 있음을 의미하는 것이기 때문이다.

그는 사헌부와 사간원의 책임자를 파직할 것을 요구하는 상소를 1년(1515)에 7차례 올렸고, 그가 예조정랑에 올라 대사헌으로 죽음을 맞이했던 1515년부터 1519년까지의 4년 동안에 개혁 상소를 300번이나 올림으로써 그의 주군을 피곤케 했다. 그가 아마도 이 시대에 살았다면, 그는 자신의 그와 같은 개혁을 "역사 바로 세우기"라고 설명했을 것이다. 그러나 3~4일에 한 번 꼴로 상소를 받아든 중종이 끝내는 조광조에 대하여 넌덜머리를 느꼈다는 것은 세속적으로 충분히 이해할 수 있는 일이다.

넷째로, 위와 같은 개혁 작업의 진행 과정에서 조광조는 살아남는 지혜를 갖추지 못했다. 그는 선의의 야망에 걸맞은 경륜을

**조광조의 무덤**
백석(白石)을 쓴 뜻이 예사롭지 않다.

갖추지 못했기에 37세의 젊은 나이에 꿈도 이루지 못한 채 사약을 받고 피를 토하는 비극을 맞았다. 이 점에서 그는 성급하고 경솔한 사람이었다.

조광조가 진실로 공자의 뜻을 관철하고 싶었다면 그는 차라리 "무도한 사회에서는 몸을 숨기라"(無道則隱)는 공자의 말씀을 따랐어야 했다. 그가 위훈 삭제를 요구한 날로부터 4일이 지나 기묘사화가 일어났고 이 옥사를 통해 95명이 화를 입었다는 사실은 결국 그가 불과 4일 앞도 내다보지 못했음을 의미한다. 그런 점에서 그는 김옥균金玉均의 실패와 다를 바가 없다. 개혁가라고 해서 절의節義와 죽음만이 최고의 가치요 미덕일 수는 없다.

누구보다도 조광조의 죽음을 안타깝게 생각한 인물은 아마도 이율곡李栗谷일 것이다. 그러나 그는 조광조가 그 높은 지조와 행실에도 불구하고 위로는 왕을 설득하지 못했고 아래로는 비방으로부터 자신을 보전하지 못함으로써 후세의 지탄을 면치 못한 것을 탓한 것으로 보면 율곡도 그를 높이 평가한 것 같지는 않다.

## 절의만이 미덕은 아니다

역사에 명멸했던 많은 혁명가는 그가 이끌던 혁명의 와중 속에서 사라졌다. 그리고 그 후대는 엄청난 반동의 시대를 거치면서 더 많은 아픔을 겪게 된다. 이럴 경우, 그의 죽음이 그의 책임을 면제시켜 주는 것은 아니다. 그런 점에서 우리는 조광조의 죽음에서 로베스피에르M. Robespierre의 흔적을 엿보게 된다. 조광조가 프랑스에 태어났으면 아마도 로베스피에르 같았을 것이다.

충직했고, 청렴결백했고, 자신을 포함하여 누구의 잘못도 용서하지 않았고, 질주했고, 젊은 나이에 비운의 죽음을 맞이했다는 점에서 두 사람에게는 공통점이 많다. 혁명가에게 죽음이 욕되는 것은 아니지만, 꿈을 이루지도 못한 채 죽지 않아도 좋을 자리에서 죽는 것은 칭송받을 일이 아니다.

그는 사약을 받으며 이런 절명시絕命詩를 남겼다.

> 임금 사랑하기를 어버이 사랑하듯 하고
> 나라 걱정하기를 내 집 걱정하듯 하였도다.
> 밝은 해가 이 땅을 내려다보고 있으니
> 나의 붉은 마음도 밝혀지겠지.
> 愛君如愛父 憂國如憂家
> 白日臨下土 昭昭照丹衷

## 참고문헌


- 『논어』
- 『명종실록』
- 『漁父辭』
- 『율곡집』
- 『靜庵集』

# 15. 임진왜란과 김성일金誠一의 책임

"난들 일본의 침략을 왜 몰랐겠소?
남도 민심의 동요가
걱정되었을 뿐이었소."
— 김성일

"자기 죽는 것은 걱정하지 않고
오로지 나랏일만을 근심하니
이 사람이야말로 참다운 충신이다."
— 하자용河自溶

우리 속담에 "자손이 출세하면 붓으로 조상을 키운다"는 말이 있다. 조상 숭배 의식이 남달리 강한 우리 나라에서 출세한 자식이 조상의 업적을 현창顯彰하는 문중 사학은 크게 탓할 일이 아닐 수도 있다. 문중 사학이라 함은 곧 문집文集에 의한 역사 기술을 의미한다. 문집은 관청에 의해 역사가 편찬되던 시대에 그 나름대로 긍정적인 역할을 담당하고 있었다. 이들은 자료의 보고였으며 자료의 인멸을 막을 수 있는 가장 훌륭한 장치였다.

그러나 문집은 그와 같은 긍정적 기능 이외에 많은 폐해를 낳았다. 문집의 집필 동기가 가문을 빛내고 고인의 생애를 추모하려는 것이었다는 점에서 애초부터 어느 정도의 곡필曲筆은 예상되었다. 예컨대 가문의 유업을 기록하고 잇는다는 당초의 의도가 도외시된 채 고인의 일생에 대한 변명, 과대평가, 정적에 대한 왜곡된 비하가 주류를 이루었을 경우 이는 역사학의 해독이 될 수밖에 없다.

더욱이 요즘과 같이 역사학이 현실 문제에 집착하는 방향으로 추세가 바뀌어 국학은 그 물질적 지원이 어렵게 되자 각 문중의 역할이 어느 때보다도 활기를 띠고 있다. 마치 유행처럼 봉분封墳을 석물로 뒤덮고, 족보를 새로 단장하고, 대학의 권위를 빌려 조상의 문집을 새로 간행하고, 그들의 사상과 행적을 기리기 시작했다.

학봉 김성일

무슨 무슨 학, 무슨 무슨 사상연구회가 우후죽순처럼 생겨났고, 거기에 연구 인력들이 포진하기 시작했다. 그런데 그럴 경우, 객관적 기록에 입각하여 고인의 행적이나 교우, 사상을 정확히 기술해 놓은 것은 바람직하다. 그러나 현실을 돌아보면, 감탄하고 존경하기로 작정을 하고 낯뜨거운 미사여구만 늘어놓은 글이 허다하다.(한형조, 「동양 철학의 글쓰기」, 1988, p. 2.)

## 김성일도 일본 침략을 알고 있었다

이러한 문중 사학의 폐해가 가장 여실히 드러난 것이 곧 의성義城 김씨 문중의 학봉鶴峰 김성일의 경우이다. 사건의 내막인즉, 널리 알려진 바와 같이, 임진왜란의 전운이 감돌자 조선의 조정은 일본

**김성일 시대의 사행**

의 정정政情을 탐색하려고 첨지僉知 황윤길黃允吉을 정사正使로 삼고, 사성司成 김성일을 부사副使로 삼아 일본에 파견했다.

그런데 이들이 귀국하여 보고하는 자리에서 황윤길은 전운이 임박했다고 말했고, 김성일은 가히 걱정할 일이 못 된다고 보고했다고 한다. 결국 김성일의 그릇된 보고가 전란의 참화를 불러일으켰으니 김성일은 역적이라는 것이 종래 교과서의 일관된 논조였다. 그러나 이것은 사실과 다르다. 이 당시의 정황을 좀 더 정확히 이해하고자 『선조(수정)실록』(24년 3월 1일 丁酉條)과 『징비록』懲毖錄을 자세히 살펴보면 사건의 내막은 다음과 같다.

황윤길과 김성일이 일본에 도착한 것은 1590년 4월이었다. 그들은 도요토미 히데요시豊臣秀吉를 만나 업무를 마치고 돌아올 즈음, 일본이 국서國書로 회신하려 하지 않자 김성일은 그것이 국례國禮에 어긋난다 하여 3일을 기다린 뒤에 국서를 받아냈으며, 받은 국서가 무례하자 보름을 기다려 다시 고쳐 조선으로 돌아왔다. 이듬해인 1591년에 돌아올 때 황윤길과 서장관書狀官 허성許筬의 행장은 받은 선물로 가득하였으나 김성일은 그렇지 않았다.

귀국한 뒤 어전에서 황윤길은 “도요토미 히데요시의 안광이 빛나며 반드시 병화兵禍가 있을 것”이라 했고, 김성일은 “히데요시란 인물은 두려워할 인물이 족히 되지 못한다.”고 왕에게 아뢰었다. 그 자리를 물러 나와 좌의정 유성룡柳成龍이 김성일에게 묻기를, “그대가 황윤길과 다르게 말하는데, 만약 병화가 있게 되면 어찌하려 그러시오?” 하니, 김성일이 대답하기를, “저도 어찌 왜적이 쳐들어오지 않으리라고 단정했겠습니까? 다만 온 나라가 놀라고 의혹할까 두려워 그것을 풀어주려고 그렇게 말했을 뿐입니다”라고 대답했다.

## 국가 대사는 조용히 처리해야

위의 문헌으로 미루어 보건대 일본군이 쳐들어오지 않으리라고 김성일이 어전에서 복명復命한 것은 사실이었지만 그의 발언은 그의 진심이 아니었다. 오히려 그는 더 깊은 데를 생각하고 있었다. 국가의 중요한 정책 결정 과정에서 김성일이 정직하게 문제를 제기하지 않은 것은 실수였으며, 그런 점에서 그에게 책임을 물을 수는 있다.

그러나 그가 진실로 바랐던 것은 민심의 안정이었으며, 전쟁과 같은 국가 대사는 알 만한 사람끼리 알아서 처리할 일이지 여럿이 모여 크게 떠들 일이 아니라고 그는 생각했다. 이와 관련해서는 두 사람의 상반된 견해를 최종적으로 판단했어야 할 선조宣祖

징비록(懲毖錄, 국보 132호)

의 무능함에 어쩌면 더 큰 책임이 있다.

그러나 막상 왜란이 일어나자 선조는 왜군이 쳐들어오지 않으리라고 보고한 김성일을 괘씸히 생각하여, 경상우도 병마절도사로 있던 그를 옥에 가두도록 명령했다. 그때 그의 진심을 누구보다도 잘 알고 있던 유성룡이 왕에게 간곡히 아뢰어 김성일은 하옥을 면했다.

하옥 명령이 떨어졌을 때 김성일은 자신의 운명을 걱정하는 기색이 없이 오히려 경상감사 김수金睟에게 적을 막을 방책을 일러주는 모습을 보여 노리老吏 하자용河自溶은 "자기 죽는 것은 걱정하지 않고 오로지 나랏일만을 근심하니 이 사람이야말로 참다운 충신이다"라고 말했다.(『懲毖錄』 上)

그 뒤 김성일의 진심을 안 선조는 그의 잘못을 용서하고 그에게 경상도 초유사(招諭使 : 의병을 모으고 민심을 수습하는 직책)를 제수하여 왜병을 막는 데 힘쓰도록 당부했다. 김성일은 죽산竹山과 함양咸陽 등에서 격문을 돌리고 김면金沔, 정인홍鄭仁弘, 홍의 장군 곽재우郭再祐 등의 도움을 받아 의병을 이끌고 진주성을 지키면서 군정軍政에 노심초사하였다.

그러던 가운데 김성일은 역질에 걸린 백성들을 돌보다가 전염되어 진중에서 죽었다. 그는 일상 생활에서도 군장을 풀지 않고 지성으로 관군과 의병 사이를 조화시켜 경상도 일대를 보전한 공이 컸으며, 죽을 때까지 사사로운 일을 말하지 않았고 그의 아들 혁奕이 함께 병중이었으나 한 번도 돌아보지 않았다.

뒷날 같은 인물, 같은 사안을 놓고 두 사람이 어찌 그리 다른 보고를 했는가에 대하여 의혹을 떨칠 수 없었던 선조는 신임하던 동지사同知事 이항복李恒福에게 그 연유를 물었다. 이항복의 답변에 따르면, 어전에서 그런 논의가 있고 나서, 이항복은 김성일과 함께 대전의 정원을 거닐면서 왜 일본이 쳐들어오지 않는다고 복명했느냐고 물었더니, 그가 답변하기를, "남쪽의 인심이 동요되는 것이 걱정스러웠기 때문"이라고 대답했다는 것이다.

이항복은 이런 연유를 선조에게 아뢰면서 김성일의 진심은 여럿이 모인 자리인지라 불필요하게 불안을 조성할 소지가 있어 사실과 다르게 말씀드린 것이라고 자초지종을 아뢰었다. 이항복의 말을 듣고 있던 좌중의 대사헌 홍진洪進은 김성일이 살았더라면 진주성이 함락되지는 않았을 것이라고 아뢰었고, 임석했던 사관史官은 김성일이야말로 진실로 유직(遺直 : 마음이 곧은 옛사람의 기풍이 남아 있음)이라고 기록했다.
(『선조실록』 28년 2월 6일 己酉條)

김성일(金誠一) 종택(안동)

## 문중 사학의 희생자

위와 같은 전말에도 불구하고 현대의 한국 사학사에서 김성일은 임진왜란이라는 참화를 유발한 전화戰禍의 책임자로 기록되었다. 이러한 논지를 최초로 편 학자는 황윤길의 문중 족손族孫이었던 황의돈黃義敦이었다. 황의돈은 일제 시대에 대성학교大成學校와 휘문의숙徽文義塾에서 국사를 가르치면서 중등학교 국사교과서를 편찬했고 해방 뒤에는 동국대학교에서 국사학을 연구한 한국사의 1세대 학자이다.

황의돈은 『신편 조선 역사』(以文堂, 1923, 128~129쪽)에서 "유성룡柳成龍과 이산해李山海 등 당시에 득세한 동인배東人輩가 김성일의 편을 들어[右袒] 군사 시설[武備]을 모두 부수고[盡罷] 조정의 모든 대신[滿朝]이 마음을 놓아[晏然] 태평한 꿈[昇平夢]에 취하여 드러누웠다[醉臥]"고 기록함으로써 임진왜란의 책임이 김성일에 있다고 지적했다. 여기에 이은상李殷相과 최인욱崔仁旭의 소설이 사실을 다른 방향으로 증폭하였다.

한 역사적 인물의 행적은 그의 진심과 동기를 이해하는 데에서부터 비롯해야 하며 그의 진심은 그가 마지막 생애를 어떻게 마쳤는가에 따라 평가되어야 한다. 김성일은 신중한 애국자요 충신이었지 의롭지 않게 거짓을 말한 사람은 아니었다. 그는 문중 사학의 희생자였을 뿐이다.

## * 추기

이 글이 나간 후로 나는 황의돈 선생의 유족들로부터 엄중한 추궁을 받았다. 본래 신문에 나갈 때 황의돈 선생에 관한 부분에서 나는 "황의돈은 그의 책인 『신편 조선 역사』에서 황윤길은 정직한 지사였던 반면에 김성일은 죄인이었다고 단정하여 기록했다"고 썼는데 이 귀절이 사자死者명예훼손죄에 해당된다는 것이다. 형법 308조 사자명예훼손죄는 징역 2년의 중죄이다.

교수는 신분의 위험에 나약하다. 저명한 법조인 집안에서 법으로 문제를 삼는다는 것이 나로서는 괴로웠다. 결국 "황윤길의 문중 후손 황의돈이 『신편 조선 역사』를 쓰면서 황윤길은 정직한 지사였던 반면 김성일은 죄인이었다고 단정해 기록했다는 것은 저서 내용과 다릅니다"라고 정정 보도로 사태는 수습되었다.

이러한 물의가 있었던 탓으로 이 책에서는 황의돈 선생의 글을 원문 그대로 번역하여 실었다. 나의 글이 황의돈 선생 유족의 마음을 아프게 했다면 죄송하게 생각하며, 그것은 나의 본의가 아니었음을 밝혀 둔다.

이 글이 나간 뒤 인조반정 당시에 처형된 어느 대북파의 후손이라는 분으로부터 자기들의 선조들도 해원解冤할 수 있는 길이 없느냐는 장문의 편지와 함께 많은 자료를 보내 주었다. 펜티엄의 시대에도 문중 사학의 골은 여전히 깊다.

## 참고문헌


- 『선조(수정)실록』
- 『懲毖錄』
- 한형조, 「근대사의 경험과 동양 철학의 글쓰기」, 중어중문학회 발표(1998. 6. 13. 이화여자대학교)
- 황의돈, 『신편 조선 역사』(서울 : 以文堂, 1923)

# 16. 이순신李舜臣과 원균元均

"원균은 아마도 지하에서
차마 눈을 감지 못했을 것이다."
元均之目 且不瞑於地下
— 선조宣祖

아마도 한국의 역사상 인물로서 누가 가장 위대했느냐고 묻는다면 충무공忠武公이나 세종대왕世宗大王이 1등과 2등을 바꿔가며 차지할 것이고, 김구金九가 3등을 할 것이다. 이 세 분의 위상은 그만큼 부동의 존경을 받고 있다. 특히 충무공의 경우에는 그가 불세출의 영웅이었고 조국의 운명에 그만큼 위대한 발자취를 남긴 점을 부인할 사람은 거의 없을 것이다.

그런데 《동아일보》에 "한국사 새로 보기"가 연재되면서, 연재된 뒤에 많은 분이 자료를 보내 주신 것은 이해할 만하지만, 예고편이 나간 것도 아닌데 이순신과 원균은 언제 게재되느냐는 질문과 함께 양쪽에서 자료를 보내 주는 기이한 광경이 벌어졌다. 원래에는 이 문제를 다루기로 되어 있었으나 너무 민감하다는 이유로 신문사가 난색을 보여 게재하지 않기로 했던 터였다.

그러나 단행본으로 나오는 계제에 나는 이 문제를 다루고 싶었고 평소에도 이 문제를 언제인가 다루어야 한다고 생각했었다. 내가 어렸을 적, 국사 시간에 선생님께서 원균을 비난하고 이순신을 격찬하는 시간이면 원씨 성을 가진 아이들이 놀림감이 되어 얼굴을 못 들던 일이 어린 마음에도 몹시 안쓰럽게 보였다.

## 충무공이 성웅聖雄인 것은 분명하지만

더 말할 나위도 없이 충무공은 하늘이 낸 효자[出天之孝子]였고, 우국적이었고, 현자賢者였고 명장임이 틀림없다. 『난중일기』亂中日記 갑오년 8월 그믐에 "아내의 병세가 위중하다는 연락이 왔다. 지금쯤 이미 저세상 사람이 되었을지도 모르겠다. 나랏일이 위급한 지경에 이르렀으니 다른 일에 생각이 미칠 수 있으랴만 두고 온 3남 1녀가 살아갈 일이 아득하다"는 대목을 읽을 적에는 콧등이 찡했다.

정유년 4월에 백의종군白衣從軍하러 내려가던 길에 영광靈光에서 모친의 별세 소식을 듣고 금부도사에게 부탁하여 아산牙山으로 돌아가 어머님 영전에 절을 올린 다음, 내일이 장례일인데 친구 오종수吳從壽에게 뒷일을 맡기고 돌아서는 장부의 가슴은 어떠했을까? 금부도사에게 부탁했더라면 하루쯤 더 머물러 장례를 치르고 갈 수도 있었다.

이순신 장군

또 정혜사定惠寺의 스님 덕수德修로부터 국가를 위해 수고하신다는 치하로 짚신 한 켤레를 받은 것이 마음에 걸려 신발 없는 부하에게 돌려주고서야 마음이 편했다는 기록(정유년 5월 7일자 일기)도 흉금을 울린다.

조정의 공도空島 정책에 따라 연안 선박을 축조하는 것이 금지된 상황에서 전란이 다가오고 있음을 예견하고 조립 직전까지 거북선을 만들어 두었다가 왜란이 일어나기 이틀 앞서 임진년 4월 12일에 조립을 마침으로써 병란으로부터 조국을 건진 그의 전략과 혜안慧眼은 후대의 가슴을 친다.

그런데 충무공의 생애를 추적하다 보면 기이한 일을 발견하게 되는데, 그것은 다름이 아니라 그가 매우 병약한 사람이었다는 점이다. 『난중일기』의 첫머리부터 그는 지병을 호소하고 있다. 밭은 기침을 했고, 잠자리에서 식은땀을 흘렸고 숙면을 하지 못했다.

오래 전, 1960년대에 나는 종로에서 내과전문의로 유명했던 설규동 선생을 찾아가 누구라는 얘기를 하지 않고 병의 증상을 보이면서 이 병이 무슨 병이냐고 여쭤보았더니 그분은 거침없이 결핵이라고 대답했다. 그뿐만 아니라 충무공은 광화문의 동상처럼 그렇게 우람하지도 않았다. 그는 여자처럼 곱살했으며 선비처럼 단아했다.(『懲毖錄』)

이런저런 행적을 볼 때 누가 뭐라 해도 이순신은 이 나라 역사의 성웅이었다. 그러나 예로부터 이르기를 과공은 비례過恭非禮이다. 유신 시대에 박정희朴正熙 대통령이 아내를 잃은 뒤에는 광복절이나 3 · 1절 경축식에는 참석하지 않아도 충무공 탄신일 행사에는 참석하던 일이며, 문화재 관리국장이 2급이던 시대에 현충사 관리소장은 1급이었던 것도 잘한 일은 아니다. 나는 현충사를 찾아 충무공의 영정 앞에 재배를 드릴 때면 그 앞에 놓여 있는 복전함福田函에 열불이 난다. 충무공은 우리의 곁으로 내려와야 한다.

## 원주 원元 씨의 한[冤]

그런데 충무공 현창 사업의 이면에는 그 어두운 그림자 밑에 흐느끼는 사람이 있다. 원균이 바로 그 사람이다. 역사적 인물로서 지금까지 저승에서 원혼冤魂이 헤매고 있는 사람이 많겠지만 후세의 역사가들에게 한이 맺혀 아직도 눈을 감지 못한 인물로서는 원균을 첫째로 꼽을 수가 있다.

우리는 초등학교의 사회 생활에서부터 대학의 교양 국사에 이르기까지 원균이라는 인물을 조리돌림 했다. 그가 배를 침몰시키고 도망했다느니, 이순신을 모함했다느니, 뇌물을 먹었다느니, 밤중에 시체의 귀를 자르러 다녔다느니, 기생과 첩이 몇 명이었다느니, 해서 역사의 죄인은 바로 이 원균 같은 인물이라고 가르쳤다.

원균(元均)

10월 유신 이후 박정희 대통령의 뜻을 받든 이은상李殷相의 붓을 통해 충무공이 민족의 우상으로 등장하면서 이러한 추세는 더욱 가혹해지기 시작했다.(이은상 지음, 『성웅 이순신』, 삼중당, 1975) 충무공이 우리 역사에서 가장 위대한 인물 가운데 하나였다는 것은 거듭 수긍할 수 있지만, 누구를 빗대서 누구를 위대하게 보이려는 비교 인

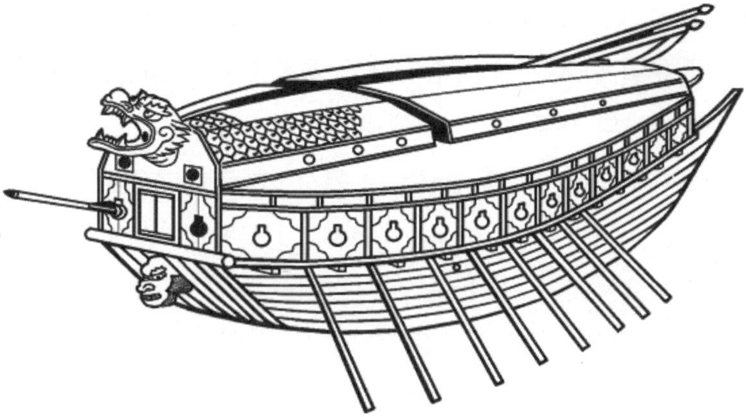

거북선

물사는 온당한 일이 아니다.

원균은 그가 1540년에 태어났으니 충무공보다는 5살 연상이었다. 그의 호는 평중平仲이며 원주가 본관으로서 무과에 급제하여 함경도 조산보造山堡의 만호萬戶를 거쳐 부령富寧 부사를 지냈으며, 이때 북방 오랑캐를 막는 데 공을 세웠고, 임진왜란 직전에는 경상우도 수군절도사로 있었다.

왜란이 일어나자 왜군의 첫 상륙 지점이 동래東萊였기 때문에 그는 이순신보다 먼저 적을 맞이했는데, 군비가 충실치 못한 그로서는 우선 적의 예봉銳棒을 피하려고 했던 것이 그의 실수였다. 이때 그는 흔히 말하는 것처럼 도망을 친 것은 아니었으며 다급한 김에 이순신을 찾아갔다. 그리고 거제도 옥포에서 적의 선봉을 꺾는 데 결정적인 역할을 했다. 같은 말이라도 군인으로서 도망했다는 말과 후퇴했다는 말은 의미가 전혀 다르다.

이때부터 그는 열여섯 번의 대소 전투를 치르면서 많은 공을 세운 것이 『선조(수정)실록』에 기록되어 있다. 그러나 적의 상륙 부대가 18일 만에 서울을 함락하자 패전에 대한 책임은 왜군이 상륙한 지역의 사령관인 원균에게로 돌아갔다.

그리하여 그는 자기의 동료였던 이순신보다 낮은 자리로 강등되어, 옛날의 동지에서 이제는 부하와 상사의 사이가 되었다. 군인의 사회에서 흔히 있을 수 있는 일이라고는 하지만 그에게 섭섭함이 있었던 것은 인지상정이었으며, 결벽하고 준엄한 이순신으로부터 질책을 받았을 때 일말의 소인小人의 심사가 일어났던 것도 이해할 수 있는 일이다.

## 장렬하게 전사한 일등 공신

한 인간의 진심은 그가 마지막 가는 죽음의 현장에서 볼 수 있다. 원균은 1597년 7월 칠천량漆川梁 전투에서 패배하고 거제도에서 마지막 항전을 하다가 충무공보다 먼저 장렬하게 전사한다. 일생에 다소 흠이 있었다 하더라도 그가 전진戰塵 속에 그의 시체를 묻었다면, 그의 한 생애를 비난할 일만은 아니다.

원균이 죽자 조정에서는 이순신, 권율과 함께 그에게 일등 공신의 훈위勳位를 주는 동시에 원릉군元陵君에 봉했다. 당시 조정 백관들이 허수아비가 아닌 바에야 오늘날에 알려진 바와 같이 그가 그러한 비겁자요, 부덕한 인물이었다면 충무공이나 권율과 꼭 같은 훈격을 주었을 리도 없고, 유성룡柳成龍 · 이항복李恒福 · 이덕형李德馨 · 윤근수尹根壽 등이 한결같이 그렇게 칭송했을 리도 없다.

요컨대 원균도 한 인간이었기에 난세를 살아가면서 인간적인 잘잘못이 있었을 것이다. 그리고 그는 분명히 충무공만 한 인물은 못되었을 것이다. 그러나 누구를 높이고자 비교우위론적으로 그가 역사 기술의 한 제물이 되는 것은 그를 위해서나 올바른 역사 인식을 위해서나 바람직하지 않다. 그는 아마도 선조가 걱정했던 것처럼 "지하에서 차마 눈을 감지 못했을 것이다."(『宣祖實錄』 36년 6월 辛亥條)

그러므로 이제 원균이 복권復權되어야 할 때가 되었다. 그는 당색黨色과 문중 사학의 희생자였을 뿐이다. 이 문제는 덕수德水 이씨 문중에서 먼저 화해의 손길을 내밀어야 한다. 원균이 아무리 높아진다 해도 충무공의 공덕이 가려지는 것은 아니다.

## * 추기

이 글은 신문사와의 입장 차이로 게재되지 않았음.

### 참고문헌


- 『亂中日記』
- 《동아일보》
- 『선조(수정)실록』
- 이은상 지음, 『성웅 이순신』(서울 : 삼중당, 1975)
- 『懲毖錄』

## 17. 환곡還穀과 장리쌀[長利米]

장리쌀[환곡]의 연리年利는
세계 최고의 100%였다.
그것은 지금의 악덕 사채업자와
무엇이 다른가?
— 본문 가운데에서

나는 충청도 산골에서 가난한 소작농의 아들로 태어났다. 어렸을 적, 한겨울 새벽이 되면 나는 일어날 시간이 되어서 잠에서 깨는 것이 아니라 방바닥의 냉기 때문에 잠에서 깨곤 했다. 그 새벽에 나는 지주가 아버지를 불러내어 왜 장리長利빚을 갚지 않느냐고 호통치는 것을 들은 적이 한두 번이 아니었다. 당신보다 나이 어린 지주에게 수모를 겪은 아버지는 수치심 때문에 자식의 얼굴을 바로 보지 못했다.

그날, 학교에 가면 선생님은 사회 생활 시간에 "우리의 역사에 춘궁春窮에 굶주린 가난한 백성들을 위해 봄에 양식을 꿔주었다가 가을에 갚는 훌륭한 환곡 제도가 있었다"고 말씀하셨다. 어린 소견에도 그런 것이 아닌데…. 하는 생각이 들어 고개를 갸우뚱거렸던 기억이 선연하다.

## 애초에는 좋은 뜻으로 시작

사업을 하시는 분들이 자금 압박을 받을 때 흔히 하는 말로 "과부 대동 빚을 지더라도…"라는 속담이 있다. 그 본래의 의미가 어디에 있든 간에 그것은 우리에게 멍에와 같은 고리채高利債를 의미하는 것으로 인식되어 있고, 실제로도 거기에는 사악邪惡한 뜻이 담겨 있다.

김육(金堉)

원래 대동법大同法이란 지방의 특산물로 세금을 바치던 것을 쌀로 일원화하여 바치는 제도를 의미한다. 임진왜란壬辰倭亂과 병자호란丙子胡亂을 겪은 뒤 토지 제도가 문란해졌다. 농지도 황폐하여 민생의 삶이 어려워지고, 화폐 제도도 무너져 국가 재정이 고갈되기 시작했다. 이러한 상황에서 조세 제도를 일원화한다는 의미에서 그 당시로서는 가장 확실한 재화財貨였던 쌀로 세금을 받았는데 이러한 제도는 그 나름대로 합리성을 띠고 있었다.

1608년(선조 41)에 우선 경기지방부터 시작된 대동법에 따르면, 시기별 · 지역별로 다소의 차이는 있었지만, 대체로 논 1결(結 : 上畓의 경우 3천 평)당 미곡 13~16말을 징수하여 그 가운데서 8~10말은 중앙의 선혜청宣惠廳으로 보내고 나머지는 지방道의 재정에 충당했다. 그런데 수리가 발달하지 않았던 전통적인 천수답의 농경 사회에는 소위 보릿고개라고 하는 계절적 빈곤이 불가피하게

저 너른 들판에 나는 송곳 하나 꽂을 땅이 없었다.

발생했다.

이제 대동미는 조세의 편의를 위한 제도가 아니라 백성들의 짐이 되기 시작했다. 이러한 상황에서 백성들을 굶주림으로부터 구출할 수 있는 방법을 모색하다가 환곡(還子 또는 還上)이라는 제도가 마련되었다. 흔히 알려진 바와 같이 환곡이란 보릿고개에 양곡을 빌려주고 추수기에 되받는 제도로서 처음에는 좋은 뜻에서 출발했고 좋은 의미로 받아들여졌다. 기록에 따르면 이러한 진휼(賑恤 · 救恤) 제도는 매우 오래전부터 실시되었다. 이미 고구려 고국천왕故國川王 16년(194년)부터 시행된 바 있고, 고려 시대와 조선조에도 마찬가지였다.

그러나 간헐적으로 실시되어 오던 이 제도가 상설 제도로 정착한 것은 인조仁祖 4년(1626)이었다. 대동법의 경우와 마찬가지로 임진壬辰 · 병자丙子의 양란을 거치면서 국가 재정이 황폐해지고 농촌의 삶이 곤궁해진 데 그 실시 이유가 있었다. 정부에서는 상평창常平倉 또는 진휼청賑恤廳을 통하여 환곡을 시행하였다. 이

**김홍도 작품 논갈이**
한 쌍의 겨릿소가 쟁기를 끌고 두 명의 농군이 쇠스랑으로 흙을 고르는 모습을 그린 것으로, 쟁기를 잡은 농부의 몸짓이 삶의 무게를 말해 준다.

제도는 일제 시대인 1917년까지도 존속되었다.

애초 환곡의 이자는 봄부터 가을까지 6개월 동안에 20%(年利 40%)였고, 조선조 후기에 들어오면 6개월에 10%(年利 20%)였으니까, 오늘의 제도에 견주면 다소 고리高利였다고는 하지만 가혹한 정도는 아니었다. 우리가 어렸을 적에만 해도 이를 흔히 장리長利쌀이라고 불렀다. 이 장리쌀이 대동법과 시기적으로 맞물리고 혼재混在되어 뒷날에는 그 양자를 구별하지 않은 채 모두가 고리채라는 뜻으로 받아들여지게 되었다.

## 연리 100%의 세계 최고의 고리채

그러나 관리의 부패가 심해지면서 농민들로서는 춘궁에 환곡을 얻는다는 것이 어려워지기 시작했다. 왜냐하면 농민들이 요구하는 환곡의 절대량이 부족했기 때문이었다. 이러한 현상이 나타나자 남이야 굶주리든 말든 이런 때에 재산을 불려 볼 수 있다고 착안한 무리가 있었다. 그들은 그 지방의 토호[地主]들이었다. 지주들은 처음에는 알음알음으로 쌀을 꾸어 주었고, 그 이자도 조정의 그것과 크게 차이가 나는 것은 아니었다.

그러나 쌀이 화폐의 대용이었던 시절, 쌀을 꾼다는 것은 단순히 식량의 의미를 넘어서 그 자체가 상업 자본으로서의 화폐의 성격을 띠게 되었다. 그래서 아직도 시골에서는 쌀을 사러 가면서도 "쌀 팔러 간다"고 말한다. 이때부터 지주들은 쌀을 매개로 한 축재를 시작했고, 이자는 날이 갈수록 높아지기 시작했다. 농민들은 이러한 고리채에 대하여 저항할 수도 없었고 달리 선택의 여지도 없었다.

결국 장리쌀의 이자는 높아만 갔다. 봄에 1섬石을 빌려 6개월 후인 가을에 1섬 반으로 갚았으니 6개월 이자가 50%인 셈이며 연리로 치면 100%인 고리채가 되었다. 농민들은 당장 굶어 죽지 않기 위해 쌀을 꾸었지만, 가을이 되면 빚을 갚기는커녕 빚을 갚기 위해 다시 장리쌀을 꿔야 하는 악순환이 계속되었다.

농민들은 이 빚의 악순환으로부터 영원히 벗어날 수가 없었다. 정리빚을 갚고자 다시 빚을 졌다. 그 본래의 의미는 좋았지만, 대동법이니 환곡이니 장리쌀이니 하는 것은 결국 소작농을 영원히 소작농으로 묶어 놓는 굴레가 되었으며 지주들은 이러한 굴레를 통하여 영원히 지주로 남을 수 있게 되었다.

비록 많은 세월이 흘렀다고는 하지만, 요즘의 은행 대출 이자가 연리 3%라는 사실과 은행 이자를 0.1%만 낮춰 주어도 기업의 형편이 좋아진다는 사실을 염두에 둔다면 생산성이 낮았던 조선조 당시의 소작농에게 연리 100%라는 것이 얼마나 가혹했고 견디기 어려운 굴레였던가를 짐작할 수 있다. 환곡은 그 당시로서의 달러 빚과 같은, 세계에서 가장 높은 악덕의 돈놀이였지 백성을 위한 것이 아니었다.

## 소작농은 영원히 소작농으로

소작농에 대한 환곡의 나쁜 폐단은 여기에서 멈추지 않고 그들의 인권마저도 유린하기 시작했다. 그 대표적인 예가 곧 초야권初夜權이었다. 초야권이라 함은 소작농이나 농노와 다름없는 농민의 딸이 시집가기에 앞서 순결을 지주에게 먼저 바쳐야 하는 악습을 의미한다. 그러니 소작농에게 과연 인간으로의 존엄성이 티끌만큼이라도 있었는지 의심스럽다.

대동법이나 환곡이 이토록 악법으로 변질하였음에도 불구하고 왜 우리는 그것이 좋은 제도라고 속아 배워야 했을까? 그것은 이 시대의 역사가 가진 자들의 기록이었기 때문이었다. "역사의 국유화 시대"를 살았던 농민들로서는 그들의 아픔과 한을 호소할 길이 없었다. 그들의 한은 대물림의 유산이었다. 이 환곡의 모순에 대하여 최초로 항변한 것은 곧 갑오농민혁명 당시인 1894년 5월에 전주성全州城을 점령한 농민군이 정부군에게 제시한 "폐정개혁 14개조"였다.

더욱 기가 막힌 일은 해방을 맞이한 뒤에도 이 전근대적인 악습이 사라지지 않았다는 사실이다. 토지 재벌을 기반으로 형성된

그리 멀지 않았던 시절

해방 정국에서의 한민당韓民黨은 토지 개혁을 멈칫거렸고, 토지 재벌에서 정치인과 산업자본가로 변신한 뒤에도 이 땅을 가진 무리는 소작농에 대한 수탈을 멈추지 않았다.

농경 사회를 살아온 한국인에게 토지와 쌀은 영혼과 같은 것이다. 그러나 농민들은 그 영혼을 가질 길이 없었다. 나는 여기에서 민중이, 또는 농민이 역사의 주인이어야 한다는 식의 민중주의적 시각을 제시할 뜻은 없다. 다만 가난하고, 그래서 배우지 못한 민초들은 압제를 받고 산 것만도 한이 맺히는데 배웠다는 인간들이 쓴 역사마저 가진 자의 편에 서서 사실을 호도하고 왜곡하는 이 시대의 썩은 선비들의 역사 해석의 이면을 뒤집어 보여 주고 싶을 따름이다.

## * 추기

이 글이 나간 뒤 환곡과 장리쌀을 혼동하고 있다는 독자 투고 (sungjo@hotmail.com)가 있었으나 이것은 나의 글을 오해한 것이다. 나는 환곡의 폐해가 장리쌀을 낳았다는 뜻이었다.

### 참고문헌


- 『東學亂記錄』(서울 : 국사편찬위원회, 1972)

# 18. 당쟁黨爭은 식민지 사학의 희생양

"한국인은<br>
피(혈액)가 거무칙칙하고 더러워[黝血]<br>
저토록 싸운다."<br>
— 호소이 하지메細井肇

"조선의 당쟁은<br>
그 시대로서 있을 수 있었던<br>
초기 형태의 정당이었다."<br>
— 그리피스William E. Griffis(1894)

텔레비전의 연속 사극이 한국인의 역사 인식에 끼친 가장 큰 폐단은 아마도 시청자들에게 당쟁에 대한 오해를 유발했다는 점일 것이다. 어느 한때도 거르지 않고 이어지는 대하드라마 형식의 사극에 등장하는 우리 선조들의 정치하는 모습이란 음모를 꾸미고, 복수하고, 귀양을 가거나 사약을 받고, 피를 토하며 죽는 등 역사에 대한 긍지보다는 혐오감을 불러일으키는 데 한몫을 하고 있다. 이는 일본 제국주의의 식민지 사학과 맞물려 우리의 역사를 비하하도록 만든 좋은 주제가 되었다.

텔레비전 연속극이 상영되는 사이클을 예의 주시해 보면 그것은 정권 교체와 늘 맞물려 돌아간다. 세상이 어지러울 때면 으레 연산군燕山君과 장녹수張綠水를 한번 틀어주고 곧이어 장희빈張嬉嬪이 상영되며, 대통령 선거가 끝나면 대원군大院君이나 세조世祖

와 사육신 얘기가 이어진다. 이렇게 한 사이클이 지나면 처음으로 다시 돌아가 우려먹는다.

## 일본 식민지 사학의 집요한 희생양

이러한 연속극의 행렬은 일본의 식민 사학과 맞물려 사태를 더욱 악화시켰다. 일본은 한국을 병합한 뒤 이를 합리화시키기 위해서 한국인에게 자치 능력과 자질이 없다는 논리를 전개해야 했는데, 그 가장 적절한 논거를 당쟁에서 찾으려 했다.

그리하여 대한제국 학정學政참여관인 시데하라 타이라幣原坦, 시학관視學官인 오다 쇼고小田省吾 그리고 호소이 하지메細井肇와 하야시 타이스케林泰輔 등 일본 학자와 한국의 친일 사학자들이 이에 가세하여 조선은 당쟁 때문에 멸망했고, 일본이 통치하지 않으면 스스로의 힘으로 국가를 이끌어 갈 수도 없다는 논리를 전개했다.

식민지사학자들이 당쟁을 비난하는 논리에 따르면, 한국인의 민족성이 본래 싸움을 좋아하고, 잔혹하고, 사람의 목숨을 경시하기 때문에 당파 싸움이 가열되었다는 것이다. 특히 호소이 하지메는 한국인이 생리학적으로도 일본인과는 달라서 피(혈액)가 "거무칙칙하고 더럽다[黝血]"고 썼다. 그러니 어찌 피를 속일 수 있으며, 어찌 이 민족을 개량할 수 있겠느냐고 주장한다. 이러한 논리에 한국인들이 장단을 맞추어 「민족개조론」이 등장했는데 그 대표적인 인물이 이광수李光洙였다.

해부학자도 아닌 호소이가 한국인의 혈액을 거론한 것은 반론할 가치도 없다 하더라도, 한국인이 그토록 싸움만 좋아하는 민족인가에 대해서는 논의가 필요하다. 적어도 조선조 시대의 한국은 하천을 중심으로 하는 농경시대의 자연주의가 풍미하고 있었다.

더욱이 민족심리학의 입장에서 본다면, 종교나 학문 또는 심성에 관계없이 인애仁愛를 중시하는 유교적 영향, 그리고 자비와 업보業報를 기본 관념으로 하는 불교적 영향을 심층 심리에 깔고 있어 한국인은 매우 평화주의적이고 인도주의적인 성향을 보여 주고 있었다.

## 실제 투쟁 기간은 50년에 지나지 않아

그뿐만 아니라 식민지사학자들은 당쟁의 투쟁 기간을 터무니도 없이 길게 잡았다. 이 점은 너무도 집요하게 우리를 세뇌했기 때문에 알만한 사람들조차도 조선왕조 5백 년이 온통 당쟁으로 지고 샌 줄로 알고 있다. 그러나 이 문제는 좀 더 깊이 생각해 보아야 할 문제이다.

당쟁이 발생한 것이 선조 초기인 1575년인 것은 사실이다. 그러나 당쟁이 역사적으로 비난받을 폐단, 곧 무고하게 인명을 살상하는 양상으로 변질한 것은 숙종肅宗 6년(1680)에 남인에 소속되어 있던 전前 영의정 허적許積과 우찬성右贊成 윤휴尹鑴가 무고誣告로 사사賜死된 소위 경신대출척庚申大黜陟으로부터 기산起算하여 영조英祖가 탕평책蕩平策을 실시하는 과정에서 일어난 정미환국(丁未換局, 영조 3년 1727년)까지의 50년 정도의 세월뿐이었다.

식민지사학자들은 또한 당쟁으로 인한 참극을 과장하고 있다.

무수히 칼을 맞아 죽고 사약을 받았다는 것이 통념으로 되어 있다.

이건창의 『당의통략』

이와 같이 당쟁의 참극을 과장하는 것은 일차적으로 당쟁과 사화士禍를 구분하지 못한 데에서 온 결과였다. 당쟁에 관한 한 비교적 중립적 입장에서 썼다는 평가를 받고 있는 이건창李建昌의 『당의통략』黨議通略을 살펴보면 당쟁 때문에 죽었다고 분명히 판단되는 인명은 79명이다. 1년에 1.6명이 죽은 셈이다. 누구에게나 인명은 존귀한 것이요, 이 기간에 집중적으로 80명에 가까운 인명이 희생된 것을 미화할 수는 없다.

그러나 역사상 정치를 하는 곳에 인명의 희생이 없는 사례는 일찍이 없었다. 이른바 민주주의의 발상지라고 하는 서양에서는 더욱 그렇다. 예컨대 프랑스혁명 당시인 1792년 8월 10일 하루에 죽은 희생자가 1천3백 명이었으며, 1795년 7월 21일 하루에 처형된 왕당파가 718명이었다. 파리 코뮌 기간인 1871년 5월 21일부터 28일까지 소위 "피의 주간"이라고 하는 일주일 동안에 피살된 사람은 2만5천 명이다.

제정러시아시대였던 1905년 1월 22일 "피의 일요일"에는 150명의 사형이 집행되었다. 왜 저들의 역사는 민주주의의 투쟁사이고 우리의 역사는 당쟁의 역사가 되어야 하는가? 멀리 남의 얘기할 것 없이 한국의 경우를 보더라도 해방 이후 현재까지 정치적인 이유로 사형된 사람이 한 해에 평균 7.5명이나 된다.

## 당쟁이 심할 때일수록 국민은 편안

결국 당쟁이란 조선조라고 하는 시대 상황에서 존재했던 정당의 중세적 형태였을 뿐이다. 당쟁이란 삼사(三司 : 司憲府 · 司諫院 · 弘文館)라고 하는 언로言路를 통하여 조정에서 벌어진 정치적 담론 과정이었다. 그러한 토론을 가리켜 당의黨議라고 불렀다. 당쟁이라는 용어 자체도 일본 학자들이 당의를 악의적으로 표현하고자 지은 명칭이지 우리의 용어가 아니다.

이상과 같은 식민지 사학의 당쟁사에 대하여 우리가 주목해야 할 몇 가지 측면이 있다.

첫째로, 조선조에서 당쟁이 가장 심했던 시절은 숙종肅宗 연간인데 바로 그 숙종은 조선조의 최고 성군聖君으로 추앙 받고 있다는 사실이다. 이것은 우연이 아니다. 이는 역설적으로 당쟁이 가장 첨예했던 시절일수록 백성이 살기 편했음을 의미한다. 정적이 눈을 부릅뜨고 지켜보는 상황에서 정치인들은 부패할 수가 없었고 백성의 삶에는 억울함이 생길 수가 없었다. 숙종은 당쟁 덕분에 성군이 될 수 있었다.

둘째로, 탕평책의 실시와 더불어 당쟁이 없어지면서 조선조가 기울기 시작하였다는 사실을 주목해야 한다. 정언正言 한현모韓顯謨의 상소문(『영조실록』 4년 6월 庚子條)에 나타나고 있는 바와 같이, 탕평책과 함께 사람들은 "뒤로 물러나 입을 다물고 혀를 묶어 놓음으로써" 조정에 정론正論이 없어지고 조선왕조에 낙조落潮가 드리우기 시작했다.

셋째로, 그렇다면 영조英祖는 왜 탕평책을 실시했을까? 그것은

이건창(李建昌)의 구거(舊居) 명미당明美堂(강화도)

그가 당쟁의 폐단을 절실히 느끼고 이를 없애고자 취한 조치가 아니라 그의 정치적 술수였다. 그는 본디 왕위 계승의 서열에 들어 있지 않았었다. 그런 그가 노론의 지원으로 왕위에 올랐을 때 그는 노론老論에게 정치적 부채를 안게 되었고 이를 핑계로 노론을 등용하지 않을 수 없었다. 이와 같은 배경을 이용하여 그들이 발호하자 이를 제어하고자 다시 소론小論을 등용할 명분으로 탕평을 제시했다.

결국 당쟁이란 동서고금의 모든 정치에서 흔히 볼 수 있는 보편적인 정치 현상이었다. 율곡栗谷이 지적하고 있는 바와 같이, 동인에 속한 사람들은 나이가 젊고 적극적이었으며, 서인에 속한 사람들은 나이가 많고 사려 깊은 사람들이었다.

이와 같은 현상은 결국 현대적 용어를 빌려 표현한다면, 동인이란 그 당시의 진보주의자들이었고 서인은 보수주의자들이었다. 그들이 같은 목소리를 내지 않고 정책 대안을 제시하였던 것은 어느 모로 보나 칭송할 일이지 비난받을 일이 아니었다. 구한말의 그리피스William E. Griffis도 『은자의 나라 조선』(*Corea, The Hermit Nation*, 1894)에서 그런 말을 했다. 그의 말에 따르면, 조선의 당쟁은 그 시대로서 있을 수 있었던 초기 형태의 정당이었다.

율곡 이이

인생살이란 묘한 것이어서 지금의 삶이 행복하면 과거의 아픔이 추억이 되고, 지금의 삶이 불행하면 과거의 아픔이 회한悔恨으로 남는다. 욕된 것이라고만 볼 수 없는 당쟁을 우리의 불행한 유산으로 치부하는 것은 지금의 정치가 불행하여서 그것이 더욱 부정적인 것으로 우리에게 다가오고 있는 현상일 뿐이다.

### * 추기

어느 날 슈퍼마켓에 들렀더니 계산대의 아주머니가 "혹시 역사학 교수님이 아니냐?"고 물었다. 아니라고, 나는 정치학 교수라고 했더니, "어쩌면 《동아일보》에 연재되는 "한국사 새로 보기"의 신복룡 교수의 캐릭터와 그렇게 닮았느냐?"고 되물었다. 나는 매스컴의 위력을 새삼 실감하면서 내가 그 사람이라고 대답했다.

그 아주머니는 역사학 교수도 아닌 분이 어떻게 그렇게 역사학의 글을 쓸 수 있느냐고 물으면서, 자신은 이제까지 읽은 글 가운데서 당쟁 편이 가장 충격적이었다고 말했다. 그의 말에 오히려 내가 충격을 받았다. 나는 적어도 이제까지 쓴 글 가운데는 화랑 얘기가 가장 충격적이었을 것으로 생각했기 때문이었다. 독자의 눈과 필자의 생각에는 많은 차이가 있는가 보다.

## 참고문헌


- Griffis, William E., *Corea : The Hermit Nation* (New York : Charles Scribner's Sons, 1907); 신복룡(역주), 『은자의 나라 한국』(서울 : 집문당, 2019)
- 《동아일보》
- 시데하라 타이라(幣原坦), 『朝鮮政爭志』(東京 : 三省堂, 1907)
- 『영조실록』
- 오다 쇼고(小田省吾), 「李朝朋黨を略敍して天主敎迫害に及ぶ」, 『靑丘學叢』(1)(1930)
- 李建昌, 『黨議通略』(서울 : 을유문화사, 1972)
- 이광수, 「民族改造論」, 『이광수전집』(17)(서울 : 三中堂, 1962)
- 하야시 타이스케(林泰輔), 『朝鮮通史』(東京 : 富山房, 1912)
- 호소이 하지메(細井肇), 『朋黨 · 士禍の檢討』(서울 : 自由討究社, 1926)

# 19. 광해군光海君을 위한 변명

광해군이 폐위되지 않았어도<br>병자 · 정묘호란이 일어났을까?<br>— 본문 가운데에서

젊었을 적에 셴케비치Henryk Sienkewicz 원작의 영화 『쿼바디스』 Quo Vadis를 보며 로마 네로Nero 황제의 비인도적인 정사政事에 대해 분노했던 기억이 있다. 그러나 뒷날 역사를 공부하면서 알아보았더니 네로가 로마를 불태우면서 시를 읊었다는 것은 사실이 아니었다. 네로의 학정을 침소봉대하고자 기독교 관련 역사학자들이 곡필한 희생양이었다. 이런 식의 역사 곡필이 어디 네로뿐이었겠으며, 어찌 고대 로마뿐이었겠는가?

한국사를 공부하다 보면 많은 원혼冤魂이 있음을 알게 된다. 정치학을 공부하는 사람들이 가장 안타깝게 생각하는 역사의 희생양은 광해군光海君이다. 어려서 어머니를 잃고 계모 슬하에서 슬픔을 되새길 수밖에 없었던 그는 늘 고독하고 우울하게 소년 시절을 보낸다. 그러다가 젊은 나이에 임진왜란壬辰倭亂이 일어나자 그는 전국을 돌아다니며 백성을 어루만지고 왜병을 물리치기에 여념이 없었다.

선조가 평양을 거쳐 의주義州로 파천播遷하자 그는 세자의 몸으로 왕을 수행하는 대신에 강원도와 함경도에서 모병募兵하여 항

광해군의 묘(남양주)

쟁했으며, 정유재란丁酉再亂이 일어났을 때는 다시 호남으로 내려가 의병을 모집하고 군량미를 수집하여 후방을 지원했다. 그는 이때 17세의 어린 나이에 풍전등화와 같은 조국의 운명을 체험했고, 국력이 허약한 나라의 백성이 어떠한 삶을 살아야 하는가를 뼈저리게 느꼈다.

## 조선조의 문예부흥기

서자庶子의 몸으로 온갖 우여곡절과 음해陰害를 겪은 뒤에 왕이 되었을 때 그는 한도 많았겠지만 꿈도 많고 야망도 있는 젊은이였다. 그의 첫 번째 꿈은 왜란으로 황폐한 나라의 경제를 건설하는 일이었다. 국고는 바닥났으며 생산성은 추락했다. 그는 우선 경작지를 개간하여 국가의 재원을 확충하고, 선혜청宣惠廳이 대동법大同法을 실시하여 민생의 불편을 덜어주려고 노력했다. 광

허준의 『동의보감』

허균의 『홍길동전』

해군은 문치文治에도 많은 힘을 썼다. 봉건 질서의 폐해를 통렬히 반박했던 허균許筠의 『홍길동전』洪吉童傳이 이 시대에 씌었다는 것은 우연한 일이 아니다. 그는 또한 허준許浚에게 『동의보감』東醫寶鑑을 쓰게 하여 전쟁의 폐허 위에서 질병에 허덕이던 백성을 구휼하는 데 혼신의 노력을 다했다.

광해군은 또한 왜란으로 말미암아 불타 없어진 많은 서적을 복간復刊하는 일에도 소홀히 하지 않아 『신증동국여지승람』新增東國輿地勝覽이며 『용비어천가』龍飛御天歌가 모두 이때 되살아났다.

이런 점에서 본다면 광해군은 아마도 조선왕조의 군주들 가운데 문무를 함께 이해한 흔치 않은 군주의 한 사람이었을 것이다. 그것은 임진왜란이라고 하는 그의 특수 체험과 무관한 것이었다고 볼 수는 없지만, 일차적으로는 그가 그만큼 총명하고 지혜로운 군주였음을 의미한다.

위와 같은 내치內治의 공적 이외에 정치가로서 광해군의 제일 업적은 외교였다. 그의 재위 기간은 중국에서 명나라와 후금後金이 교체하는 미묘한 시기였다. 그는 이 시기에 국경을 튼튼히 함은 물론 탁월한 외교술로써 국가의 안보를 다져나갔다. 그는 우선 임란 공신인 정충신鄭忠信을 만포첨사滿浦僉使로 등용하여 대포를 주조하는 등 국방에 심혈을 기울였다.

당초에 광해군은 명明을 도와 후금을 치도록 강홍립姜弘立 장군을 파병한 적이 있었다. 그러나 명나라의 국운이 급속히 기울어가자 그는 장차 후금과의 관계를 돈독히 하는 것이 급선무라 판단하고 오히려 후금을 도와 명을 공격하는 변신을 보여 주었다. 이와 같은 정치적 도박은 정확한 형세 판단이 전제되지 않고서는 수행될 수 없는 사안들이었다.

광해군은 일본과의 관계 유지에도 소홀하지 않았다. 그는 일본과의 조약(己酉條約, 1609)을 체결함으로써 임진왜란이 끝난 지 10여 년 만에 한일 관계를 정상화했으며, 수시로 회답사回答使를 보내어 일본을 어루만짐으로써 해안의 평화를 유지할 수가 있었다. 적어도 광해군의 재위 15년 동안에 조선은 동북아시아의 삼각관계에서 굳건한 입지를 구축할 수 있었다.

따라서 후세의 사가들이 광해군을 아무리 비하하더라도, 그의 재임 기간에 외환이 없었으며, 그 시대의 국방과 외교가 조선왕조 5백 년 동안에 가장 튼튼했다는 사실에 대해서는 이 시대를 연구하는 많은 학자가 동의하고 있다. 그런 그가 퇴위하자 곧 병자호란丙子胡亂이 일어났다. 광해군이 퇴위한 뒤 호란이 일어난 것은 우연이 아니다.

## 외치에 몰두하다가 내정을 그르쳐

그러나 어쩌랴. 그는 외치外治에 몰두하면서 점차 내치에 소홀했다. 이것이 그의 실수였다. 그것이 그만의 실수는 아니며 당시의 정파 싸움 때문이었다고 변명할 수도 있다. 소북파小北派는 사사건건 정사의 발목을 잡았고, 서인들은 권토중래捲土重來를 노리고 있었다. 더구나 그를 둘러싸고 있던 대북파大北派에는 “그게 아닙니다”라고 말하는 충신이 없었다. 모두가 자신의 보신과 영달에만 눈이 멀어 광해군의 총명을 가리기 시작했다.

광해군이 계모인 인목대비仁穆大妃에게 불효한 것은 사실이고, 이복동생인 영창대군永昌大君을 죽인 것도 사실이다. 그러나 그것이 어디 그 사람만의 책임이며, 조선왕조에서 형제 죽인 왕이 어디 그 사람뿐이었겠는가? 그가 한 일이 옳았다는 얘기가 아니라 그보다 더 부덕했던 사람도 그처럼 혹평을 받지는 않았다는 점이 불공정하다는 뜻이다.

광해군은 어느 모로 보더라도 연산군燕山君과는 다른 인물이었다. 그는 연산군처럼 황음무도荒淫無道하지도 않았고 혼군昏君도 아니었다. 그는 선왕인 선조宣祖로부터 정치 수업을 제대로 받았고, 난세에 종묘사직과 백성의 삶을 걱정하며 왕위에 올랐다. 그는 국제 관계에서 사세事勢의 흐름을 읽을 줄 아는 안목도 갖춘 인물이었다.

그가 인조반정仁祖反正으로 권좌에서 쫓겨나 강화도에 위리안치되었다가 다시 제주도로 유배지를 옮길 적에,

> 되놈 쳐들어온 뒤 고국의 존망은 소식조차 끊어졌는데
> 안개 낀 강 물결 위 외딴 배에 누웠구나.
> 故國存亡消息斷 烟波江上臥孤舟

라는 시를 읊었던 것으로 보면 그는 끝까지 종묘사직의 안위를 걱정했던 것 같다.

그런 그가 왜 반정反正을 겪고 끝내 폐위되어 제주도 바닷가에서 쓸쓸히 죽어야 했는가? 그것은 전적으로 인조반정을 일으킨 정국 공신靖國功臣들이 자신들의 처사를 합리화하려고 그의 비행을 악의적으로 침소봉대했기 때문이었다. 광해군에게 인륜의 면에서 비난받아 마땅한 점이 있었던 것은 사실이지만 인조반정이 오로지 우국적인 결단이라고만 볼 수는 없다.

반정 공신들은 명리에 집착했고, 사욕과 파벌의 벽을 넘지 못했다. 그 결과로 나타난 이괄李适의 난은 반정에 대한 반동이자 부정이었다. 이러한 내정의 불안은 곧 외환으로 연결되어 정묘호란(丁卯胡亂, 인조 5년)으로 이어졌고 각지에서 민요民擾가 빈발하게 된다. 이는 광해군 시대에는 일찍이 없었던 일이다.

## 반정反正논리의 희생자

그런즉, 광해군을 통하여 우리가 역사에서 배울 것은 정치란 우선 안을 다스리고 밖을 보아야 한다는 가르침이다. 가정이고, 조직이고, 나라고 따질 것 없이 안이 화목하지 않고 조직이 행복한 법은 없다. 관자管子의 말처럼 안에서 의식衣食이 풍족해야 밖에

강화도의 광해군 유배지

나가 예절을 아는 법이다.(『管子』 牧民 : "倉廩實知禮節 衣食足則知榮辱")

그뿐만 아니라 어느 역사적 인물을 평가할 때 학자들은 그 인물의 사사로운 행적과 공적인 치적을 분리해서 생각할 필요가 있다는 점도 광해군의 역사가 주는 교훈이다. 이 점을 분명히 하지 않을 때 역사는 소설이 될 수 있다.

역사란 궁극적으로 "실제로 무슨 일이 일어났는가?"(What did really happen?)를 묻는 학문이다. 따라서 사실의 명확한 규명은 그 의미 부여보다 더 필요한 것이다. 오늘 이 어려운 시대를 살아가면서 광해군에 대한 안타까움이 이토록 더해지는 것은 무슨 까닭일까?

### * 추기

이 글은 신문사 측과의 견해 차이로 게재되지 않았음.

## 참고문헌


- 『管子』
- 『광해군일기』
- 『동의보감』
- 셴케비치(Henryk Sienkewicz) 원작 영화 『쿼바디스』(Quo Vadis)
- 『신증동국여지승람』
- 『용비어천가』
- 『홍길동전』

# 20. 김옥균金玉均의 생애

3일 앞을 보지 못한 사람은
위대한 정치인이 아니다.
— 본문 가운데에서

"내 나이 서른셋,
아직 죽기는 아깝다."
— 김옥균

"사람은 그릇에 넘치게
물을 담을 수 없다."
— 지동식

사람이 일생을 사는 동안 어떤 사람을 만나 그로부터 잊을 수 없는 가르침을 받아 평생 가슴에 각인刻印하는 경우가 있다. 나에게도 젊었을 적에 만났던 그런 분이 있다. 연세대학교 신학대학장을 지내신 지동식池東植 박사님이다.

어느 해던가? 그 목사님께서 노환으로 임종이 가까웠다는 소식을 듣고 나는 서둘러 화전花田의 댁으로 찾아뵈었다. 병석의 목사님은 나에게 교회 잘 다니라고 유언하실 줄 알았더니 그런 말씀은 입 밖에 꺼내지 않으시고, 이런 말씀을 하셨다.

"사람은 그릇에 넘치게 물을 담을 수 없소. 그러니 신 교수는 뒷날 그릇이 작아 물이 넘치는 것을 후회하지 않도록 젊은 날에 그릇을 크게 하도록 노력하시오."

그 말씀이 내게는 목사님의 유언이 되었고, 나는 이제까지 그 말씀을 가슴에 새기며 산다.

## 영걸인가 친일파인가?

공자孔子께서도 "누구를 칭찬하고, 누구를 헐뜯겠느냐?" 하시면서, 인물을 평가하는 일은 삼가셨지만(『論語』「衛靈公篇」: "子曰 吾之於人也 誰毁誰譽"), 역사가는 불가피하게 그런 악역을 할 수밖에 없는 때가 있다. 그러나 그들의 그릇이 얼마나 컸던지를 재기란 그다지 쉬운 일이 아니다. 어떤 사람은 권력이나 지위를 스스로 차지할 능력은 없지만, 그것을 맡겨주면 능히 해낼 수 있는가 하면, 어떤 사람은 그만한 지위에 오를 수는 있지만, 그것을 감당할 수가 없는 경우도 있기 때문이다.

높은 자리를 차지했지만, 그것을 감당할 수 없었던 대표적인 인물로 김옥균(1851~1894)을 들 수 있다. 그에 대한 평가는 호오好惡가 판이하다. 개화기의 영걸로 보는 학자들이 있는가 하면, 한낱 친일의 무리로 비하하는 시각도 적지 않다. 김옥균을 평가할 때 우리는 그의 이념이나 공적에 초점을 맞추지 않고 그 그릇에 초점을 맞추는 것이 훨씬 더 교훈적인 답을 얻을 수 있다. 난세에 태어나 일세를 풍미했으니 그가 영걸임에 틀림이 없겠지만, 그가 과연 후대에 긍정적인 교훈과 업적을 남겼는지에 관해서 나는 부정적이다.

김옥균(金玉均)

김옥균은 안동 김씨의 후예로 공주에서 태어났으나 강릉 부사와 형조참의를 지낸 김병기金炳基의 양자가 되어 강릉과 서울에서 자랐다. 그는 사람을 사귀는 데 능숙하여 위로는 정승 · 판서로부터 아래로는 시정잡배에 이르기까지 폭넓게 사람을 사귀었다. 좌의정을 지낸 박규수朴珪壽와 백의정승 유대치劉大致에게 학문을 이어받고, 영의정의 아들인 홍영식洪英植 및 철종의 부마 박영효朴泳孝와 교유交遊했고, 척신인 조영하趙寧夏와 연척 사이였다는 점이 그의 만남의 줄기를 이루고 있다.

김옥균은 일생에 네 번 일본을 방문하여 개명 지식인인 게이오대학慶應大學의 창설자 후쿠자와 유키치福澤諭吉를 만난 것이 인생 행로에 중요한 고비가 되었다. 그는 기걸奇傑한 인품의 소유자여서 세속적으로 말한다면 가무 · 음주 · 주색잡기에 능통하지 않음이 없었다.

김옥균의 서예는 망명지에서 생활비를 조달할 정도였으며, 바둑은 일본 바둑사에 기록되어 있다. 혁명의 주역으로 갑신정변에 성공한 뒤에 그는 스스로 이조참판에 머물렀다. 이는 그가 무욕無慾의 불심佛心에 달관했음을 뜻하는 것이니 실로 가상한 일이다.

## 오만한 영웅심

그러나 경륜이라는 점에서 김옥균을 칭송하기가 어렵다. 스무 살 남짓한 대원 스물 몇 명으로 혁명을 성사하려 했던 무모함에 대한 비난을 비켜 갈 수 없을 뿐만 아니라, 동지들은 투옥되고 멸문滅門의 화를 겪고 있는데 자신은 일본으로 망명했다는 것은 사생을 함께 하며 조국을 위해 싸우겠다던 동지로서의 의리가 아니었다. 그는 사흘 앞을 내다보지 못한 지각없는 사람이었다. 그는 결국 북태평양 고도孤島 오가사하라시마小笠原島와 삿포로札幌에서 유수幽囚의 몸이 되었다.

김옥균의 실수는 일본에 지나치게 의존했다는 점이었다. 그는 조국을 위해 신명을 바치자고 약속했던 민영익閔泳翊보다 일본 공사 다케조에 신이치로竹添進一郎를 더 믿었다. 일본의 배신이 얼마나 처절했던지를 뼈저리게 느꼈을 때 그의 후회는 이미 늦었다. 진심이 어디에 있었던가를 모르는 바는 아니지만, 그의 그릇된 판단이 일본의 한국 침략에 이바지했다는 점이 그를 역사의 궁지로 몰아넣었다.

혁명이 실패하자 목숨이 경각에 달려 있었던 망명지의 생활은 삶과 죽음의 유희와 같은 것이었다. 김옥균이 일본에 머물러 있는 동안 조선의 수구파는 자객 네 사람을 파견하였으니 장은규張殷圭·지운영池運英·이일직李逸稙·홍종우洪鍾宇가 바로 그들이다. 김옥균은 그들을 회피하지 않았다. 오히려 그는 그들을 이용하려고 노력했다. 그들 가운데 누구도 자기를 죽일 수 없으리라고 생각했다.

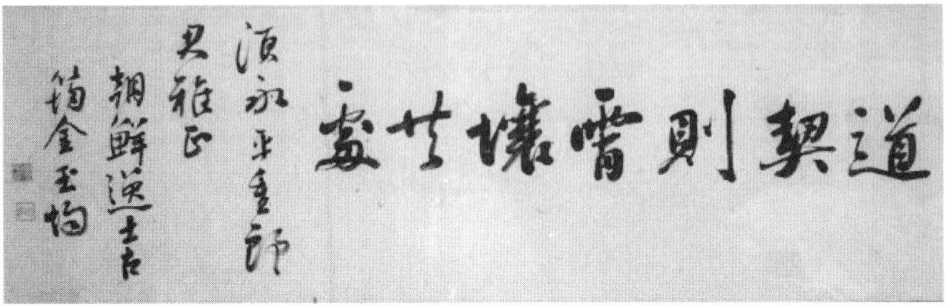

**김옥균의 글씨 : 도계즉소양공처(道契則宵壤共處)**
"도에 이르면 하늘에 있으나 땅에 있으나 마찬가지"라는 뜻임.
자신의 낙관을 "조선의 역신"[朝鮮逆士]이라고 쓴 것이 기이하다.

김옥균의 이와 같은 태도는 대담한 처사라고 평가할 수도 있으나 달리 말하면 그것은 필부 같은 오만이었다. 그가 마치 죽음을 초월해서 살다간 사람처럼 보이지만 사실은 그렇지 않다. 혁명이 실패하자 동지들과 함께 거취를 의논하던 자리에서 홍영식은 "왕의 위태로움을 두고 떠날 수 없다."고 말하고 왕을 지키다가 혁명의 제물이 되었지만, 김옥균은 "죽기에는 어리석다."고 말하고 망명의 길에 올랐다.

## 그릇에 넘치게 물을 담을 수는 없다

일본에서 더 이상 목숨을 부지할 수 없음을 안 김옥균은 청국清國으로 가기로 작정했다. 자기의 손에 맞아 죽은 수구파 대신 일곱 명이 모두 청국의 하수인이었다는 점을 생각할 때 자신이 청나라로 들어가는 것이 얼마나 위험한 일인지를 김옥균은 누구보다도 더 잘 알고 있었다.

그러나 일본에서의 위험은 피부에 와 닿았으므로 우선은 호랑이굴을 벗어나지 않을 수 없었다. 그뿐만 아니라 김옥균이 청나라로 떠난 데에는 인간적인 오만이 작용하고 있었다. 북양 대신 이홍장李鴻章이 자기에게 얼마나 절치부심하고 있는지도 그는 알고 있었다.

그러나 "나에게 단 5분 동안만이라도 이홍장과 이야기할 시간이 주어진다면 운명은 나의 편이 될 것"이라고 그는 호기를 부렸다. 그가 만일에 이홍장을 만났더라면 그의 꿈이 이루어졌을지도 모른다. 그러나 그는 자신이 이홍장을 만나기 전에 자신의 운명이 끝장나리라는 사실을 미처 알지 못하고 있었다.

마침내 김옥균은 서른세 살에 망명의 길을 떠난 날로부터 정확히 10년을 더 살 수 있었지만, 그 기간에 이루어놓은 것은 없고 다만 욕스러움뿐이었으니 그의 망명은 헛된 것이었다. 그는 혁명의 소용돌이 속에서 동료 · 친지 · 혈육과 운명을 함께 했어야 한다.

나이 서른셋이면 그의 말처럼 죽기에는 어리석고 아까운 나이일지도 모른다. 그러나 그가 진실로 불세출의 영웅이었다면 그 세월이 그다지 짧은 것은 아니다. 그리스도도, 알렉산더Alexander도, 그리고 이봉창李奉昌도 서른세 살에 세상을 떠났지만, 그들은 모두 할 일은 모두 했다.

김옥균은 끝내 여관방에서 총을 맞고 마흔세 살로 세상을 떠난다. 그는 마지막까지 차마 눈을 감지 못했다. 주검은 강변에서 찢겼으며 문중에서는 그의 항렬인 균均을 규圭로 바꾸었다. 김옥균이 죽자 평소에 그를 아끼던 사람들이 그의 머리카락만으로 일본에 무덤을 세웠고 유길준兪吉濬은 이런 조문弔文을 썼다.

김옥균의 효수

"슬프다!
비상한 재주를 품고,
비상한 시대에 태어났으나,
비상한 공을 이루지도 못한 채,
비상한 죽음을 맞았다"
嗚呼
抱非常之才 生非常之時
無非常之功 有非常之死

도쿄東京대학 정문赤門을 나와 우측으로 그리 멀지 않은 곳 큰 길 가에 진조지眞淨寺라는 절이 있고, 그 안 깊숙이 김옥균의 유품과 머리카락을 묻은 무덤이 있다. 비문에는 본디 「대조선국김옥균군지묘」大朝鮮國金玉均君之墓라고 쓰여 있었는데 누구인가 맨 윗 글자 "大"를 잘라, 버리지 않고 살짝 땅 밑에 묻어두었다. "大"朝鮮國을 인정할 수 없다는 극우파의 심정이 야속하면서도, 잘라낸 "大"를 버리지 않은 것도 갸륵하다. 이 무덤은 김옥균을 숭모했던 가이군지甲斐軍治가 시신에 몰래 접근하여 빼돌린 유품을 묻은 것이다. 가이군지는 자신도 화장하여 김옥균 옆에 묻혔다. 주군을 모시는 충심衷心이 고맙고 갸륵하다.

도쿄(東京)대학 가까이
진조지(眞淨寺)에 있는 김옥균의 묘.
왼쪽 옆에 있는 것이 가이군지의 묘비이다.

김옥균은 비범했음에 틀림없으나 결국 재승박덕才勝薄德한 사람이었다. 그는 그릇에 넘치게 물을 담으려 했다. 그것은 허욕이었다. 이러한 실수는 한 사람의 불행으로 그치지 않고 역사를 누란累卵의 위기로 몰아넣었으니 그를 가리켜 영걸이라고 평가할 수는 없다. 김옥균은 우리의 자식들이 읽을 반면 영웅전의 주인공일 뿐이다.

### * 추기

암울하던 1980년 봄, 광주光州 사태가 잉태되어가던 시절에 나는 『뿌리 깊은 나무』의 강창민 편집장으로부터 기이한 전화를 받았다. 그때는 "세 김씨"가 정가를 주름잡던 시대였다. 편집자는 이 세 김씨에 대한 글을 써달라는 것이었다. 그런데 조건이 있는데 김영삼金泳三 · 김대중金大中 · 김종필金鍾泌의 이름이 절대로 들어가서는 안 된다는 것이었다. 기가 찰 노릇이었다.

이 무렵 『뉴스위크』(*Newsweek*, Asian Edition, April 7, 1980)에 "한국의 세 김씨"가 특집으로 게재되었다. 그것은 국내 배포가 금지되어 있었다. 당시에는 국내 신문에서 김대중 씨의 사진을 게재하는 것만으로도 서빙고西氷庫로 끌려가던 시절이었으니까 설령 한국어판에 실렸더라도 국내 배포가 금지되었을 것이다.

그런데 내가 미국문화원USIS에서 빌려 본 그 기사 가운데 이런 귀절이 있었다.

> "첫 번째 김 씨는 무능하고, 두 번째 김 씨는 너무 과격하고, 세 번째 김 씨는 때가 묻었다"
>
> The first Kim(Young Sam) is less capable, the second Kim(Dae Joong) is too radical, and the third Kim(Jong Pil) is tainted.

이 귀절이 나에게 영감을 주었다. 나는 결국 원고 청탁을 수락하고 글을 썼다. 제목은 "백 년 전의 세 김씨 : 김옥균金玉均 · 김홍집金弘集 · 김윤식金允植의 삶과 죽음"이었다. 역사는 참으로 기이하게 되풀이되는 것이어서 나는 백 년 전의 세 김씨를 빙자하여 김영삼 · 김대중 · 김종필에 대하여 한마디도 하지 않고 세 김씨를 마음껏 쓸 수가 있었다.

그 글은 『뿌리 깊은 나무』 1980년 6 · 7월 합병호와 이미 절판된 『한말 개화사상 연구』(서울 : 평민서당, 1987, 부록)과 『한국의 정치사상가』(서울 : 집문당, 1999)에 실려 있다. 이 글은 내가 비학술적으로 쓴 글 가운데서 가장 애정을 가지는 글이다. 《동아일보》에 연재된 "김옥균의 생애"는 위의 글에서 김옥균에 관한 것만을 발췌한 것이다.

《동아일보》에 김옥균 편이 나간 뒤, 권좌에 있는 한 지인知人으로부터 연락이 왔다. 그는 아마도 이 시대의 지배 계급에 호의적이었던 것 같다. "그릇이 안 되는 사람이 자리에 앉는다."는 말은 이 시대의 지도자를 빗대 하는 말이었느냐고 그가 물었다. 그리고 그는 앞으로 그런 글을 쓰지 말라고 나에게 충고인지 걱정을 해 주었다.

문민 정부에 들어선 뒤, 한때 그 글은 국정교과서 국어책에 게재하기로 논의된 적이 있었으나, "세 분" 가운데 어느 집권자도 좋아하지 않으리라는 판단에서, 없었던 일로 돌아갔다. 나는 지금도 그 글에 많은 애착을 느끼고 있다.

### 참고문헌


- *Newsweek*
- 김종학, 『개화당의 기은과 비밀 외교』(서울 : 일조각, 2017)
- 《동아일보》
- 『論語』
- 신복룡, 「백년 전의 세 김 씨 : 김옥균(金玉均) · 김홍집(金弘集) · 김윤식(金允植)의 삶과 죽음」, 『뿌리 깊은 나무』(1980년 6/7월 합병호)
- 신복룡, 『한국의 정치사상가』(서울 : 집문당, 1999)
- 신복룡, 『한말 개화사상 연구』(서울 : 평민서당, 1987, 부록)
- 『유길준전서』(서울 : 일조각, 1971)
- 조일문 · 신복룡(역주), 『갑신정변회고록』(서울 : 건국대학교출판부, 2006)

## 21. 전봉준全琫準은 동학교도도, 접주도 아니었다

한국의 역사학자에게는
넘을 수 없는 장벽[금기]
세 가지가 있는데,
문중과 종교와 지역 감정이다.
— 본문 가운데에서

역사에 발자취를 남긴 인물의 행적을 연구하면서 느끼는 공통적인 어려움은 그들이 우리에게서 "너무 멀리" 떨어져 있다는 점과 그 인물의 행적을 연구자들의 집단이나 교파에 유리하도록 아전인수식으로 해석하고 있다는 점이다. 그 대표적인 사례가 바로 전봉준全琫準의 경우이다.

우리는 전봉준을 거론할 때면 아무런 생각 없이 그가 동학교도로서 고부古阜의 접주接主였다는 것을 전제로 하여 논리를 전개하고 있다. 그러나 그가 동학교도였다거나 접주였다는 사실을 입증해 주는 일차 사료는 어디에도 없다.

전봉준을 동학교도로 기록한 최초의 저술은 아마도 장도빈張道斌의 『갑오동학란과 전봉준』(서울 : 德興書林, 1926)인 것으로 보이며, 천도교측 기록으로서는 이돈화李敦化의 『천도교창건사』(서울 : 천도교중앙종리원, 1933)가 전봉준을 동학교도로 서술하고 있다. 지금도 학계에서는 그런 주장을 하는 사람들이 많이 있다.

종교학자인 존슨Paul E. Johnson의 주장에 따르면, 한 인간이

어떤 종교의 신자가 되려면,

(1) 종교적 체험을 겪은 뒤에,
(2) 그 종교에 대하여 귀의歸依하여,
(3) 기도하고 헌신하면서,
(4) 예배에 참석한 연후에야 완전한 신자라고 할 수 있다.

그런데 전봉준의 경우에는 이 네 단계의 어느 경우도 사실로 입증되지 않는다. 전봉준이 진실로 열렬한 동학교도였다면 고부 민란 이후 그가 체포될 때까지 그의 손으로 작성된 숱한 격문과 대정부요구서對政府要求書[폐정개혁안]에는 왜 동학에 관한 호교론적護教論的인 귀절이 한 마디도 없는가? 어떤 인물이 어떤 종교를 믿었다고 주장하려면 그가 그 종교를 절대 진리로 받아들인다는 신앙 고백이 있어야 하는데 그것이 있는가? 그의 입교 의식이라도 있어야 하는데 그것이 확인되는가? 라는 것이 교도론자들에게 던지는 나의 질문이다.

## 좋아함과 믿음은 별개

이러한 나의 물음에 대하여 전봉준이 동학교도였다고 주장하는 사람들의 공통된 논리는 전봉준이 문초를 받으면서 동학을 "몹시 좋아했다[酷好]"고 대답한 것으로 보아 이는 곧 그가 동학교도임을 의미한다는 것이다. 그러나 이것은 비약된 해석이다. 왜냐하면 "좋아하는 것"과 "믿음[信仰]"은 전혀 다르기 때문이다. 어떤 종교

**전봉준이 도피하면서 마지막 밤을 지낸 장성 백양사 청류암(淸流庵)**

를 믿는 사람은 그 종교를 좋아할 수 있다. 그러나 그 종교를 좋아했다고 해서 그가 그 종교를 신봉했다고 말할 수는 없다.

현대 국학계의 학자 가운데 박종홍朴鍾鴻이나 조지훈趙芝薰만큼 동학을 좋아한 사람이 없으나 그들이 천도교도는 아니었다. 성서를 읽고 감동을 느꼈다고 해서 모두 기독교인이 되는 것은 아니다. 논리적으로 말할 때 "A는 B이다"라는 설명이 가능하다고 해서 "B는 A이다"라는 논리가 반드시 성립되는 것은 아니다.

전봉준에 대한 논의는 한술 더 떠서 그가 고부 접주였다고 주장하는 논의까지 있는데 이는 기독교 신자도 아닌 사람이 목사였다거나 불교 신자도 아닌 사람이 스님이 되었다는 것과 꼭 같은 논리이다. 본디 접接이라 함은 동학교문의 고유 용어가 아니라

청류암 계곡에 남긴 전봉준 글씨 청류동(淸流洞)

그 당시의 서당을 의미하는 것이었고, 그 서당의 선생[訓長]을 접장接長 또는 접주라고 했다. 오늘날까지도 우리의 사회에서 교사를 접장이라는 용어가 일부 통용되고 있다.

전봉준이 동학 접주였다고 주장하는 사람들이 전가의 보도처럼 내세우는 논거는 그가 법정에서 신문을 받을 때, "너는 고부에 주접住接할 때 동학을 가르쳤는가?"(汝住接古阜時 不行敎東學乎)라는 귀절이다. 동학 교단과 일부 학자들은 위의 귀절에서 "汝住接古阜時"를 "네가 고부의 접주로 있을 때"라고 해석하면서, 이미 그가 접주임을 전제로 하여 재판이 진행되었다는 것이다.

그러나 이것은 치명적인 오류였다. "汝住接古阜時"란 말은 "네가 고부의 접주로 있을 때"라는 뜻이 아니라 "네가 고부에 머물러 살 때"라는 뜻이기 때문이다. 그들은 이 대목을 해독하기 위해 자

주접(을) 떨:다 구 주접스러운 태도를 행동이나 말에 나타내어 부리
주:접² 【住接】 명 한때 머물러서 삶. 거접(居接). ——-하다 자 여변
주접-스럽다 형 ㅂ변 ①음식에 대하여 염치없이 욕심을 부리는 태

**주접(住接)의 사전적 해석, 이희승(지음), 『국어대사전』(민중서관)**

전字典을 펴볼 것이 아니라 국어사전을 보았어야 한다. "住接"이라는 단어는 『한글중사전』에도 나온다. 카E. H. Carr의 지적처럼 역사학자가 문헌을 정확히 해석한다는 것은 하나의 미덕이기 이전에 신성한 의무이다.

## 아버지의 죽음에 대한 사사로운 원한에서 궐기

더욱 문제가 되는 것은 위의 질문에 대하여 전봉준이 "나는 서당의 선생으로서 아동을 가르쳤을 뿐 동학의 교리를 준행하거나 가르친 바가 없다"(矣身訓導 如干童蒙 無東學行敎之事)고 대답했다는 사실이다. 그가 동학교도도 아니고 접주도 아니었다는 사실에 대하여 이보다 더 명증明證한 대답이 어디에 있겠는가?

아버지인 전창혁全彰赫이 고부 군수 조병갑趙秉甲에게 매 맞아 죽은[杖殺] 개인적인 원한과 탐관오리의 압제 밑에서 신음하는 백성들에 대한 연민에서 비롯되어 무장 봉기를 일으킨 전봉준으로서는 당시 엄청난 세력을 형성하고 있던 동학의 조직과 세력을 외면하고서 성사할 수 없다는 것을 누구보다도 더 잘 알고 있었다. 따라서 그가 법정 진술에서 고백하고 있듯이, "남들의 등에 밀려" 동학농민군의 지도자로 부상했을 때 그는 이를 거절할 수가 없었겠지만, 동학을 하나의 종교로 받아들일 생각은 없었다.

전봉준이 고부에서 거병했을 때 교주 최시형崔時亨이 "이들은 국적國賊이요 사문斯門의 난적亂賊이며, 아비의 원수를 갚으려면 효도로써 할 일이지 서두르지[急心] 말라"고 윽박질렀다는 점도 교도론과 논리적으로 맞지 않는다. 전봉준이 진심으로 동학의 교리를 준행하는 접주로서 거병했다면 교주로부터 이토록 심한 질책을 받았을 리가 없다. 그리고 전봉준이 마음속에서 우러나는 신자요 접주였다면 그의 직업을 묻는 법정 진술에서 "접주"라고 대답했어야지 "선비"라고 대답했을 리가 없다.

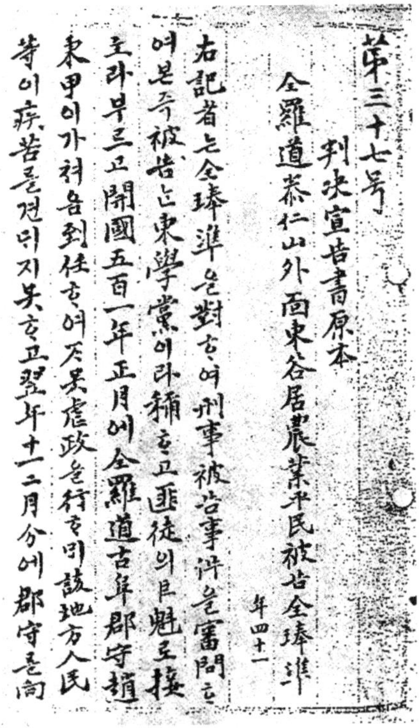
第三十七號
判決宣告書原本
全羅道泰仁山外面東谷居農業平民被告 全琫準 年四十一
右記者는全琫準을對ᄒᆞ여刑事被告事件을審問ᄒᆞ
여본즉被告는東學黨이라稱ᄒᆞ고匪徒의巨魁로接
主라부르고開國五百一年正月에全羅道古阜郡守趙
秉甲이가처음到任ᄒᆞ여不少虐政을行ᄒᆞ미該地方人民
等이疾苦를견ᄃᆡ지못ᄒᆞ고翌年十一二月分에郡守를向

전봉준 사형 판결문

애당초 이 논쟁은 사료와 논리학, 그리고 역사학의 방법론에서부터 비롯된 것이다. "전봉준이 동학도였다는 사실을 사료로써 입증할 수 없다."는 나의 주장이 최초로 발표되었을 무렵(1981)에 많은 사람이 "그가 동학도가 아니라는 증거를 대라"고 나를 논박했다.

그러나 나는 "사료로써 입증할 수 없으니 교도론은 없었던 일로 하자"고 말했고 그것이 결과적으로 "동학도가 아니다"라는 뜻으로 확대되었다. 논리적으로 말할 때 "이다" 또는 "있다"는 주장과 "없다"는 주장이 서로 상충될 경우에 거증擧證책임은 "있다"는 측에 있는 것이지 "없다"는 측에 있는 것이 아니다. 왜냐하면 "없다"는 증거는 없기 때문이다.

## 호교론護教論이 빚은 실수

그렇다면 전봉준이 동학교도가 아니었다거나 접주가 아니었다는 것이 무슨 의미가 있는가? 나는 이 점이 매우 중요하다고 생각한다. 왜냐하면 1894년의 일련의 사건들, 곧 갑오농민혁명의 성격을 규정하는 과정에서 전봉준의 교도·접주를 인정한다는 것은 이 일련의 투쟁이 농민혁명이 아니라 종교 투쟁이라고 주장하는 호교론護教論으로 변질할 수도 있기 때문이다. 갑오농민혁명에서는 민란의 요소가 독립 변수였고 종교는 종속 변수일 뿐이다.

요컨대 전봉준은 접주이기는커녕 동학교도였다는 것이 사료로써 입증되지 않는다. 그는 후세 사가들의 곡필曲筆에 따라 동학도로 규정되었을 뿐이다. 전봉준이 동학도였다거나 아니면 그가 고부의 접주였다는 주장은 그가 동학을 주요한 변수로 하여 전개된 혁명의 지도자라는 사실을 지나치게 의식한 선입견에서 온 성급한 단정이거나 아니면 영웅과 자신들의 동일시同一視를 통해 위광 효과威光效果를 얻으려는 교단 측과 학문적 수련이 철저하지 못한 몇몇 서생들의 일방적인 해석에 지나지 않는다. 그가 동학교도임이 분명하다면, 지금이라도 그를 입증하는 일차 사료를 제시해 보라. 그러면 나는 내 책을 폐기할 것이다.

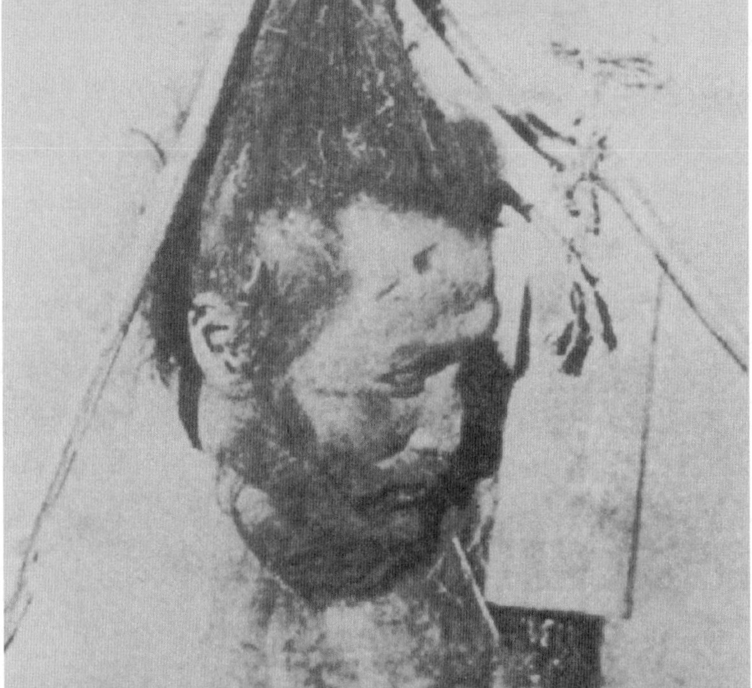

효수된 전봉준

## * 추기

이 글이 나간 후로 나는 엄청난 사이버 공격을 받았다. "신복룡 죽이기" 시리즈가 연일 홈페이지에 올라왔다. 천도교도임을 자처하는 어느 분은 공개 토론회를 갖자고 제의해 왔다. 나는 일체 대응하지 않았다. 공개 토론회라면 이미 오래 전에 내가 먼저 제의한 바 있으나 천도교 측에서 응답이 없었다.

나는 당시에 공개 토론회의 조건을 제시했다. 객관적인 자리에서, 공정한 사회자의 사회 아래, 공평한 시간 배정으로 토론을 전개한다면 언제든지 나간다는 것이었다. 더 한 가지 바람이 있다면, 제대로 배운 학자가 토론자로 나오기를 바랐다.

사실 이 문제에 관해서는 나에게 해묵은 앙금이 있다. 내가 최초로 "전봉준은 동학교도였다는 일차 자료가 없다. 그러므로 전봉준은 동학교도가 아니었다."고 주장하는 글을 발표했던 1981년에 천도교 측에서는 코리아나호텔에서 막대한 비용을 들여 공개 토론회를 가진 적이 있었다. 토론회의 주제는 "전봉준은 동학교도이다 : 신복룡 교수의 주장을 반박한다"는 것이었다. 지인들이 "맞아 죽는다"고 말렸지만, 나도 그 자리에 방청객으로 참석했다.

그런데 희한한 일이 벌어졌다. 당시 사회자는 고려대학교 신일철申一澈이었고 나의 주장을 반박하기 위해 나온 사람은 동국대학교의 김창수金昌洙였다. 나는 당연히 나의 논지를 발표할 기회가 주어지리라고 믿고 발언을 신청했다. 그러나 신일철은 "밖에서 누가 무슨 말을 했다고 해서 그 발언을 여기에서 들어볼 가치는 없다"고 나의 발언 요청을 일축했다.

세상에 이런 법이 어디에 있나? 공개 토론을 한다고 해놓고 당사자의 발언을 봉쇄한 채 자기들끼리만 할 얘기를 하고 마는 이런 무지막지한 토론회를 나는 일찍이 본 적이 없다. 내 얘기를 들어볼 가치도 없다면 이런 모임을 왜 열었는가? 천도교 측에서는 이 일이 신일철의 실수로 치부하고 마는 듯한데 그렇지 않다. 왜냐하면 그 토론회는 천도교가 주관했고, 그 자리(단상)에는 이영복李永福 교령이 합석하고 있었기 때문이다.

내가 비록 천학비재淺學菲才하지만 한국의 동학연구사에 일시一匙의 보탬이 되었다는 긍지를 가지고 있다. 그런데 소위 대학교수요 시천주侍天主를 믿는다는 사람들이 사람을 이렇게 대접하는 것이 아니다. 나는 그들에게 정중하게 묻는다. 나의 주장이 신일철의 말처럼 들어볼 가치가 없었다면 그 어려운 교단 형편에 그것 말고도 할 일 많은 천도교가 그토록 많은 돈을 써가며 그 비싼 호텔에서 학술 회의라는 이름으로 디너 쇼를 가질 필요가 어디 있었는가?

《동아일보》에 나의 글이 나간 후로 천도교 측에서 반론권을 요구하여 한양대학교 교수 윤석산이 나의 글을 반박하는 글을 게재했다. 진지하게 논쟁을 하려는 글이라고 보기에는 논조가 너무 무례하고 감정적이라는 느낌을 받았다. 그의 반론은 다음과 같이 두 가지로 요약할 수 있다.

첫째로, 일본인들이 작성한 전봉준 공초供招의 제목이 "동도東徒 죄인 전봉준 공초"라고 되어 있으니 그가 동학도임이 분명하다는 것이다. 이것은 어이없는 주장이다. 당시의 사태를 동학란이라고 불렀다고 해서 거기에 참여한 무리가 모두 동학도는 아니다. 전봉준이 법정 진술(初招問目)에서 밝히고 있는 바와 같이 혁명군에 "교도는 적었고 원한에 찬 농민이 많았다."(東學少 冤民多)

그럼에도 불구하고 민란에 참여한 모든 사람을 동학도라고 불렀고 민란의 초기 형태에 동학이라고 하는 종교적 인자가 작용했기 때문에 흔히 동학란이라고 불렀을 뿐이다. 십자군十字軍전쟁에 참여한 무리가 모두 기독교인은 아니었듯이 갑오혁명에 참여한 무리가 모두 동학교도는 아니었다. 그리고 천도교가 언제부터 일제의 호칭을 그토록 신뢰했던가? 일제 자료가 그토록 금과옥조로 인용된다면 그들이 부르던 대로 "동학란"이라고 부르지 왜 "동학혁명"이라고 부르는가?

둘째로, 전봉준이 법정 진술에서 "네가 접주가 된 것도 역시 최시형이 차출한 것인가?"라는 문초에 대하여 "그렇다"고 대답한 것으로 보아 그가 접주임에 틀림이 없다고 윤석산은 주장하고 있다. 그러나 이 문제는 그렇게 간단히 단정할 문제가 아니다. 왜냐하면 전봉준은 봉기 이전에 최시형을 만난 적이 없기 때문이다.

그렇다면 최시형은 전봉준이 동학군의 지도자로 부상하게 되자 전봉준이 있지도 않은 자리에서 일방적으로 접주로 임명한 것밖에 되지 않는데, 접주는 교주(최시형)가 직접 임명하도록 되어 있다(전봉준 공초 4초)는 말과 만나지도 않고 접주를 임명했다는 말의 어느 쪽이 맞는 말인가?

동학혁명 당시 이와 같이 본인의 의사와는 관계없이 교도 또는 교단 측에서 일방적으로 접주로 임명하는 사례는 흔히 있었다. 예컨대 홍농 안마현弘農安馬峴의 접주였던 김락선金洛先의 경우(『동학란기록』(하), p. 385 : 供招 金洛先條)와 무장茂長 접주 배환정裵

煥廷의 경우(역사문제연구소 편, 『다시 피는 녹두꽃』, p. 49)에서 볼 수 있듯이, 접주 임명이 교주 최시형에 의해 엄격한 절차를 밟아 이뤄졌던 것도 아니다.

이 대목은 전봉준이 법정 진술에서 고백하고 있듯이 "여러 사람[衆人]에게 밀려" 남들이 접주라고 부르니 못이기는 체 받아들인 것이다. 최시형이 진실로 전봉준을 신뢰하고 절차에 따라서 그를 접주로 임명했다면 무장/백산에서 동학도를 중심으로 하는 2차 기포가 일어났을 때 "전봉준은 국적國賊이오 사문난적斯門亂賊"이라고 질타했던 사실(오지영, 『동학사』, p. 136)과 "아비의 원수를 갚으려면 효도로써 할 일이지 급심急心하지 말라"(『天道教百年略史』(上), p. 220)고 윽박지른 대목을 어떻게 설명할 수 있겠는가? 동학은 사문난적에게도 명첩名帖을 주고 접주 임명장을 주었는가?

이상과 같은 지적 이외에도 윤석산이나 그 밖의 논자들의 논리는 어설프다. 그들은 무슨 주장을 했다가 내가 반박하면 그에 대한 대답은 못하고 전혀 초점이 맞지 않는 주장을 다시 들고 나온다.

예컨대 전봉준이 "너는 고부에 주접住接할 때 동학을 가르쳤는가?"라는 문초에 대하여 "나는 몇몇 아동을 가르쳤을 뿐 동학의 교리를 준행하거나 가르친 바가 없다"(初招問目)고 대답한 데 대하여 어떻게 생각하느냐는 나의 질문에 대하여 일언반구도 없고, "여주접고부시汝住接古阜時…"라는 대목을 "네가 고부의 접주로 있을 때….."라고 해석한 것은 치명적인 오역이었다는 나의 지적에 대하여는 왜 한마디도 대답이 없는가?

국문학을 공부하는 사람이 역사학을 꼭 공부해야 할 이유는 없을 것이다. 그러나 역사학에 관한 논쟁에 뛰어들려면 역사학에 관한 최소한의 소양을 갖추고 링에 올라왔어야 했다. 그렇지 못할 바에야 국으로 국문학 공부나 더 하는 것이 본인을 위하여 도움이 될 것이다.

이 글이 나간 뒤로 천도교 측에서는 모든 기관지를 동원하여 나의 글을 반박하는 글을 게재하고 교당 입구에 나를 규탄하는 대자보를 붙였다고 들었다. 일일이 대응하고 싶은 생각은 없지만, "전봉준 공초를 한 번이라도 읽어봤더라면 그런 실수는 없었을 것"이라는 야유가 마음에 걸린다. 이에 대한 대답은 간단하다. 당신들이 초등학교 다닐 때 이미 나는 공초를 열 번 이상 읽었다. 내가 자랑하고자 하는 말은 아니지만, 이왕에 「공초를 읽어 보라」는 말이 나왔으니 말인데, 우리 나라에서 「전봉준 공초」를 최초로 완역한 사람이 나이다. 내 글 읽지 않고 전봉준 공부한 사람 있으면 나와 보라.

*** 재판再版 후기**

언제인가부터 서울 종로 3가에 전봉준 장군의 동상이 섰다. 그곳을 지날 때마다 나는 참담함을 느낀다. 내가 대단한 학자도 아니고, 크게 이룬 바는 없지만, 그래도 내가 이 나라에서 전봉준 평전을 쓴, 살아 있는 1세대 학자이다. 그렇다면 전봉준 동상 제막식에 나에게 초청장이라도 하나 보내야 하는 것이 사람의 도리가 아닌가? 그러나 그들은 그렇게 하지 않았다. 그들은 숟가락 하나 더 놓으면 떨어지는 돈이 적었기 때문에 그랬다고 나는 믿고 있다.

또 한 가지, 어느 전직 대통령이 전봉준과 자기가 같은 성 씨이며 고향도 이웃이자, 서로 어찌 인척이 되는 줄 알고 250억 원을 줄 테니 정읍 일대를 성역화하라고 지시한 적이 있다. 그때 그 비서가 나를 찾아와서 한 말이다. 그런데 알고 보니 자신은 전주[완산] 전(人 밑에 王) 씨이며, 전봉준은 천안 전(入 밑에 王) 씨임을 알고 그 뒤 적극적이지 않았다. 그러나 돈은 살아 있었다.

그 뒤 동학과 관계된 지방자치단체에서 그 돈을 놓고 생사를 걸고 싸움이 벌어졌다. 그 싸움 결과 고창高敞이 정읍井邑을 이기고, 동학농민혁명사에서 고창[茂長]이 발상지라는 법을 통과시키고, 1894년 정월에 일어난 고부군청 및 조병갑 습격 봉기는 동학혁명사에서 제외하는 고약한 일이 벌어졌다.

그래서 고창 기포가 1차이고 삼례/공주 전투가 2차라는 것이다. 어느 쪽이 발상지냐에 따라서 "배당금"이 달라지기 때문이다. 마땅히 정읍/고부 기포가 1차이고, 고창/무장 기포가 2차이고, 삼례/공주 기포가 3차라고 법을 만들었어야 한다. 그렇게 했어도 배당금에는 큰 차이가 없었을 것이다.

이 싸움에 지역구 국회의원과 검은 돈에 연루된 서생들이 진보사학자니 재야사학자니 하는 이름으로 동원되었다. 정읍/고부 군민은 동학혁명 이래 두 번째로 피를 토할 억울함을 겪고 있다. 강증산姜甑山 선생이 이르기를 "한 사람이 원통寃痛함을 품어도 천지의 기운이 막힌다."고 했다. 지금 저 정읍/고부 시민들이 품고 있는 원통함을 어찌 풀어 줄 수 있을까? 고부 기포가 동학혁명에 포함되지 않는다니, 이게 사람이 할 짓인가? 돈이 그렇게 좋던가?

## 참고문헌


- Johnson, Paul E., *Psychology of Religion* (Nashville : Abingdon Press, n.d.)
- 《동아일보》
- 『東學亂記錄』(서울 : 국사편찬위원회, 1972)
- 명첩(名帖)
- 신복룡, 「전기정치학」, 『한국의 정치사상가』(서울 : 집문당, 1999)
- 역사문제연구소(편), 『다시 피는 녹두꽃』(서울 : 역사비평사, 1994)
- 오지영, 『동학사』, (서울 : 영창서관, 1940)
- 이돈화, 『천도교창건사』(서울 : 천도교중앙종리원, 1933)
- 장도빈, 『갑오동학란과 전봉준』(서울 : 德興書林, 1926)
- 「전봉준공초」, 신복룡, 『전봉준평전』(서울 : 들녘, 2019) : 부록
- 천도교 주최 학술 회의, "전봉준은 동학교도이다 : 신복룡 교수의 주장을 반박한다" (코리아나호텔, 1981)

# 22. 대원군大院君과 개혁 정치

"설령<br>
공자孔子가 다시 살아난다고 해도<br>
이[서원]를 용납할 수 없다."<br>
— 대원군

"머지않은 날에<br>
천진天津에 납치되어 간<br>
대원군을 되돌아오게 한다."<br>
— 갑신정변 공약 1조

정치를 하는 사람들은 정권만 잡으면 금세 무릉도원武陵桃源이라도 만들 것처럼 개혁하겠노라고 아우성을 치지만 역사에 허다했던 그 많은 자칭 개혁가들 가운데 정말로 역사에 남을 개혁을 한 사람은 그리 많지 않다. 나에게 한국사에서 개혁에 가장 성공한 영걸英傑이 누구냐고 묻는다면 나는 서슴지 않고 흥선대원군興宣大院君을 들고 싶다.

그런데 역사의 기술에서 인물사의 기록은 쉬운 작업이 아니다. 왜냐하면 한 인물의 훼예포폄毁譽褒貶은 시대 상황에 따라서 다를 수 있기 때문이다. 한 인물의 행적이나 사상은 결국 그 시대의 산물이지 시대 정신Seitgeist의 불모지에서 어떤 영웅이 독자적으로 역사나 사상을 창출할 수 없다. 대원군 역시 그 시대가 필요로 했던 인물이요, 그의 사상이나 처사도 결국 그 시대를 대변한 것에 지나지 않는다.

## 대원군 탓에 나라가 망했나?

그러한 예로서 대원군의 행적에 관한 종래의 평가를 보면 그를 역사의 필연으로 긍정하기보다는 역사를 역행한 한 시대착오론자로 보는 견해가 지배적이었다. 이능화李能和가 대원군을 평가한 데에서 볼 수 있는 바와 같이, 그는 "완매頑昧하고 고루하고 세계 대세에 눈이 어두워 척외斥外했고, 결과적으로 이 국가 사회를 체지滯遲·낙오로 만들었으니 그가 역사에 지은 죄과罪過는 지대하다"(이능화, 『조선기독교 및 외교사』(下), p. 4)는 것이다.

그러나 이능화를 비롯한 사가들이 대원군을 그토록 비하했던 것은 일본의 조선 진출에 대하여 남달리 거세게 저항했던 대원군의 국수주의적 성격을 의도적으로 폄하貶下하려던 식민지 사관의 유산이다.

"역사는 한 세대마다 다시 써야 한다"는 스르비크H. von Srbik의 말처럼 대원군에 대한 역사적 평가도 바뀌어야 할 것이다. 그에 대한 평가가 바뀌어야 한다는 것은 단순히 역사 기술이 국수주의적이며 자기미화적인 필치로 회귀回歸하는 것을 의미하는 것이 아니라 그의 진의를 재조명해 보려는 데에 그 뜻이 있을 뿐이다.

대원군의 정치사적 의미는 요컨대 그의 개혁 의지에서 찾아볼 수 있다. 이 개혁 의지는 그 자신의 독창적인 명상으로 이루어진 것은 아니며, 이미 그 시대가 대원군에게 개혁을 주도할 수밖에 없도록 만들고 있었다. 바꿔 말해서 순조純祖·헌종憲宗·철종哲宗의 시대로 이어지는 조선왕조의 모순과 이로 말미암은 낙조가 한 시대를 대신하여 개혁의 짐을 짊어질 영걸의 출현을 요구하고 있었다. 그러한 요구에 부응하여 나타난 인물이 곧 대원군이었다.

그렇다면 당시로서 개혁을 단행할 수밖에 없었던 대상은 무엇일까? 그것은 첫째로 17세기 중엽의 병자호란 이후 비교적 장기간 지속된 국내외적인 안정을 바탕으로 하여 싹튼 전통의 침전沈澱, 곧 인습의 타락이었다. 고종高宗의 즉위와 더불어 조대비趙大妃의 입을 통하여 발표되었듯이, 당시의 사회적인 모순은 "모두 더불어 유신維新을 단행"해야 할 정도로 심화했다는 것은, 적어도 보수화된 지배 계층이 아니고서는, 누구나 느낄 수 있는 것이었다.

여기에서 사회의 모순이라 함은 주로 민생의 어려움[民瘼]을 의미한다. 몰락한 왕족이요, 당인黨人으로 본다면 실권한 지 오래인 남인 유파類派였던 대원군은 출생 · 성장기로부터 집권에 이르는 동안 민생의 어려움을 누구보다도 뼈저리게 체험했고, 이에 대한 연민은 그에게 권력 또는 개혁에의 의지를 더욱 굳게 했다. 그 한 사례가 서원書院의 철폐였다.

서원의 철폐가 실제로 착수된 것은 고종이 즉위한 지 8년이 되는 1871년(辛未)이었으나 이미 고종이 즉위한 직후에 그 폐해가 거론된 바 있고 대원군뿐만 아니라 당시의 대신들도 그 폐해를 통박한 바 있었다. 물론 320년의 전통을 가지고 있는 600여 개의 서원 가운데서 47개만 남기고 나머지를 철폐하는 것은 대단한 저항과 모험을 수반하는 것이어서 이에 대한 반소反疏도 많았다. 그러나 대원군은 "설령 공자孔子가 다시 살아난다고 해도 이[서원]를 용납할 수 없다"는 결연한 의지를 보였다.

## 기다림을 아는 노회老獪함

이와 같은 서원 철폐는 민생 구원이라는 측면이 아니더라도 대원군이 주자예법朱子禮法의 복식을 개혁했다는 점과 더불어 중화사상의 탈피와 이를 통한 자주 의지라는 점에서 높이 평가받을 수 있는 처사였다.

사실상 동남아에서 중국 문화권에 들어 있던 국가들의 민족주의는 반드시 서구 식민지 국가의 침략 행위에 자극을 받아서 비롯된 것이 아니었다. 그들은 이미 중국이라는 강대국으로부터 몇 세기 동안에 물리적으로나 문화적으로 침략을 받아 오면서 민족의식이 잠재되어 있었다.

이런 점을 생각할 때 대원군의 반反유교주의는 동학東學이나 개화파開化派의 정치사상에 포함된 척화斥華 사상과 더불어 19세기에 일관된 대외관으로서 깊은 의미를 갖는 것이다. 그가 서원의 혁파에 성공하기까지에는 7년의 인고忍苦가 필요했다.

대원군이 김옥균金玉均과 다른 점이 있다면 그것은 노회老獪한 기다림이었다. 기다림은 어떤 면에서 돌진보다 더 큰 용기와 힘의 비축이 필요하다. 기다림의 성공 여부는 자기지탱력에 달려 있다. 아마도 당시의 서원 철폐는 현대사의 금융실명제보다 더 어려운 과업이었을 것이다.

대원군이 겨냥한 두 번째의 개혁 대상은 왕권을 강화하는 것이었다. 조선조 후기에 들어와 왕권이 약화한 데에는 군주의 나약과 무능에도 일말의 원인이 있지만, 그보다 중요한 이유로는 조정의 당의黨議가 상대적으로 왕권의 견제 역할을 함으로써 군주

**조선왕조 말엽, 일세를 풍미한 풍운아 흥선대원군(興宣大院君)**
현란한 용포(龍袍)를 입은 모습이 흥미롭다.

절대권이 약화했다는 점과 척신戚臣의 세도 정치를 그 원인으로 들 수 있다.

현대적인 시각에서 본다면 조선왕조 후기의 당의黨爭는 오히려 민주주의라는 측면에서 볼 때 긍정적인 면이 없지 않았지만, 집권자의 입장에서 보면 바람직한 것은 아니었다. 그래서 대원군은 군주권을 강화하는 길은 종친부宗親府를 강화함으로써 척족에 대항하는 것이라고 생각했다.

그는 순조 이래 종친부가 약화해 가는 것을 가슴 아파했고 더욱이 장동壯洞 김 씨의 문중에 억눌려 있는 왕가의 무력함을 개탄했다. 결국 그는 왕권, 그리고 나아가서는 종친부를 강화하는 것이 개혁의 지름길이라고 생각했고 그 방법으로서 다음과 같은 네 가지의 길을 택했다.

(1) 대원군은 경복궁景福宮을 중창함으로써 권력의 위용을 찾으려고 했는데 이는 메리암Charles Merriam이 이른바 미란다*miranda*에 해당한다. 대토목공사를 통하여 권력의 위세를 보이려는 심리(edifice complex)는 동서고금에 같은 현상이다.

(2) 대원군은 종친을 위한 특별 과거 제도를 시행했다. 자기와 같은 항렬에는 가운데 이름자에 날일(日, 李昰應)를 넣고, 아들 대의 이름에는 불화(火, 灬, 李熙)나 흙토(土, 李垠)나 임금왕(王, 李玖)을 넣었다. 그의 가문은 하늘과 땅과 불을 지배하는 왕족임을 강조하고자 함이었다. 그는 작명과 풍수를 깊이 믿었다.

(3) 대원군은 당시의 참위설讖緯說을 거꾸로 이용했다. 당시에는 조선조 500년의 운이 끝났다[盡]는 참언이 유행하고 있었다. 사실상 500년 운수설은 이제 조선왕조의 멸망이 다가왔다는

비관적이고도 부정적인 내용이었음에도 불구하고 대원군은 이 진운盡運의 시기를 일대 혁명의 시기라고 반대 해석했고 이를 위해 참위를 날조하는 정치적 조작操作도 서슴지 않았다.

(4) 측근 심복은 중신重臣이나 세도 가문을 피하고 될 수 있으면 계급이 비천하고 불우한 재사才士를 썼다.

그러나 이와 같은 종친부의 강화책은 결국 씨족 관념을 벗어나지 못한 것이었고 더구나 파벌에 초연해야 할 집권자로서 끝내는 당색을 벗어나지 못했다는 점에서 비난을 비켜 갈 수 없었다. 이렇게 볼 때 그가 비록 민막의 고통에 연민을 가졌었다 해도 그는 결국 홉스T. Hobbes 같은 개혁 의지를 가진 인물이었다. 개혁에는 힘의 비축이 필요하다는 사실을 그는 잘 알고 있었다.

대원군의 개혁 의지로서 세 번째로 거론할 수 있는 것은 그의 쇄국 정책을 어떻게 이해할 것이냐 하는 문제이다. 이 쇄국의 문제는 오랫동안 대원군을 비난하는 역사적 논거가 되어왔다. 그러나 그의 심중을 이해하거나 당시의 시세를 이해하려는 노력은 보이지 않은 채 쇄국으로 말미암아 가장 고통을 겪었던 일본의 식민지사학자들의 일방적인 비난이 대원군에 대한 정평으로 되어왔다. 사실상 오늘의 시점에서 본다면 대원군의 쇄국은 비난받을 여지가 있다.

그러나 당시의 국제 정세와 대원군의 심중을 훑어보면 개국이야말로 매국이요, 망국이요, 위국危國이라는 대원군의 확신은 서구의 잘못된 접근, 이를테면 1866년 같은 해에 일어난 제너럴 셔먼호General Sherman 사건과 오페르트Ernst Oppert의 선친 남연

척화비(斥和碑)

군南延君 묘소 도굴 사건으로 증폭된 것이지 처음부터 그가 마음을 닫았다고 볼 수 없다. 이때는 고종이 등극한 지 3년째가 되는 해로서 초기 왕실에 대한 예기불안豫期不安의 성격이 짙다.

그러나 그 뒤에 전개된 쇄국 정책이 시대착오적인 것이었든 아니든 간에 당시 그의 결심은 나라를 사랑하고 아끼는 마음에서 나온 것은 틀림이 없다. 이러한 그의 판단은 양요洋擾가 일어났을 때 직책을 버리고 도망한 관료들을 반민족자로 간주하고 이들을 등용하지 않은 그의 처사에서 잘 나타나고 있다. 그의 쇄국 정책은 위기 관리자로서의 고뇌의 결단이었다.

그런 점에서 본다면 쇄국의 입장을 취한 대원군의 궁극적 관심은 안민安民과 국제적 공존이었다. 그는 이 두 가지의 가치와 질서를 유지하려면 쇄국이 최선의 방법이라고 확신했는데, 이러한 소신은 신미양요(1871년) 당시 미국의 함대 사령관 로저스J. Rodgers에게 보낸 호의적 치서致書에 잘 드러나고 있다.

**대원군의 삼전 좌란(三轉左蘭)**
오른쪽으로 뻗은 난을 우란(右蘭)이라 하고 왼쪽으로 뻗은 것을 좌란(左蘭)이라 한다. 난이 뻗으면서 세 번 꼬인 것을 삼전란(三轉蘭)이라 하는데, 난을 배운 뒤 30년이 지나야 삼전 우란을 칠 수 있고, 그 뒤로 다시 30년이 지나야 삼전 좌란을 칠 수 있다. 이 그림은 대원군의 삼전 좌란으로 최고의 걸작이다. "마음이 통하는 사람의 말은 마치 난초의 향기와 같다."(同心之言 其臭如蘭) 낙관은 석파(石坡)이다.

## 역사에 교훈을 주는 개혁가

요컨대 대원군은 인간의 선악을 함께 갖춘 야누스적인 인물이었다. 그는 후대의 사가史家들에게 비난받을 처사도 저질렀지만, 그와 동시에 칭송 받을 처사도 많았다. 그럼에도 불구하고 적어도 식민지 사학 이후 현대에 이르기까지 그의 평가는 대체로 부정적이었다.

그러나 그를 재평가할 시점인 오늘에 이르러 그를 다시 조감해 본다면 그는 한 시대를 풍미했던 걸출한 개혁가였으며 이러한 평가는 오늘의 사학에서만 가능한 것이 아니오, 당시로서도 긍정적인 평가가 가능했다. 그는 한국의 역사상 가장 영악한 개혁자였고 성공한 개혁자였다.

흔히 대원군과 빙탄氷炭으로만 인식되고 있는 개화파가 혁명에 성공한 뒤 표방한 개혁안 제1조에서 "머지않은 날에 천진天津에 납치되어 간 대원군을 되돌아오게 한다"고 공약한 사실은 그의 개혁 의지가 과연 무엇이었을까, 대원군이 전적으로 수구적인 인물이기만 했겠는가, 그리고 개화파와 대원군과는 어떤 동질적 목적을 가졌던 것은 아닌가 하는 문제를 다시 조명하는 좋은 증거가 될 것이다.

## * 추기

이 글은 신문사와의 입장 차이로 게재되지 않았음.

### 참고문헌


- Hobbes, Thomas, *Leviathan*
- Von Srbik, H., *Geist und Geschichte vom deutschen Humanismus bis zur Gegenwart*, Bd. 1, 2 AufL(1964)
- 『고종실록』
- 『매천야록』
- 메리암(Charles E. Merriam), 신복룡(역주), 『정치권력론』(서울 : 선인출판사, 2006)
- 朴齊炯, 『近世朝鮮政鑑』(上)(서울 : 탐구당, 1975)
- 이능화, 『朝鮮基督教及外交史』(서울 : 朝鮮基督教彰文社, 1928)
- 조일문 · 신복룡(역주), 『갑신정변회고록』(서울 : 건국대학교출판부, 2006)

## 23. 명성황후明成皇后의 초상은 없다

"한국인들은 사진을 찍으면
혼魂이 빠져나간다고 생각했다."
— 비숍I. B. Bishop

"나도 황후의 사진을 본 적이 없다."
— 고종

어떤 인물에 대한 추모의 정은 우선 그의 모습을 그리는 데서부터 비롯된다. 남달리 관상과 인상을 중요시하는 한국인들이 얼굴 모습을 그토록 중요시하는 것은 이상한 일이 아니다. 그런데 그 추모의 감정이 지나쳐 없는 모습을 그리거나 상상이 지나치면 그것은 추모가 아니라 오히려 고인을 욕되게 하는 것이 된다. 그 대표적인 사례가 명성황후의 초상을 둘러싼 논쟁이다.

우선 〈사진 1〉을 보자. 요즘의 초 · 중등 교과서에 명성황후의 어진御眞이라고 소개된 사진이다. 이 사진은 황후의 어의御醫였던 언더우드Lilia H. Underwood 여사의 『토미 톰킨스』(*With Tommy Tomkins in Korea*, 1905, p. 292)와 고종의 정치 고문이었던 헐버트Homer B. Hubret 박사의 저서인 『대한제국 멸망사』(*The Passing of Korea*, 1906, p. 138)에 수록된 것이다. 이 사진은 일본의 소설가인 쓰노다 후사코角田房子가 『명성황후 암살』이라는 책의 표지 그림으로 쓴 이후 사실상 명성황후의 사진인 것처럼 굳어져 가고 있다.

**〈사진 1〉 국정교과서에 실린 명성황후의 모습**
필자가 "궁중의 여인"이라고 기록했는데도
한국의 교과서는 이분이 명성황후라고 우긴다.

## 어의御醫도 사진을 찍지 못해

그러나 이 사진은 명성황후의 사진이 아니다. 그 이유는 첫째로, 언더우드 여사나 헐버트 박사가 한결같이 이를 왕비의 사진이라고 말하지 않았다는 사실이다. 언더우드 여사는 이 사진을 가리켜 "정장한 귀부인"이라 했고, 헐버트 박사는 "정장한 숙녀"(A Korean Lady in Full Costume)라고 설명했다. 고종을 가까이 모신 고문과 황후의 어의가 아니라는데 이보다 더 명백한 증언은 없다.

둘째로, 이 사진을 정밀히 살펴보면 배경이 조작되었음을 알 수 있다. 곧 원래의 사진에서 몸만 오려내어 배경을 합성한 것이다. 그렇다면 이 사진의 원판은 어떠했을까? 다행히도 그 원판의 사진이 전해지고 있다. 그것이 〈사진 2〉이다. 이 사진은 이탈리아의 외교관인 로제띠Carlo Rossetti가 소개한 것으로서 그의 한국 여행기인 『꼬레아 에 꼬레아니』(*Corea e Coreani*, 1904, 번역판 p. 89)에 실려 있다. 번역판에는 "대례복 차림의 왕비"라고 사진 설명이 되어 있지만, 원서에는 "정장한 궁중 여인"이라고 되어 있다. 번역자가 기망欺罔한 것이다.

그런데 이 책의 초판이 발행된 직후에 《경향신문》 2001년 12월 1일자 문화면에 〈사진 3〉이 게재되었다. 나는 이 사진을 보는 순간 "으악"하고 소리를 질렀고, 아내가 왜 그러느냐고 달려왔다.

이 사진의 배경이 〈사진 2〉의 그것과 일치하기 때문이다. 돗자리의 무늬까지 꼭 같다. 그런데 이 사진의 피사체는 당시의 기생이었다.

만약 〈사진 2〉의 주인공이 명성황후라면, 그리고 이 사진의 촬

〈사진 2〉

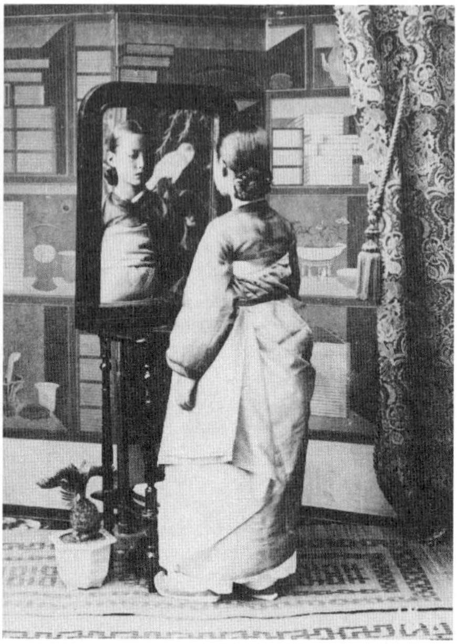

〈사진 3〉

위의 두 사진은 배경과 세트가 같은 것으로 보아 같은 사진관에서 찍은 것이다.

영 장소가 대궐 안이라면 황후가 앉는 어좌御座에서 기생이 무엄하게도 온갖 포즈를 취하면서 사진을 찍었다는 얘기가 되는데 그런 법은 있을 수 없다. 그런 점에서 볼 때 〈사진 2〉와 〈사진 3〉은 당시 개화기에 궁녀와 기생이 어느 사진관에서 찍은 것임이 틀림이 없다.

## 국정교과서의 오류

이 사진의 논거가 빈약해지자 나타난 것이 〈사진 4〉이다. 이 사진은 이승만李承晩 박사가 미국 망명 시절에 발행한 『독립정신』

(1910)에 실려 있는 것이다. 그러나 이 사진도 명성황후의 어진이 아니다. 아마도 명성황후의 사진을 찾으려고 가장 먼저 노력한 역사학자는 호암湖岩 문일평文一平일 것이다. 그가 이 사진을 보고 미심한 생각이 들어 당시까지만 해도 살아 있던 명성황후의 상궁들을 찾아가 확인했더니 한결같이 부인했다고 한다.(『호암전집』 3권, p. 95)

〈사진 4〉 이승만의 『독립정신』에 실린 사진

문일평의 지적이 아니라고 하더라도 이 사진은 믿을 수가 없다. 왜냐하면 일국의 왕비가 적삼 바람에 사진을 찍는 법은 없기 때문이다. 이러한 반증이 나오자 이 사진이 황후라고 주장하는 사람들은 이 사진이 여염의 처녀 시절의 것일 수도 있지 않느냐고 반문하지만 쪽을 찐 것이 분명하니 그것도 말이 안 되는 주장이다.

더 나아가서 〈사진 4〉가 명성황후라고 주장하는 일부 학자들은 이 사진이 미복微服차림으로 살던 충주(忠州 : 長湖院이 아님) 피난 시절의 것이라고 주장하나 논리적으로 말이 안 된다. 왜냐하면 명성황후가 충주에서 지낸 51일 동안은 목숨이 경각에 달려 있던 때여서 숨도 크게 쉬지 못하던 시절이었는데 어느 경황에 사진사를 불러 사진을 찍을 수 있었겠는가?

그 시절에 명성황후가 충주에 숨어 있다는 사실을 안 사람은 고종과 무예별감 홍재희(洪在羲 : 전날의 洪啓薰), 친정 조카인 민영기閔泳驥, 고종과 명성황후 사이에 밀서를 전달했던 이용익李容翊,

〈사진 5〉
라게리의 『라 꼬레』에 실린 사진

위의 확대된 사진

그리고 궁녀 몇 사람뿐이었다.

그뿐만 아니라 이 사진을 유심히 들여다보면 사진의 주인공이 임신 중이라는 느낌이 든다. 온갖 것을 삼갔던 중전이 임신한 몸에 내복 차림으로 사진을 찍는다는 것은 있을 수 없는 일이다. 이 사진의 진위가 물의를 일으키자 이승만은 해방되어 귀국한 뒤에 이 책을 복간(1954)할 때 전혀 모습이 다른 사진으로 바꿔 낀 것으로만 봐도 〈사진 4〉는 진짜 모습이 아님을 알 수 있다.

명성황후의 사진으로 가장 그럴싸하게 설득력을 갖는 사진이 곧 〈사진 5〉이다. 이 사진은 프랑스 언론인으로서 1895~1897년에 북경北京 특파원으로 활동한 드 라게리Villetart de Laguérie라는 사람이 쓴 『라 꼬레』(*La Corée*, 1898)의 표지에 실린 사진인데, 왼쪽에는 대원군大院君이 있고 오른쪽에는 고종高宗이 있어서 더욱 설득력을 높여 주고 있다.

그러나 이 사진을 정밀하게 확대해 보면 이는 사진이 아니라 정밀한 펜화임을 곧 알 수 있다. 드 라게리가 이 책을 출판한 당시에는 이미 명성황후가 시해

된 뒤여서 사진을 얻을 수 없던 터라 〈사진 1〉을 대본으로 하여 그려 넣은 것이니 이도 명성황후의 사진이 아니다.

## 명성황후는 노출기피증에 시달려

왜 명성황후의 사진은 없는 것일까? 그 이유는 두 가지로 정리할 수 있다. 첫째로, 명성황후의 노출기피증 때문이었다. 다 아는 바와 같이 그는 시아버지인 대원군과 목숨을 노릴 정도로 서로를 증오했고, 결국 그의 친정 오라버니인 민승호(閔升鎬 : 入養子) 일가는 대원군이 보냈으리라고 추정되는 우편 폭탄을 맞고 몰사했다. 그 뒤로 명성황후의 대인기피증과 노출기피증은 더욱 심해져서 근친이 아니면 만나지도 않았고 초상화나 사진을 일절 찍지 않았다.

둘째로, 그 당시 서양 문물에 익숙하지 않았던 한국인들은 사진을 찍으면 혼마저 빠져나간다는 속설을 믿고 있었기 때문에 사진을 찍지 않았다. 그 당시의 선교사들이나 여행가들이 한국인의 사진을 찍으려다 몰매를 맞는 장면은 여러 곳에서 진기하게 묘사되어 있다. 한국인들이 스스럼없이 사진을 찍기 시작한 것은 비로소 1900년대 초에 들어와서였다.

그렇다면 명성황후의 모습은 과연 어떠했을까? 왕비의 얼굴을 똑바로 바라볼 수 없었던 남자들의 기록에는 그의 모습이 전혀 묘사된 바가 없다. 다만 그를 가까이 모실 수 있었던 두 여인의 기록만이 남아 있다. 하나는 앞서 말한 어의 언더우드 여사의 기록이고, 다른 하나는 1894~1897년에 극동에 머물면서 네 차례에 걸쳐 한국을 방문한 바 있고, 특히 명성황후에게 서양 문물을 소

**〈사진 6〉 일본 잡지에 실린 명성황후의 모습**
사실에 가까운 듯하나 다소 악의적이다.

개하고 각별히 총애를 받았던 영국의 여행가이며 작가 비숍Isabella B. Bishop 여사의 『조선과 그 이웃 나라들』(*Korea and Her Neighbors*, 1897)이다.

이 두 여인이 묘사한 명성황후의 모습은 기이하리만큼 일치한다. 이들의 표현을 들어보면, 왕비이니까 그러려니 하지만, 그의 모습이 우아하고 근엄했다는 것이다. 체형은 수척했다. 얼굴은 창백했으며, 눈빛이 날카롭고 초롱초롱했다.

일본의 화가들이 그린 명성황후의 삽화가 몇 장 전해오고 있는데, 그 모습이 비만하고 심술궂게 그려진 것은 악의적이었다. 마귀할멈처럼 그의 눈을 그린 것은 그를 표독스러운 여인으로 표현하기 위함이었다. 일본의 외교관들이 그를 “여우”라고 부른 것은 아마도 눈빛을 악의적으로 묘사한 탓이리라고 여겨진다.

결론적으로 말하건대, 명성황후의 초상화는 없다. 아내를 잃은 고종이 생전의 아내를 그리워하며 그토록 찾았어도 나오지 않았던 초상화가 지금 어디에 있겠는가? 없는 사진을 가지고 이것이 맞네, 저것이 맞네 하는 것은 의미 없는 일이다. 그런즉 그의 초상은 이상의 몇 가지 묘사와 그의 혼을 담아 화가가 상상하여 그릴 일이지 남들이 이러니 저러니 할 일이 못 된다.

## * 추기

이 글이 나간 뒤에 어느 신사가 사진 한 장을 들고 내 연구실을 찾아왔다. 일본에서 어느 고서 화상畫商이 명성황후의 사진이라고 장담하기에 아파트 한 채 값을 주고 사 왔다고 했다. 나는 가슴 치며 탄식했다. 순종의 윤비尹妃의 비만한 스냅 사진이었다. 뒤에는 궁녀가 얼찐거리고 있었다. 사진사가 황후의 스냅을 찍다가는 국문鞫問을 겪는다. 그리고 그것이 사진 찍는 자리였다면 어찌 궁녀가 얼찐거릴 수 있었겠는가? 낭패한 모습으로 연구실을 나가는 그 신사의 처진 어깨가 몹시 가여웠다.

### 참고문헌


- De Laguérie, Villetart, *La Corée*(Paris : Librairi Hachette et Cie, 1898)
- Underwood, Lilias H., *With Tommy Tomkins in Korea* (London : Fleming H. Revell Co., 1905)
- 《경향신문》

- 『독립정신』(1910)
- 로제띠(Carlo Rossetti), 『꼬레아 에 꼬레아니』(*Corea e Coreani*, 서울 : 서울학연구소, 1904)
- 문일평, 『호암전집』(3) : 『韓美五十年史』(서울 : 조광사, 1935)
- 비숍(Isabella B. Bishop)(지음), 신복룡(역주), 『조선과 그 이웃 나라들』(서울 : 집문당, 2019)
- 쓰노다 후사코(角田房子), 『閔妃(ミンビ)暗殺 : 朝鮮王朝末期の国母』(東京 : 新潮文庫, 1993)
- 헐버트(Homer B. Hubret)(지음), 신복룡(역주), 『대한제국 멸망사』(*The Passing of Korea*, 1906)(서울 : 집문당, 2019)

# 24. 고종高宗은 계몽 군주인가?

"세상살이 속속들이 알수록
우리는 서글퍼진다.
— 촘스키Noam Chomsky

요즘 느닷없이 "고종은 매국노였다"는 논지의 책이 출판되어 화제이다. 이러한 논지가 어제오늘의 이야기가 아니고, 대놓고 말은 안 했으나, 뒤로 구시렁거리던 이야기가 드디어 지상으로 떠오른 것이다. 사보지는 않았지만, 짐작 가는 바가 있다. 고종을 자꾸 계몽 군주라고 우기니까 억하심정으로 쓴 글 같다. 그가 과연 매국노일까마는, 그런 말을 들을 소지는 여러 곳에서 보였다.

나는 고종의 시대를 공부한 사람으로서, 그를 감싸는 보수주의 강단 사학자의 글을 읽을 때마다 문득 경순왕敬順王 생각이 들며, 딱하다는 생각이 든다. 망국의 군주를 칭송하는 글을 일찍이 읽은 적이 없기 때문이다. 그가 계몽 군주인지 아닌지 서로 할 말이 많겠지만, 절대군주 시대에 망국은 결국 군주의 책임이라는 사실에 관해서는 논란의 여지가 없다. 여기에서 국제 관계니, 일본의 정한론征韓論이 얼마나 가혹했는지에 대한 비난은 망국의 군주에게 면책 사유가 되지 않는다. 국제 관계나 정한론도 다 그가 짊어지고 해결했어야 할 책무이기 때문이다.

나는 망국의 군주가 저지른 실수를 생각하노라면 자꾸 『한비자』

한비자(韓非子)

韓非子의 글이 머리에 떠오른다. 한비자의 말에 따르면, 한 나라를 망치는 군주 곁에는 반드시 여덟 가지의 간신(八姦, 卷2/9)이 있다고 한다. 원전에는 분명히 八姦으로 되어 있는데, 언제부터인가 한국의 고전에는 八奸으로 등장하는데 그 연유를 모르겠다.

한비자의 설명에 따르면 팔간이라 함은 다음과 같다.

첫째는 같은 베갯머리의 여인[同床]이다. 고종의 경우에는 민비閔妃를 가리킨다. 왕비는 담대했고, 결기決起도 있었고, 왕실에 대한 걱정도 분명히 있었다. 그가 친청 정책을 쓴 것에 대해서는 호오好惡를 쉽게 판정하기 어려우니 그 논의를 유보하더라도, 그는 결정적인 실수를 했다.

민비는 왕위 계승의 문제에서 지혜롭지 않았다. 그가 자신의 혈육 순종純宗이 지진아라는 것을 잘 알고 있었다면 종묘사직을 위해 왕자들 가운데 더 능력 있고, 출중한 왕자, 이를테면 완화군完和君 이강李堈에게 선양하는 것이 순리였을 것이다. 그러나 그는 혈육의 끈을 놓지 않았고, 완화군 모자는 불우하게 일생을 마쳤다.

둘째는 곁에 있는 근신[近臣, 在旁]이다. 후한後漢이 멸망한 것을 십상시十常侍에 돌리는 것은 옳은 필법이 아니다. 십상시보다 역사에 더 큰 죄를 짓는 이는 혼군昏君과 암군暗君이다. 십상시가 존재한다는 사실 자체가 그가 혼군임을 뜻한다. 을사오적乙巳五賊은 모두 고종의 총신들이었다.

셋째는 부모 · 형제[父兄]이다. 어린 나이에 아버지의 술수로 왕이 되었으니 어려서 아버지의 뜻을 거스를 수 없었던 정황에 대해서는 충분히 이해할 수 있다. 자식이 부모를 섬기면서 세 번 간언해도 듣지 않으면 울면서 따라가야 한다.[『禮記』 曲禮(下)] 그러나 그가 성인이 되어 명실상부한 왕이 되었을 때 그는 왜 지혜롭게 정사를 처리하지 못했는가? 다시 말하지만 국제 관계를 빙자해서는 안 된다. 명군이라면 그 상황에서도 잘 헤쳐나갔어야 하기 때문이다.

넷째는 양앙養殃이니 이는 주군의 향락을 책임진 무리이다. 한 나라의 왕이 되면 세상 유혹이 오죽 많았겠는가? 이를테면 채홍사採紅使들이 그에 든다. 왕은 그 유혹을 이겼어야 한다. 그러나 고종이 주색에 탐닉했다는 기록은 없다.

다섯째는 민맹民萌인데, 국고를 풀어 민심을 얻는 무리를 말한다. 어차피 내 돈 드는 일이 아니니 아까울 것도 없다. 신해룡 교수(전 예산정책처장)가 1976년 노벨경제학상을 받은 프리드먼Milton Freedman의 말을 빌려 표현한 바에 따르면, 돈을 쓰는 데는 네 가지가 있는데,

(1) 내 돈을 나를 위해 쓰는 경우,
(2) 내 돈을 남을 위해 쓰는 경우,
(3) 남의 돈을 남을 위해 쓰는 경우,
(4) 남의 돈을 나를 위해 쓰는 경우이다.

여기에서 가장 위험한 것은 (4)의 경우이다. 역사를 돌아보면 고대로부터 지금까지 돈다발을 흔드는 사람이 선거에서 이겼다. 그들이 흔드는 돈다발은 대개 수탈한 남의 돈이었다. 내 돈 같으면 그리 헤프게 쓰지 않는다. "받아먹고 바로 찍으면 된다."지만, 아직 역사에 그런 사례史例는 보고된 바가 없다. 민중은 비록 그것이 썩은 것이라 할지라도 돈을 주지 않은 사람을 원망한다.

여섯째는 유행流行이니, 철석같이 맹세해 놓고 말을 바꾸는 무리를 말한다. 정치인의 실수는 말을 아끼지 않는 데 있다. 페리클레스Pericles가 위대한 것은 "모든 것에 대답하려 하지 않았기 때문"이다. 설화舌禍로 몰락한 군주는 실정으로 몰락한 군주에 못지않게 많다.

일곱째는 강위威强이니, 검객과 무사를 모아 그 위력을 드러내어 자신과 한편이 되면 이롭고 자기편이 되지 않으면 죽음을 겪을 것이라 위협하는 무리를 뜻한다. 이때 백성[국민]은 침묵하며 고개 숙여 땅만 쳐다보며 걷는다. 그들에게는 미소가 사라졌다. 그 속을 다 잘 알지만 내색하지 않을 뿐이다.

여덟째는 사방四方이니, 국록을 먹는 몸으로 사직을 고민하는 것이 아니라, 나라는 작아 사대하며 군사는 나약하여 강국에 굽신거리는 무리를 말하는데, 당대의 친미파 · 친청파 · 친러파 · 친일파를 뜻한다.

팔간의 이야기를 들어보면, 한비자가 살던 2천300년 전, 그때나 지금의 역사에 크게 달라진 것이 없었다. 그런 점에서 한비자는 현자이다.

## 고종은 이토 히로부미의 적수가 못되었다

이런 상황에서 조선의 을미사변乙未事變과 아관파천俄館播遷이 일어났다. 을미사변을 주도한 미우라 고로三浦梧樓는 일본에 우국적이었을지 모르지만, 외교적으로 매우 미욱한 인물이라는 것은 일본 학계에서도 잘 알려진 사실이었다. 역사에는 미련하고 부지런한 인물이 가장 위험했다. 아관파천이 일어났을 때 실은 구미, 특히 미국이 일본보다 더 놀랐던 것으로 보인다. 을미사변 뒤에 고종의 신변 보호를 위해 고생한 사람들은 미국의 선교사들이었다.

아관파천 자체가 실수였다. 나라가 어려우면 국왕이 백성과 더불어 목숨을 걸고 사직을 지킬 생각을 하지 않고 야반도주한 것부터 제왕답지 못했다. 어차피 파천이 피할 수 없는 길이었다면, 그리고 그때 고종이 좀 더 신중했었더라면 미국공사관으로 피신을 하는 것이 순리였을 것이다. 그러나 고종이 미국공사관에로의 파천을 타진했을 때 미국 공사가 거절했으니 그 파천이 꼭 성공했으리라고 장담할 수 없다. 그러면서도 미국은 조선의 친러시아 노선을 불안하게 바라보았다.

아마도 아관파천은 일본의 조선 병합을 더욱 굳게 결심하도록 만든 고비였을 것이다. 일본으로서는 조선을 병합하지 못하는 것이 아까운 것이 아니라, 조선이 러시아의 손에 넘어간다는 점이 더 두려웠다. 일본의 전통적인 러시아 인식은 공로증(恐露症, Russo-phobia)이다. 그러나 러시아에 먹히는 것이 일본에 먹히는 것보다 더 불행하리라는 것을 고종은 몰랐다.

고종

일찍이 1896년 10월에 주일 영국 공사 새토우Ernest Satow가 일본의 외무대신 오쿠마 시게노부大隈重信를 만났을 적에 일본은 러시아공사관에 파천한 고종을 환궁시키는 방안으로 조선의 관료들을 매수하고자 자금력과 인맥 관리에 탁월한 거상巨商의 전담자(かかり)인 도다 도노모戸田頼毛가 이미 조선에서 암약하고 있다는 사실을 토로했다.[『日本外交文書』 37/1, p. 297(明治 37年 4月 1日字)]

이 무렵 조선 왕실은 재정이 궁핍했다. 그런데도 1906년 조선 황태자의 결혼 비용에 125만 엔을 썼다. 당시 일본 황태자(뒷날의 히로히도, 裕仁)의 결혼 비용이 35만 엔이었으며, 조선의 육군의 1년 유지비가 1,215만 엔이었다는 점을 고려하면 당시의 조선 왕실의 부패와 낭비, 그리고 재정의 난맥상을 잘 알 수 있다. 설명하자면 황태자의 결혼식 비용이 1년 치 육군 유지비의 1/10과 같았다.(한상일, 『이토 히로부미와 대한제국』, 2015, p. 310)

**아관파천 무렵의 고종과 왕세자**

이토 히로부미가 이처럼 조선 병합을 도모하고 있을 때 고종의 대응은 어떠했는가? 이를 알려면 특명 전권 대사 이토 히로부미가 을사조약을 체결하고 열흘이 지나 귀국에 앞서 고종에게 출국 인사를 하러 온 자리에 두 사람이 나눈 다음과 같은 대화를 읽어 볼 필요가 있다.

> 메이지明治 38년(1905) 11월 28일 : 이토 히로부미 대사가 황제를 알현하러 들어가자 황제가 물었다. …
>
> 황제 : 아직 업무를 맡은 대신으로부터 아무 말도 듣지 못했으나, 이번 일[을사조약의 체결] 같은 것도 경卿이 여기에 있었기에 이를 신속히 마무리를 지었다고 생각하오. 그런데 실제로 언제 출발 예정인가요?
>
> 대사大使 : 내일 아침 출발 예정으로, 오늘은 말하자면 고별 인사를 겸하여 참내參內했습니다.

황제 : 그건 너무 서두르는 것이 아니오? 하다못해 사나흘[數三日] 만이라도 연기함이 어떨까요? 그리하여 뒷일을 어떻게 조치할까에 관해 각 대신에게 자세히 설명할 수 있기를 바라오. 짐朕이 이렇게 경에게 애틋[戀戀]한 것은 감히 짐의 개인적인 정분[私情]뿐 아니라 실로 우리 나라를 위해 경의 재량裁量에 기대할 것이 없을까 생각하기 때문이오. 경의 지금 머리카락이 반백半白이라, 생각건대 그렇게 된 것도 모두 국사國事에 마음과 몸을 다하여 나랏일에 이바지한[盡瘁] 결과요.

바라건대 일본의 정치는 후진의 정치가에 맡기고 지금 남아 있는 흑발黑髮의 절반을 짐의 보필에 쓰지 않겠소? 비록 그 수염이 서리처럼 흰 것[霜白]을 볼 때 우리 국가에 위대한 공헌을 하고서도 그 성효成效를 기대할 수 없겠으나, 짐이 경의 노체老體를 되돌아보지 않고 이렇게 강요하는 이유는 짐이 경을 신뢰함이 정부 대신보다 낫기 때문이오.

[신하들을 바라보며] 그리고 항상 짐은 신료臣僚들도 이토伊藤의 말을 듣는 게 좋겠소. 어려운 일도 이토에게 말하면 어떻게든 잘해줄 것이라 감히 말하는 까닭이오.

대사 : [그 말을 듣자 대사가 빙긋이 웃었다.] [『日韓外交資料集成』(6/上)(東京, 1964), pp. 74-75 : No. 35]

이것이 망국의 군주가 침략의 수괴 앞에서 할 말인가? 이러고도 고종을 "영명하고 고뇌한 개혁 군주"라 말할 수 있는가? 이 기록이 "왜놈들이 악의적으로 쓴 글이어서 믿을 것이 못 된다."고 반론을 제기하면 일이 복잡해진다. 이 글은 일본의 외교 문서로서 비교적 믿을 만한 자료이다.

이토 히로부미(伊藤博文)

한상일韓相一의 지적처럼, "고종은 이토의 속마음을 읽지 못했다"는 말이 맞을 수 있다. 그렇다 하더라도 그것은 그의 미욱한 탓이지 이토를 탓할 일이 아니다. 역사적으로 망국의 군주가 영명했던 사례는 없다. 바꾸어 말하면 군주가 영명한데 나라가 멸망한 사례가 왕정 체제에서는 없었다. 지도자가 영명하고 백성이 그를 우러러보며 열심히 일하는데, 멀쩡하던 나라가 왜 멸망하는가?

케난George Kennan, Elder의 악의적인 비난을 인용하지 않더라도, 고종은 이미 국가 경영 능력을 상실하고 있었다. 조선에는 국내외의 격변기임에도 위기 의식과 예지를 가지고 국가를 경영할 지도자가 없었다. 문제는 사람이었고, 특히 지도자였다. 이것은 영웅중심주의와는 별개의 문제이다.

역사를 되돌아보면 어차피 권력의 주변에는 "영혼의 노숙자"(spiritual homeless)가 많았다. 물론 대한제국이 멸망할 당시 우리가 겪은 제국주의 열강의 외압外壓이 중국이나 일본에 가해진 그것과는 성격이나 강도에서 다른 점이 있었다. 그뿐만 아니라 대한제국이 안으로 구조적 모순을 안고 있었던 점도 멸망의 원인으로 지적되기에 충분하다. 그러나 이러한 논리에도 불구하고 대한

제국의 멸망이 역사적 필연이었거나 운명적인 것은 아니었다.

1904-05년에 케난이 러일전쟁의 전황을 알아보고자 한국을 방문하였다. 그가 국왕이 일본에 대하여 어떤 대비를 하고 있는가를 주변 선교사들에게 물었더니, 왕실에서 무당을 불러 물이 설설 끓는 솥에 일본 지도를 집어넣고 삶아 일본을 "뱅이"했기 때문에 조선 정부는 안전하다고 여기고 있다고 대답했다.(*The Outlook*, October 22, 1904, p. 470.)

"뱅이"라 함은 "방어"防禦의 변음된 토속어이다. 전근대사회에서 무당을 시켜 정적이나 원수의 허수아비나 초상화 등을 만들어 그를 겨냥하여 활을 쏘거나 가슴에 못을 박거나 솥에 넣고 삶아 저주함으로써 자신을 보호하던 주술적 방법을 뜻한다. 이런 체제에서 용장勇將이나 현신賢臣은 의미가 없다.

일본이 조선을 침략하면서 노린 헛점은 바로 왕실과 대신의 부패였다. 이토 히로부미가 당초에 조선 지배층에 쓰기로 계산한 매수 자금은 3천만 엔圓이었다. 이는 송병준宋秉濬이 요구한 1억 엔에 많이 못 미치는 액수였다.

1904년 3월 13일에 이토는 세 번째로 한국에 왔다. 이때 이토는 궁내부대신 민병석閔丙奭을 통해 황제에게 30만 엔, 엄비嚴妃에게 1만 엔, 황태자 부부에게 5천 엔을 전달했다. 애초의 계산대로라면, 이토 히로부미는 엄비에게 2만 엔을 기증하고자 했으나, 궁내부 철도원 감독 현영운玄暎運의 아내를 시켜 엄비의 의향을 듣고 액면을 줄여, 황태자에게 5천 엔, 황태자비에게 5천 엔, 엄비에게 1만 엔씩 분배키로 했다.(당시의 1엔은 현재 한국의 물가로 3만 7천 원이다.)(『조선총독부 통계연보』, 1910)

뇌물은 다이이치은행第一銀行 경성京城 지점에서 발행한 2만 엔의 어음으로, 궁내부 예식원禮式院 참리관參理官 현백운玄百運을 거쳐 현영운의 처에 교부하고, 민병석을 통하여 잘 전달되었는지 확인했다.[『日本外交文書』(37/1), p. 297(明治 37年 4月 1日字)]

조지 케난(Elder)

역사에서 인물에 대한 평가는 신중하고 조심스러워야 한다. 이 글이 고종에게 악의적이어야 할 이유는 아무것도 없다. 다만 문중의 연민이라면 이해할 수 있지만, 강단 사학에서 망국의 군주를 영명하게 평가한다는 것은 『춘추』春秋를 배운 사람으로서는 견딜 수 없는 불편함을 느낀다. 이제 와서 공민왕恭愍王을 명군明君으로 추앙하는 일이 벌어진다면 우리의 역사학이 얼마나 허망하게 될까를 걱정할 뿐이다.

## * 추기

이 글은 『한국사에서의 전쟁과 평화』(2021)의 「러일전쟁」 편과 「망국을 묻지 않는 역사」 편을 개고改稿한 것이다.

### 참고문헌


• Chomsky, Noam, *On Power and Ideology : The Managua Lecture* (Boston :

South End Press, 1987)
- Kennan, George(Elder), *The Outlook*, October 22, 1904
- 신복룡, 『플루타르코스영웅전』(서울 : 을유문화사, 2021)
- 신해룡 교수(전 국회예산정책처장) 대담
- 『日本外交文書』(37/1)(東京 : 日本國際連合協會, 1956)
- 『日韓外交資料集成』(6/上)(東京 : 巖南堂書店, 1964)
- 『조선총독부 통계연보』(1910)
- 『춘추』(春秋)
- 『한비자』(韓非子)
- 한상일, 『이토 히로부미와 대한제국』(서울 : 까치, 2015)

## 25. 기미년 3월 1일에 있었던 일

"나는 한일 합병에 대하여
별로 찬성이나 불찬성도 하지 않았다"
— 손병희孫秉熙의 법정 진술

"나는 본디 한일 합병에
반대하지 않았다."
— 정춘수鄭春洙의 검찰 진술

"나는 총독부에 독립건의서를 제출하러 갔다."
— 홍병기洪秉箕의 경찰 조서

때는 1919년(기미년) 2월 하순 어느 날, 어스름이 깔리는 안국동 사거리 근처에 한 사내가 땅 밑을 바라보며 서성거리고 있었다. 악명 높은 종로경찰서 고등계 형사인 신철(申哲 : 본명 申勝熙)이었다. 그는 발밑으로 들려오는 어떤 기계 소리를 육감으로 느낄 수 있었다. 그는 옆 건물인 보성사普成社를 바라보았다.

그곳은 천도교에서 운영하는 인쇄소였다. 불빛은 없었다. 그가 닫힌 문을 억지로 열고 들어가니 안에는 불빛이 환했고 윤전기에서는 무엇인가 인쇄를 하고 있었다. 빼내어 보니 「독립선언서」였다. 인쇄소를 급습당한 보성사 사장 이종일(李鍾一 : 33인의 1인)의 얼굴이 흙빛이 되었다. 신철은 선언서 한 장을 챙겨 들고 말없이 인쇄소를 나갔다.

## 어느 고등계 형사의 죽음

이종일은 곧 천도교 유력자인 최린崔麟에게 이 사태를 보고했고, 최린은 신철을 저녁 식사에 초대했다. 이 자리에서 최린은 신철에게 민족을 위해 며칠 동안만 입을 다물어 달라고 부탁했다. 이때 최린은 그에게 5천 원을 주며 만주로 떠나라고 권고했다. 당시 쌀 한 가마니의 값이 41원이었다. 일본 측 기록에는 신철이 그 돈을 받았다고 되어 있고, 한국 측 기록에는 그가 돈을 받지 않고 묵묵히 듣고만 있다가 나갔다고 되어 있다.

최린의 집에서 나온 신철이 입을 다물음으로써 3 · 1운동의 모의는 비밀이 유지될 수 있었다. 만세 운동 지도부에서는 사태의 심각성을 고려하여 3월 3일로 예정된 거사를 1일로 앞당겼다. 신철은 현장을 피하여 만주로 출장을 떠났다. 만세 운동이 진압될 무렵인 5월 14일에 서울로 돌아온 신철은 정보를 갖고도 상부에 보고하지 않았다는 죄목으로 체포되어 경성헌병대에 투옥되었다가, 곧 자살했다.(《매일신보》 1919년 5월 22일자)

그런데 최근에 신철 형사의 사망진단서가 발굴되었다. 최우석 독립기념관 연구원이 《한겨레신문》에 제공한 사망진단서에 따르면, 신철은 1880년(明治 13년) 7월 6일생이었으니까 사건 당시에 39세였다. 그는 1919년(大政 8년) 5월 19일 오후 9시에 종로구 화동花洞 132번지에서 다량의 아편을 먹고 자살하였으며, 사망진단서의 발급자는 조선헌병대사령부 육군 군의관 미야자키 이나사쿠宮崎稻作로 되어 있다. 그의 죽음이 조사를 받고 방면된 다음날 자택인 것을 보면, 3 · 1운동의 정보 보고를 하지 않은 데 대한 추

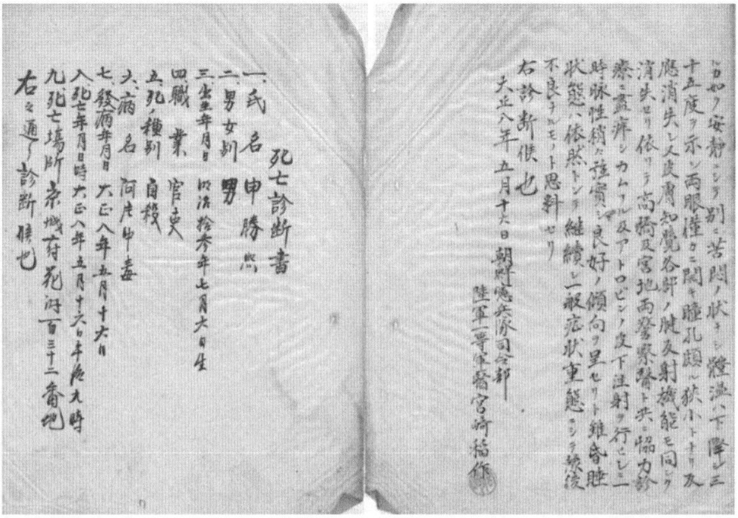
死亡診斷書
一、氏名 申勝熙
二、男女別 男
三、出生年月日 明治拾参年七月六日生
四、職業 官吏
五、死ノ種別 自殺
六、病名 阿片中毒
七、發病年月日 大正八年五月十六日
八、死亡年月日時 大正八年五月十六日午後九時
九、死亡場所 京城府花洞百三十二番地
右之通リ診斷候也

右診斷候也
大正八年五月十六日 朝鮮憲兵隊司令部
陸軍一等軍醫 宮崎

신철(申哲)의 사망진단서

궁과 이로 말미암은 압박감으로 일어난 자살 사건임을 알 수 있다.(《한겨레신문》오승훈 기자, vino@hani.co.kr)

본래 독립선언서는 최남선崔南善이 쓰기로 되어 있었다. 그러나 문장이 너무 어려운 한문 투인 데다가 내용이 온건하다 하여 만해卍海 한용운韓龍雲이 다시 쓸 것을 자청하였으나 받아들여지지 않았다. 그 결과 "일본이 금석 같은 맹약을 식食하였다 하여 일본의 무신無信을 죄하려 하지 않노라"는 식으로 부드럽게 넘어가게 되었다.

## 태화관은 이완용의 별장이었던 곳

거사 전날인 2월 28일 무렵 지도부는 최종 점검을 하고자 재동 손병희孫秉熙의 집에 모였다. 그들은 우선 "유혈 충돌을 피하려

**3월 1일의 대한문 앞**

고" 자신들은 약속 장소인 파고다공원으로 나가지 않기로 결정했다. 그렇다면 민족 대표들은 어디에서 모일 것인가? 여러 얘기 끝에 당시 장안의 제일가는 요정인 태화관泰和館에서 모이기로 했다.

이 요정은 한말에 궁내부 의전국장을 지낸 안순환安淳煥이 운영하던 곳으로, 요정으로 문을 열기 전에는 이완용李完用의 별장이었다. 이곳은 지난날 주산월朱山月이 일하던 곳이었다. 당시 명월관 기생 이난향李蘭香의 『회고록』(《중앙일보》 1971년 1월 15일자 「남기고 싶은 이야기 : 명월관 편」)에 따르면, 산월은 손병희에게 "몸과 마음을 바친 사이"였다고 한다.

3월 1일 오후 2시, 약속대로 젊은 학생들은 파고다공원에 모였으나 민족 대표들은 보이지 않았다. 「3 · 1절 노래」에 "기미년 3월 1일 정오"라고 가사를 지은 것은 정인보鄭寅普의 착오이다. 학생들은 당황했지만, 곧 경신儆新학교 출신인 정재용鄭在鏞이 팔각정에 올라가 독립선언서를 낭독했다. 민족 대표가 약속 시간에 나타나지 않자 학생들의 분노가 폭발했다. 보성普成법률상업학교 학생 강기덕康基德, 연희延禧전문학교의 김원벽金元璧, 그리고 한위건韓偉健이 민족 대표의 소재를 찾아 나섰다. 그때가 오후 3시였다.

1920년대의 태화관

그렇다면 이 시간에 민족 대표들은 태화관에서 무엇을 하고 있었나? 2시에 모이기로 한 사람들이 거의 모두 모인 것은 오후 3시였으며 숫자는 29명이었다. 길선주吉善宙, 유여대劉如大, 김병조金秉祚, 정춘수鄭春洙 등 4명의 목사는 약속 장소에 나타나지 않았다.

음식상이 나왔으나 식사를 할 분위기는 아니었다. 민족 대표들이 독립선언서를 배포 받아 읽어본 뒤 한용운이 일어나 "무사히 독립선언서를 발표하게 된 것을 경하하며, 더한층 노력하자"는 연설을 한 다음 그의 선창으로 만세 삼창을 했다. 이때가 오후 4시였다.

## 전화통고설은 입증되지 않아

이 무렵에 강기덕을 중심으로 하는 학생들이 태화관으로 몰려와 민족 대표들이 파고다공원에 참석하지 않은 이유를 물었다. 이에 당대의 논객이었던 박희도朴熙道가 "무저항 · 비폭력으로 운동을 전개하기 위한 방침에 따라 불가피하게 불참했다"고 설명했다. 그리고 곧이어 경찰이 들이닥쳐 민족 대표 29인을 체포하여 남산

3·1운동 무렵
진관사 백초월(白初月) 스님이 썼던 태극기

의 왜성대(倭城臺 : 경무총감부)로 연행했다.

종래의 관찬官纂 기록에 따르면, 경찰이 태화관으로 쳐들어온 것은 민족 대표들이 태화관 주인 안순환에게 종로경찰서에 전화를 걸어 집회를 통고하도록 했고, 이 연락을 받은 경찰이 달려와 민족 대표를 연행했다고 되어 있으나(원호처, 『한국독립운동사』 2권, 1971, p. 102) 출처가 없다. 아마도 이 기록은 이난향의 회고록을 참조한 것으로 보인다.

그러나 내가 과문한 탓인지 이 전화통고설은 어떤 일차 사료로써도 확인되지 않는다. 전화를 정확히 몇 시에 걸었는지는 알 수 없으나, 전화를 건 것이 사실이라면 경찰이 혈안이 되어 민족 대표의 소재를 찾기 위해 2시간이나 헤맸어야 할 이유가 없다. 그리고 그 엄혹하던 식민지 시대에 일개 요릿집 주인이 종로경찰서에 전화를 걸어 독립 운동을 신고할 상황이 아니었다.

이갑성李甲成의 경성지방법원 예심 조서(4월 28일자)에 따르면, 그는 3월 1일에 집을 나서면서 자기 집에서 일하는 서영환徐永煥을 시켜 조선 총독 하세가와 요시미치長谷川好道에게 「독립청원서」를 전하도록 하고 집합 장소를 태화관으로 기록했다고 하나 이는 사실이 아니다. 그 당시의 정황으로 볼 때 "집에서 부리는 하인"이 조선 총독을 만나 문서를 전하러 간다는 것은 있을 수 없는 일이기 때문이다.

학계에서는 이 문제를 놓고 "자수"냐, "통고"냐, 아니면 "투항"

이냐 하면서 한때 치열한 감정 싸움으로 번진 적이 있으나, 사실의 내막을 정확하게 알고 나면 그처럼 다툴 사안이 아니었다. 자수라 함은 "범죄인"이 체포되기에 앞서 사직 당국에 스스로 출두하는 것이다. 따라서 독립 운동이 범죄는 아니므로 자수란 말은 온당치 않다.

통고란 앞서 지적한 것처럼 원초적으로 존재하지 않았다. 투항이라는 용어는 적과 대치한 상황에서 더 이상 저항을 포기하고 항복하는 행위로서 이 또한 독립운동자들에게는 맞지 않는 용어이다. 그냥 연행되어 간 것이다.

## 변절자들도 있어

연행된 민족 대표들은 종로경찰서와 경무총감부, 그리고 경성지방법원을 거치면서 여러 차례 심문을 받았다. 이러한 과정에서 손병희는 "나는 한일 합병에 대하여 별로 찬성이라든가 불찬성도 하지 않았다"고 진술했다.(손병희에 대한 경성지법 예심 조서, 4월 10일자)

정춘수는 "나는 본래 한일 합병에 반대하지 않았다"고 진술했다.(정춘수에 대한 검사 조서, 3월 21일자) 홍병기洪秉箕는 "총독부에 독립건의서를 제출하고 그 회답을 기다리면서 선언서를 배포할 목적으로 태화관에 갔다"고 대답했다.(홍병기에 대한 경찰 조서, 3월 1일자) 차마 이름을 후대에 남길 수는 없지만, "나는 도장을 찍은 적이 없는데, 아마 ○○○가 나를 대신하여 찍은 것 같다"고 대답한 사람도 있다.

이들이 진정한 애국자였다.

한용운은 끝까지 지조를 굽히지 않았다. 그는 일관되게 독립운동을 다시 시작할 것이라고 대답했다. 양한묵梁漢默은 심문을 받다가 노령과 지병을 견디지 못하고 옥에서 순국했다. 그 밖의 민족 대표들 가운데는 지조를 지킨 분도 있고, 훼절毁節한 사람도 있다.

오늘날 미국의 최고 지성의 한 사람인 촘스키Noam Chomsky의 말을 빌리면, "세상사를 속속들이 알고 나면 우리는 늘 마음이 쓸쓸해진다". 3 · 1운동의 지도부의 전략과 당일의 처사를 볼 때 우리는 꼭 같은 심정을 느낀다. 왜 그럴까? 그 이유는 간단하다.

3 · 1운동을 영웅사관으로 보았기 때문이다.

따라서 3 · 1운동을 민중 운동의 시각에서 볼 때 그 참된 위대함과 진면목을 이해할 수 있다. 3 · 1운동의 주역에는 이름 없는 사람이 더 많다. 역사의 조타수操舵手는 당대의 지식인들이지만 역사의 추진 세력은 그 시대의 민중일 수밖에 없다.

## * 추기

이 글이 나간 후로 나는 엄청난 곤욕을 치렀다. 33인 유족회가 내가 소속되어 있는 대학의 이사장실과 총장실을 찾아가 나의 파면을 요구했다. 그들은 나의 연구실을 방문하여 5시간 동안 격렬하게 항의했다. 그들이 가장 격렬하게 항변한 것은 표제가 "3 · 1운동은 33인의 거사가 아니다"라는 부분이었다.

그 뒤 그들은 "동아일보와 신복룡 교수 역사 왜곡 공동대책위원회"를 구성하여 나를 압박했다. 그들이 항의한 부분[標題]이 나 혼자 책임질 일은 아니지만, 전혀 무근하다고 말할 수 없다. 더구나 삽화를 그리는 분이 그 장면을 그리면서 기생들이 술 따르는 장면을 넣은 것이 잘못이었다.

**함경도 명천의 열사 동풍신(董豊信) 양 :** 우리의 3 · 1운동사는 그를 잊고 있다.

유족회에서 죽이겠다고 협박을 하자 학교 당국에서 경찰에 연락하여, 며칠 동안 경찰이 우리 집 앞에서 야간 보초를 섰다. 옳고 그름을 떠나 그들이 나와 신문사에 보낸 그들의 반론문反論文을 여기에 함께 게재하는 것이 도리로 생각되어 게재한다. 어느 쪽의 말[fact]이 옳고 그른가는 독자들이 판단할 문제이다.

### 〈반론문〉

2001년 8월 4일자 신복룡 교수의 "한국사 새로 보기" 3 · 1운동편은 사실과 다른 점을 기술함으로써 33인 유족회에 많은 아픔을 주었으므로 이에 다음과 같이 반론을 제기한다.

첫째, 글의 표제어에서 "3 · 1운동은 민족 대표 33인의 거사가 아니다"라고 한 것은 3 · 1운동사에서 차지하는 민족 대표의 역할을 의도적으로 비하함으로써 사실을 왜곡했다. 역사의 주체가 그 시대의 지도자인지 아니면 민중인지의 문제는 사관의 차이로 받아들일 수 있지만 민족운동사를 전적으로 민중 운동만으로 해석하려는 것은 균형 있는 역사 서술이 아니다. 지도 계급의 발화가 없는 자연발생적 민중 운동이란 존재할 수 없기 때문이다.

둘째, "연행 이후에도 독립 소원의 지조를 지킨 이는 극히 일부분"이라는 소제목과 지조를 지킨 분으로 한용운과 양한묵만을 지칭한 것은 여타의 모든 분이 변절했다는 오해를 불러일으킬 수 있다. 독립선언서에 서명하고 약속 장소에 나갈 때의 민족 대표의 각오는 죽음을 무릅쓴 것이었고, 문초 과정에서 독립 정신을 지킨 분들이 많이 있었음에도 불구하고 이를 언급하지 않았다.

셋째, 약속 장소에 나타나지 않은 네 분이 마치 현장 도피의 성격을 갖는 것처럼 기록된 것은 사실과 다르다. 태화관에 참석하지 않은 네 분은 각자 지방에서 만세 운동을 지도하기 위한 책무가 있었기 때문에 다소 늦었거나 참석을 못 한 것이다.

넷째, 약속 장소를 태화관으로 변경한 것은 민족 대표가 파고다 집회에 참석할 때 흥분한 청년들이 일본 경찰과 충돌함으로써 유혈 사태가 일어날 것을 걱정한 것이었다. 특히 약속 장소가 이완용의 별장이었다는 사실은 그러한 친일적인 장소에서 민족정기를 표현하는 것이 더욱 의미 깊은 일이라고 생각했기 때문이었다.

다섯째, 본문의 삽화에 기생들이 시중드는 장면은 애국정신을 훼손한 것이다. 태화관에 참석한 열두 분의 목사님들은 음식이 나오자 민족을 위한 기도를 올렸고 기생의 시중을 받지 않았다. 그 당시의 분위기는 너무도 엄숙하여 차려놓은 음식조차 들지 못할 정도였다.

– 33인 유족회 일동

일부 열혈한 젊은이들은 내가 북한의 주장을 베꼈다고 주장했지만, 과연 그들이 북한의 역사 인식을 정확히 인지하고 그런 말을 했는지도 의심스럽다. 33인 유족회 가운데서도 천도교 측의 인사들이 가장 격렬하게 항변했다.

33인 유족회의 반론 이외에 천도교 측이 지적하는 것은, 첫째로, 신철은 최린으로부터 돈을 받았으며, 둘째로, 3월 1일 그 시간에 태화관의 지도부와 파고다공원의 학생 대표들 사이에 긴밀한 연락이 있었으므로 학생들이 지도부를 찾아다녔다는 것은 사실과 다르며, 셋째로, 태화관 기생 산월은 1913년부터 손병희의

3 · 1운동 참여자 재판 모습

소실로 살림을 차려 기생의 생활을 청산했기 때문에 3월 1일의 태화관에 없었다는 것이다.

그러나 신철이 돈을 받았는지는 그를 비하하려는 측과 그의 의기를 칭찬하는 측의 주장이 달라 어느 쪽의 말이 맞는지를 속단하기 어렵고, 따라서 어느 쪽의 말에 더 비중을 두고 믿느냐는 독자가 판단할 문제이다. 지도부와 학생 사이의 연락 문제는 학생 측의 자료로 입증될 때 사실로 확인되는 것이지 지도부의 말만 믿을 수는 없다.

산월의 문제는 덕이 안 되는 문제이므로 여기에서 덮는 것이 순리라고 나는 생각한다. 더 까발려 보았자 상처만 깊어지기 때문이다. 산월이 1895년 생이고, 손병희가 1861년 생이다. 손병희에게는 아내가 있었고, 그의 몸에서 태어난 딸이 소파小波 방정환方定煥의 아내이다.

그들은 성명서를 통하여 "야바위꾼 신복룡은 스스로 목숨을 끊을 것"을 요구했다. 내가 정말로 야바위꾼인지, 소위 믿는다는 사람들이 역사적 논쟁에 그런 용어를 써도 괜찮은 것인지, 나의 주장이 과연 스스로 목숨을 끊을 사안인지, 논쟁을 이런 식으로 이끌어가는 것이 과연 바람직한지 나는 납득할 수 없다. 제252조 2항에 따르면, "사람을 교사 또는 방조하여 자살하게 한 자는 1년 이상 10년 이하의 징역에 처한다."

이미 앞서 나간 「전봉준全琫準은 동학교도도, 접주도 아니었다」는 글로 말미암아 서로가 마음을 다친 터에 이번의 글로 더욱 감정이 북받쳤으리라는 인정하지만, 이번의 일련의 사태에서 천도교 측의 대응 자세는 적절하지 않았다고 나는 생각한다. 그들이 진실로 문제 삼을 부분은 손병희의 법정 진술이었으나 이에 대해서는 일언반구의 대응도 없었다. 그들이 보내 준 유인물과 기관지의 기사를 읽어보지 않았지만, 그 글이 사실을 오도하지 않기를 바랄 뿐이다.

이 밖에도 3 · 1 정신을 모독하지 말라는 독자 투고(kccar@net-sgo.com)가 있었고, 33인 가운데 일부 변절의 문제는 엄연한 사실이므로 밝힐 것은 밝혀야 한다는 투고(asp593@hanmail.net)가 있었다. 나의 글이 33인의 문제를 재평가해야 한다는 뜻을 담은 것은 사실이지만, 3 · 1정신을 모독할 뜻은 없다. 3 · 1정신과 33인의 문제가 반드시 일치하는 것은 아니다.

### 참고문헌


- 《매일신보》 1919년 5월 22일자
- 「3 · 1운동 33인 검찰 조서」
- 「3 · 1운동 33인 경찰 조서」
- 「3 · 1운동 33인 법정진술서」
- 「3 · 1운동 33인 예심 조서」
- 신복룡, 「북부 지방의 3 · 1운동」, 『한민족독립운동사』(3)(과천 : 국사편찬위원회, 1988)
- 신복룡, 『대동단실기』(서울 : 선인출판사, 2014)
- 이난향(李蘭香), 『회고록』 : 「남기고 싶은 이야기 : 명월관 편」, 《중앙일보》 1971년 1월 15일자
- 『전봉준평전』(서울 : 들녘, 2019)
- 최린, 「자서전」, 『여암문집』(상)(서울 : 여암선생문집편찬위원회, 1971)
- 『한국독립운동사』(2)(서울 : 원호처, 1971)

# 26. 망국亡國의 책임을 묻지 않는 역사학

대한제국 멸망기 전후에
전국민의 항일참전율은 1.1%였다.
— 본문에서

"한 나라가 멸망하는 것을 보면,
반드시 그 나라 스스로가
멸망할 짓을 한 연후에
다른 나라가 그 나라를 멸망시킨다"
— 맹자孟子

역사의 진보론, 성선설性善說, 신의설神意說 등, 많은 이론이 우리에게 희망을 불어넣고자 노력했음에도 불구하고 우리는 어제의 역사보다 오늘이 행복하고 오늘의 역사보다 내일이 더 행복하리라고 장담할 수가 없다.

살상을 위한 무기 개발 · 제조비는 의료비보다 많으며, 우리가 낭비하는 돈은 가난한 나라들의 절대 빈곤의 구제에 필요한 비용보다 많다. 잘사는 나라에서 먹다 남겨 버리는 음식의 양[殘飯]은 빈곤 국가에서 필요한 양보다 많다. 이것이 현실이다. 역사는 정의의 승리만은 아니었다. 그러한 불의가 국가 간에 나타난 것이 곧 전쟁이며 침략이며 병탄이었다. 그런 점에서 본다면 침탈과 병합은 역사에 흔히 나타나는 재앙이었다.

## 자성의 목소리는 들리지 않고

한일 관계가 합병의 아픈 경험이 없었더라도 화친할 수 없었을 터이지만 오늘의 한일 적대 관계가 이 지경에 이른 결정적인 이유는 한일합병의 유산일 것이다. 그런 점에서 본다면 일본의 대한對韓 감정이 혐오 의식인 것과는 달리 한국인의 대일 인식은 적의敵意이다. 이 점은 한일 관계를 설명하는 과정에서 나타나는 미묘한 차이점이다.

오늘날까지도 일본이 아시아의 다른 국가들과 화해하지 못하는 가장 큰 이유는 일본이 수행한 식민 통치의 가공할 잔인성과 비인간성, 그리고 그들이 이를 인정치 않는 데서부터 발원한다. 그것은 일본이 아래로부터의 저항에 의한 민주주의를 경험하지 못하고, 자기 역사를 비판적으로 검증할 단계를 통과하지 못한 채 곧바로 해외 팽창을 시도했던 역사적 경험과 관련된다. 민주주의를 경험하지 못한 군국주의의 통치 엘리트는 대외적으로 최소한의 휴머니즘과 민주주의에 기초한 통치 방식을 고려하지 않았다.(朴明林)

그러나 우리는 이러한 일제의 죄상 폭로에서 한 걸음 더 나아가 왜 우리는 그러한 식민지 점탈의 희생이 될 수밖에 없었는가에 대한 자성自省의 목소리가 선행되어야 했다. 그것이 아무리 마음 내키지 않는 것이고 아픈 작업이라 하더라도 스스로 뼈를 깎는 과정을 거치지 않는다면 그것은 역사 교육의 정도正道가 아니다. 우리에게는 망국의 원인에 대한 뼈아픈 회오悔悟가 없었을 뿐만 아니라 망국의 기간에도 그 시대의 지식인들, 특히 역사학자들이 뒷날의 "광복의 역사"를 고뇌했는지도 분명하지 않다.

일제 식민지 시대의 우리 역사학이 민족의 해방을 전혀 전망하지 않기야 했을까만, 그 해방이 우리 역사의 어떤 단계가 되어야 하는가, 해방을 앞당기고 해방 뒤에 새롭게 전개되어야 할 역사 교육을 위해 가능한 범위 안에서나마 무엇을 해야 할 것인가를 고민한 흔적이 남아 있는지 의심스럽다. 다만 해외에서 활동한 민족 해방 운동 전선의 일부 이론가들이 민족 해방이 역사적으로 무엇이어야 하는가를 추구하려 노력한 흔적들이 일부 남아 있을 뿐이다.

## "탓의 역사학"의 함정

이와 같이 망국의 원인과 책임을 묻지 않는 한국의 일제 시대사는 결과적으로 두 가지의 경향을 보이고 있다.

첫째로, 한국의 일제 시대사 연구는 일본의 잔학상을 강조하는 데 많은 지면을 할애하고 있다. 그 사례로 고등학교 『국사』(하권, 2002, pp. 132~133) 교과서의 다음과 같은 대목을 읽어 볼 필요가 있다.

> 고종 황제와 정부 대신의 강력한 반대에도 불구하고 일제는 군사적 위협을 가해 일방적으로 조약 성립을 공포하면서, 대한제국의 외교권을 박탈하고 통감부를 설치하여 내정까지 간섭했다. 이에 고종 황제는, 자신이 조약 체결을 거부했으며 서명 날인을 하지 않았음을 들어 국내외 조약의 무효를 선언했으며, 헤이그에 특사를 파견하여 조약의 무효를 거듭 밝혔다.(1907)

통감부를 설치하여 대한제국의 국내 정권을 장악한 일제는 대규모의 일본군을 한반도에 파병하여 우리 민족의 저항을 무자비하게 탄압했으며, 헤이그 특사 파견을 구실로 고종 황제를 강제 퇴위시켰다. 그뿐만 아니라, 황제의 동의 없이 한일신협약(정미7조약)을 강제로 체결하여 우리 정부 각 부에 일본인 차관을 두게 했다.

나아가 군대 해산에 반대하여 봉기한 대한제국 군대의 저항을 무력으로 진압하고, 대한제국을 방위력이 없는 나라로 만들어 버렸다. …. 그 후, 일제는 요원의 불길처럼 일어나는 우리 민족의 주권 수호 운동을 무력으로 탄압하고, 사법권 · 경찰권을 빼앗은 뒤 마침내 국권마저 강탈했다.(1910)

이 글의 어디에도 자신의 과오에 대한 회오悔悟가 보이지 않으며, "일방적으로" "무자비하게" "강제적으로" "동의 없이" "무력으로" 등의 어휘만이 보인다. 이 지구상의 어느 식민지 병합이 "합의에 따라, 자비롭고, 인도주의적인 방법으로" 이루어진 경우가 있었는가? 이러한 논지는 "탓의 역사학"에 지나지 않는다. 이러한 탓의 역사학으로부터의 해방이 곧 우리의 역사를 성숙하게 만드는 첫걸음이 될 것이다.

망국의 책임을 묻지 않는 역사학에서 나타나는 두 번째 현상은, 광복이 자신의 역량에 의해 이루어진 것이라고 미화하고 과장한다는 사실이다. 그 예로서 다음과 같은 글을 지적할 수 있다.

국내에서는 강력한 일본 제국주의 세력의 민족 말살 정책에 대항하여 민족 문화를 보존 · 수호하는 한편, 민족의 역량을 배양하기 위하여 민족 실력 양성 운동을 전개했다. 이와 같은 항일 독립 운동은 1945년까지 전개되었으며, 그 결과 일제로부터 광복을 쟁취할 수 있었다.(고등학교 『국사』 하권, 2020, p. 130)

이 글에 따르면, 한국의 독립은 자력에 의한 것이다. 이것은 참으로 허구이며 사실이 아니다. 한 민족이 멸망하면서 한국처럼 무기력했고, 침묵한 민족이 흔치 않았다. 1870년대 후반부터 1900년대 초엽에 이르기까지 일본의 대륙론자들이 정한론征韓論을 구체화하고 있는 동안에 조선의 지도자들은 무엇을 어떻게 대처했는가를 우리는 묻지 않고 있다.

이런 점에서 볼 때 우리는, 애국지사들에게는 참으로 송구한 말이지만, 일제 치하에서 항일한 투쟁의 내면을 미화하거나 과찬해서는 안 된다. 왜냐하면 대한제국은 결국 멸망했고, 끝내 우리의 힘에 의한 독립을 이룩하지 못했기 때문이다.

## 망국에 이토록 침묵한 민족은 없어

이러한 논조에 동의하지 않는 사람들은 일제 치하에서 2천만 동포가 한결같이 일제에 항거했다고 말할 것이다. 그러나 이 점에 대하여 우리는 좀 더 정확한 자료와 겸허한 자세로써 이를 설명해야 한다. 일제 치하에서 2천만 동포가 일제를 거부했다고 하지만, 3 · 1운동의 비폭력 항쟁에서 3월 1일부터 4월 30일까지 만세를 부른 사람의 수효는 전체 인구 1,678만8천400명 가운데 2.76%인 46만3천86명에 지나지 않았다.

**초기의 의병 : F. A. 맥켄지(McKenzie) 촬영(이천?)**
일본의 총칼 앞에 든 무기가 몽둥이였다.

대한제국이 멸망할 당시의 5년 동안인 1907년의 정미의병丁未義兵에서부터 합병 1년이 되는 1911년까지 조국을 수호하고자 무장항전에 참여한 수효는 전체 인구 1천312만 명 가운데서 14만 명 정도밖에 되지 않았으니까 항일참전율抗日參戰率은 1.1%가 된다.

임진왜란壬辰倭亂의 경우를 보면 그 당시의 인구는 483만 명 정도였는데, 7년 동안의 전투에 참여한 총인원은 정규군과 의병을 합쳐 17만 명 정도였으니까 이 당시의 항일참전율은 약 3.5%가 된다.

이와 같은 통계를 고려할 때 대한제국이 멸망하기 전후의 대일참전율이 1.1%였다면 이 정도의 항쟁으로써 민족이 살아남기를 바랐다는 것 자체가 요행을 바라는 것이었다. 바꾸어 말해서 한국의 대일항전은 그 강인성强靭性이나 강도의 측면에서 일본의 침략성에 비해 너무 나약했다.

당시의 한국인들은 국제 사회의 도덕률이라든가 무저항 · 비폭력 투쟁이 얼마나 환상적이며 이상주의적이었던가를 알았어야 한다. 세이뇨보스Charles Seignobos의 말처럼 약소 민족이 무장 투쟁을 통하여 독립을 쟁취할 가능성은 본래부터 희박한 것이었다.

그럼에도 불구하고 대한제국 멸망기의 항일 투쟁과 3 · 1운동은 무장 투쟁의 형식을 취했어야만 했으며, 이 점에서 김구金九의 테러리스트 항쟁[의열 투쟁]이나 신채호申采浩와 김원봉金元鳳의 무장 투쟁에 관한 주장은 옳았다. 왜냐하면 무장 투쟁은 민족 정기精氣의 문제이지 성패의 문제가 아니기 때문이다.

## 민족감상주의로부터의 해방이 필요

대일관계사가 주류를 이루고 있는 한국의 근대 민족주의 운동의 특징을 한마디로 요약할 수는 없지만, 그 가운데 하나로 민족감상주의가 차지했던 비중을 무시하기는 어렵다. 민족감상주의는 민족을 응집시키는 일차적이고 부분적인 계기는 될 수 있지만 민족 의식이나 민족 운동을 끝까지 지속시킬 힘은 아니다. 민족 문제는 엄연한 현실이며 전략과 경륜 그리고 의지가 필요한데, 대한제국은 이러한 점들을 소홀히 했고, 결국 그 약점을 극복하지 못한 것이 이유가 되어 멸망했다.

이러한 약점은 해방 80년이 가까워져 오는 지금까지도 잔존하고 있다는 것이 문제를 더욱 악화시키고 있다. 일제 시대를 체험한 기성 세대가 후대에 들려주는 "경험으로서의 일본관"은 아직도 감상주의를 벗어나지 못하고 있고, 역사학은 문제의 핵심을

**의병 : F. A. 맥켄지(McKenzie) 촬영(지평리?)**
조국을 지키려는 소년의 모습이 안쓰럽다.
소년이 총을 들고 싸울 때 어른들은 뭘 했나?

지적하는 데 실패하고 있다. 한일 관계는 텔레비전의 멜로 드라마나 담징曇徵 · 왕인王仁에 대한 나르시쿠스적 향수만으로는 설명될 수 없다.

물론 대한제국이 멸망할 당시 우리가 겪은 제국주의 열강의 외압外壓이 중국이나 일본에 가해진 그것과는 성격이나 강도에서 다른 점이 있었던 것도 사실이다. 그뿐만 아니라 대한제국이 내재적으로 구조적 모순을 안고 있었던 점도 멸망의 원인으로 지적되기에 충분하다. 그러나 이러한 논리에도 불구하고 대한제국의 멸망이 역사적 필연이었거나 운명적인 것은 아니었다. 그것은 피할 수도 있는 비극이었다. 그것은 당시 지배 계급의 실수로 빚어진 인재人災였다.

## 내부 식민지주의가 더 무서워

맹자(孟子)

요컨대, 한국의 망국의 책임은 일본 군국주의의 참혹성에 있는 것이 아니라 한국인 자신, 특히 당시의 지배 계급에 있다. 우리가 외세의 침략보다 더 경계할 것은 내부의 식민지주의이다. 이 대목과 관련하여, "한 나라가 멸망하는 것을 보면, 반드시 그 나라 스스로가 멸망할 짓을 한 연후에 다른 나라가 그 나라를 멸망시킨다"(國必自伐然後人伐之)는 맹자孟子에게로 돌아가 다시 생각해 보아야 할 것이다.

## * 추기

일본의 교과서 왜곡 파동으로 어수선한 반일 분위기 속에서 이 글은 신문사와의 입장 차이로 게재되지 않았음.

### 참고문헌


- 고등학교 『국사』(하)(교육부, 2002)
- 맥켄지(F. A. McKenzie)(지음), 신복룡(역주), 『대한제국의 비극』(서울 : 집문당, 2019)
- 『孟子』
- 박명림, 「근대화 프로젝트와 한국 민족주의」, 역사문제연구소(편), 『한국의 근대와 근대성 비판』(서울 : 역사비평사, 1996)
- 신복룡, 『한국정치사』(서울 : 박영사, 2003)
- 코번(A. Cobban)(지음), 신복룡(외 역), 『민족자결주의』(서울 : 광명출판사, 1968)

# 27. 반일이 곧 애국이라는 오해

"이 난세에 배운 값하며 살기가
이토록 어렵단 말인가?"
難作人間識字人
— 황현黃玹

"일본과 등지지 마십시오."
— 신숙주申叔舟가 왕에게 바친 유언

거부巨富는 망국기에 나타난다.
— 본문에서

## 서울 지하철 3호선 안국역의 비극

이 나라의 현대사를 공부하는 사람의 하나로, 나는 서울 지하철 3호선 안국역 5번 차량 앞에 서서 차를 기다릴 때면 마음이 괴롭고 착잡하다. 바로 5번 차량의 슬라이딩 도어에 항일 시詩가 인쇄되어 있는데, 글을 지은 이는 이봉창李奉昌 열사이다. 그 글의 마지막 귀절은 "왜놈을 도륙하자."는 내용이다. 도륙屠戮이란 푸줏간에서 소나 돼지를 칼로 저며 각을 뜬다는 뜻이다.

왜 이런 시가 여기에 붙어 있어야 하는가를 서울시에 물어봤더니, 지하철공사에서 하는 일이니 자기로서는 아는 바가 없다고 대답했다. 이리저리 수소문해보았더니, 이 안국동 일대가 "독립운동의 거리"(?)라던가 하는 대답을 들었다. 왜 여기가 독립운동

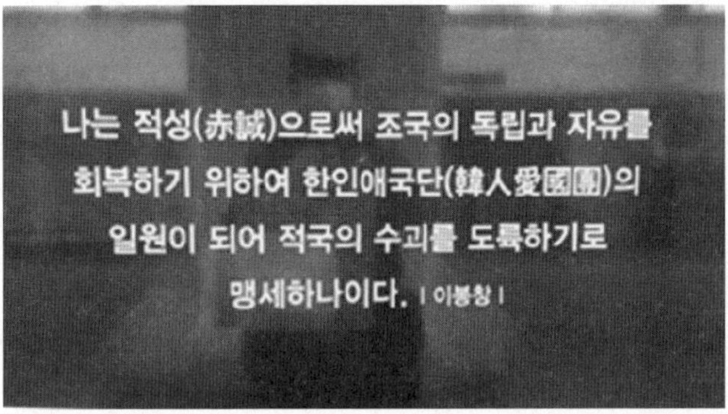


서울지하철 3호선 안국역 5번 차량의 슬라이딩 도어

의 거리냐고 물어봤더니 "왜놈 대사관이 그곳에 있어, 대사관을 가려면 안국역에서 내려야 하기 때문"이라는 것이었다.

나는 가슴이 먹먹했다. 한국에 오는 일본 사람들 가운데 대부분은 한글을 읽으며, 그게 무슨 뜻인지 안다. 그들이 그 문장을 읽었을 때 심정이 어떠했을까? 이것은 문명 국가에서 할 짓이 아니다. 입장을 바꿔 생각해 보자. 일본 도쿄東京의 긴자역銀座驛 전철의 슬라이딩 도어에 "조센징 저며 죽이자."는 글을 써 붙였다면 우리의 심정은 어떨까? 알아들을 만한 고위층에 여러 차례 건의했지만, 그 글은 아직도 붙어 있다. 이것을 애국이라 말할 수 있을까? 이를 본 우리의 어린이들이 애국심을 느끼게 될까? 그들을 보고 근심에 젖는 것은 내가 토착 왜구倭寇이기 때문일까?

## 우리 안의 친일

일제 시대를 돌아보면, 일본의 집요하고도 구체적인 정한征韓 전략과는 달리 한국의 대응은 그렇게 절박하지도 않았고 전략적이

지도 않았다. 그 밑바닥에는 중화주의中華主義라고 하는 백내장이 깔려 있었다.

합방 이전이나 이후를 가리지 않고 지배 계급의 전략 부재로 말미암아 한국인들은 자신도 모르게 일본에 길들어가고 있었다. 친일을 저지르면서도 그것이 친일인지도 모른 채, 친일에 익숙해지고 있었다. 1926년 이완용李完用의 장례식 운구 행렬의 만장輓章은 십 리를 이루었고 고종高宗의 국장 이후 가장 화려(?)했다.

일제 강점기의 애국지사들에게는 참으로 송구한 말이지만, 그 시대 한국의 지식인들은 제국대학을 졸업하고 고등문관시험에 합격하여 군수나 판사가 되어 '다쿠시'(taxi)를 타고 화신백화점에 엘리베이터로 올라가 쇼핑을 하는 일에 부러운 눈길을 보내고 있었다. 1942년 2월에 일본군이 싱가포르를 함락했을 때 조선의 초등학교 학생들에게는 고무공 하나씩을 선물했는데 그리 기뻐할 수가 없었다.

안중근安重根 의사가 사형 판결을 받을 무렵 한국인들은 이토 히로부미伊藤博文의 죽음을 사죄하는 대죄단待罪團을 조직하고, 이토 히로부미의 추모 행사를 준비하고, 그의 동상 제작을 추진하면서 그를 활불活佛로 추앙했으며, 그를 추모하는 절을 장충단에 지어 이름을 박문사(博文寺, はくぶんじ)라 했고 그 산을 춘무산(春畝山, しゅんぼさん)이라 불렀다. 춘무는 이토 히로부미의 호이다. 지금의 신라호텔 자리이다. 「황국신민서사」를 지은 것도 한국인이었다.

아래쪽의 사진을 보자. 어디서 많이 본 듯하다. 일본이 한국과 운동 경기를 중계하면서 텔레비전에서 중요 장면을 되풀이하여

(replay) 보여 줄 때 불쑥 튀어나오는 화면이다. 반드시 이 장면이 나온다. 이것은 무엇을 상징하는 것일까? 아래의 사진과 비교해 보시라. 이는 욱일승천기旭日昇天旗의 간접 광고이다. 우리 나라의 그 잘났다는 미디어 계통의 누구도 이것을 문제 삼지 않았다. 나는 요로에 이 문제를 몇 번 제기했지만 아무 소용이 없었다. 얼마나 무지한 일인가?

일본 중계 방송의 다시 보기 장면

욱일승천기

## 따오기 파동

우리 안의 친일은 오늘이라고 해서 나아진 것이 없다. 그 한 사례로, 우리 사회에서는 언제인가부터 느닷없이 중국으로부터 수입해온 "따오기 복원 운동"이 활발하게 진행되고 있다. 예산이 72억 원이라 한다. 그리고 위정자도, 국민도 뭐가 잘못되었는지 모르고 있다. 이 문제는 먼저 그 노랫말을 살펴보는 데에서 시작해야 한다.

> 보일 듯이 보일 듯이 보이지 않는
> 따옥 따옥 따옥 소리 처량한 소리
> 떠나가면 가는 곳이 어디메이뇨
> 내 어머니 가신 나라 해 돋는 나라(1절)
> 내 아버지 가신 나라 해 돋는 나라(2절)

이 노래에서의 핵심어keyword는 처량함, 내 어머니, 내 아버지, 떠나감, "동쪽의 해 돋는 나라"이다. 왜 내 어머니와 내 아버지는 동쪽에 해 돋는 나라[일본]에서 살고 있을까? 왜 우리는 그토록 처량하게 해 돋는 나라를 그리워하며 노래를 부르고 있을까?

일본의 국조(國鳥) 따오기

이 노랫말에 담긴 메시지는 유쾌하지 않다. 작사자가 어떤 의도로 그렇게 썼는지 대하여는 각자가 짐작할 일이다. 관계자들은 펄쩍 뛸 일이지만 나는 이 가사에서 교묘하게 은폐된 친일을 느낀다. 따오기의 국제적 학명이 *Nipponia nippon*이라는 것도 의미심장하다. 따오기는 꿩과 까마귀와 함께 일본의 세 가지 국조國鳥 가운데 하나이다.

따라서 일본이 중국에서 따오기를 수입하여 복원한 것은 우리와 입장이 다르다. 모르고 했다면 무지요, 알고 했다면 기군망상欺君罔上을 한 것이다. 이 사례를 통하여 우리는 입으로 친일 청산을 외치면서도 실상 친일에 대하여 잘 모르거나 알게 모르게 익숙해 있음을 보여준다.

우리는 무엇이 친일이고 우리 몸 안에 얼마나 친일이 깊이 각인되어 있는지도 모른 채 반일을 외치고 있다. 공부가 부족해서 그렇다. 우리는 친일 청산 요구하면서 으레 이완용을 비롯한 을사오적과 합방칠적의 이름을 거론한다. 물론 그들이 역사에 지은 죄를 사면 받을 수는 없다. 그렇지만 그들이 망국 원인의 모든 것은 아니다.

냉정하게 말하자면, 해방이 되자 이승만李承晩은 친일 재벌 장진영張震英의 돈암장敦岩莊에서 살았고, 김규식金奎植은 친일 재벌 민규식閔奎植의 삼청장三淸莊에서 살았고, 박헌영朴憲永은 함열咸悅 갑부 김해균金海均이 제공한 혜화장惠化莊에서 살았고, 김구는 금광 재벌 최창학崔昌學의 경교장京橋莊에서 살았다. 이 집은 일본 공사 다케조에 신이치로竹添進一郎의 집이었다.

일제의 멸망을 감지한 친일 재벌들은 각기 집 한 채씩 싸 들고 당대의 지도자를 찾아가 읍소하며 구명 운동을 전개하기로 담합한 흔적이 보인다. 그것은 받아서는 안 되는 것이었다. 그런 재산은 "받아 마땅한 대접"이 아니었다.

그런 점에서 본다면 우리 모두 죄인이고 망국의 책임자이다. 지금의 친일 논쟁은 "먼저 태어난 자의 슬픔과 늦게 태어난 자의 행운"이 빚은 갈등이다. 우리의 망국사에는 분노만 분출할 뿐 역사에 대한 자성이나 회오가 없다. 고등학교 『국사』 교과서는 여전히 "우리 자신의 힘으로 광복을 쟁취했다."고 가르치고 있다.

## 친일 청산의 한계

아마도 해방정국에서 현대사에서 친일 논쟁의 가장 큰 피해자는 이승만일 것이다. 공적公敵이 필요하고 복수심에 불타는 무리에게 친일은 이승만에게 너울을 씌우는 구실로 이용되었다. 그럴 만한 여지가 있는 것도 사실이다. 한민당원들 가운데 친일로 분류될 수 있는 사람들이 섞여 있었기 때문이다.

그러나 정밀히 살펴본다면 이승만의 초대 내각에서 각료 13명 가운데 친일로 분류될 수 있는 사람은 윤치영尹致暎과 유진오俞鎭五 두 사람뿐이었고, 그 나머지는 대부분 독립투사 진영의 인사들이었다. 이승만 초대 내각 안의 친일 인사는 북한 초대 내각에 포함된 친일 인사의 숫자보다 적다.

그럼에도 반反이승만 계열에서 이승만과 한민당을 친일로 몰아붙였을 때 한민당으로서 친일은 더 이상 물러설 수 없는 화두였다. 그들은 역공하지 않는 한, 설 땅이 없다는 것을 잘 알고 있었다. 가장 격노하여 반격에 나선 인물은 조병옥趙炳玉이었다. 당시 정보망을 장악하고 있었던 그는 정치판에서 내로라하는 사람들의 친일 비리를 꿰뚫고 있던 터라 할 말이 많았다. 그래서 나온 논리가 친일(pro-Jap)은 먹고 살다 보니 저지른 일(pro-Job)이었다는 것이다.

지금 이 시대의 가진 자들 가운데 구한말부터 일제 시대와 해방정국에 이르기까지 100년의 역사를 살아온 조상 9족, 곧 3족(친가 · 처가 · 외가) 3대(아버지 · 할아버지 · 증조부)의 이력서와 호적/제적등본과 족보를 내놓고 "우리 집안은 정말로 하늘을 우러러 부끄럼이 없다."고 말할 수 있는 집안이 과연 몇이나 될까? 노비와 화전민 빼고서는 그리 많지 않을 것이다. 열 사람의 의인만 살아 있었더라도 소돔과 고모라를 멸망시키지 않겠다던 여호와의 약속(『창세기』 18 : 32)은 우리에게도 유효한 명제이다.

다시 국난이 온다면 나를 포함하여 우리가 모두 조국을 위해 죽을 수 있다고 장담할 수 있을까? 나부터도 장담할 수 없다. 거대한 국가 폭력 앞에서 한 개인이 저항하는 것이 그리 쉬운 일은 아니었을 것이다. 흥망성쇠를 겪으면서 의인이 없었던 적도 없지만, 역사적으로 애국자가 넘쳐나는 시대도 없었다. 꼭 그럴 필요도 없고 그럴 수도 없다.

조국과 동포를 배신한 사람을 대상으로 정의를 추구하는 데는 여러 가지 심각한 어려움이 있다. 우선 누가 죄인을 가릴 수 있는가, 누가 죄인임을 가릴 수 있는가의 문제가 쉽지 않다. 그런 점에서 본다면 우리는 망국의 원인을 몇 명의 친일파에게 추궁함으로써 망국이라는 거대 담론을 희석稀釋하였다.

나는 형사법학자는 아니지만 "친일파에게는 공소시효가 없다"는 논리에 법률의 하자가 없는지를 가끔 생각해 본다. 왜냐하면 그 행간에는 연좌제의 뜻이 담겨 있기 때문이다. 우리는 지금 친일파를 색출하는 것이 아니라 친일파의 자식을 색출하고 있는 셈이다. 이는 학살과 같은 반인륜 범죄를 저지른 나치 치하나 붕괴 이전 공산 치하와 남미에서 저지른 반인륜 범죄의 추적과는 다소 다른 성격의 것이다. 과거만을 지향하는 기억은 별로 좋은 것이 아니다.

『플루타르코스영웅전』「폼페이우스전」을 보면, 고대 로마의 격동기에 반역자 페르펜나Vento Perpenna에 복수하고자 혈안이 된 폼페이우스Pompeius에게 카토Cato, the Younger는 이런 말을 했다.

> "지난 일을 묻지 말고 앞으로의 일을 걱정해야 합니다. 지난 일을 문책하기로 한다면 도대체 어느 시점까지 거슬러 올라가야 하는지를 결정하기가 쉽지 않습니다."
>
> … 그러던 터에 페르펜나의 부하 장군들은 대부분 전투에서 죽

고 페르펜나만이 홀로 폼페이우스 앞에 끌려왔다. 폼페이우스가 그를 죽이도록 명령한 일을 두고, 그가 너그럽지도 못했고 지난날 시킬리아에서 있었던 일을 배은망덕하게 갚았다고 그의 정적들이 험담했다. 그러나 그는 로마의 미래를 걱정하며 올바른 판단을 내린 것이다.

페르펜나에게는 문서들이 많았는데, 그 가운데 어느 것은 로마의 유력 정치인들이 지금의 정부[폼페이우스]를 무너트리고 세르토리우스Sertorius를 이탈리아로 불러들이려는 음모를 담고 있었다. 폼페이우스는 이 문서를 공개하는 것이 지금 이 문제를 여기에서 덮는 것보다 더 위험하다고 생각하고 페르펜나를 처형한 다음 읽어보지도 않고 문서들을 태워버렸다.

이런 고사도 한 번 들어볼 만하다.

조조曹操가 원소袁紹에게 대승을 거두고 전리품으로 얻은 금은 보화와 비단을 병사들에게 상으로 나누어 주었다. 빼앗은 문서 가운데 편지 한 묶음이 들어 있었는데 모두가 허도許都와 조조의 부하 장수들이 원소에게 은밀하게 내통하며 보낸 것들이었다. 주변에 있던 사람들이 조조에게 아뢰었다.

"일일이 이름을 대조하여 모두 죽이시지요."

그 말에 조조가 이렇게 대답했다.

"원소가 강성했을 무렵에는 나도 마음을 바로 하지 못했는데 남들이야 오죽했겠는가?"

그러고서는 그 편지들을 모두 태워버리도록 하고 다시 그 문제를 따지지 않았다.(『삼국지』 제30회)

과거사 청산은 당사자에 대한 "할퀴기"가 되어서는 안 된다.(A. Rigby) 그런 식이라면 일본 정부와 지주에게 세금과 소작료를 지불하고 부역賦役에 나간 나와 귀하의 아버지도 친일로부터 자유롭지 않다. 영토도 없고, 국가도 없고, 국민도 없는 상황에서 한 개인이 우국의 기개만으로 항전하는 데에는 한계가 있었다. 이 시대의 애국이라는 것이 기껏 앞에서는 반일을 표방하면서 뒤로 돌아가면 그렇게 모은 돈으로 파티에서 포도주나 홀짝거리기 위한 것이라면, 그것은 이미 애국이 아니라 생계형 취업일 뿐이다.

안드류 릭비(Andrew Rigby)

이러한 논리가 망국을 기화로 하여 치부하고 유족한 삶을 산 무리에게 대한 면죄부를 주는 논리가 되어서는 안 되지만, 4년 동안 적의 치하에서 살았던 프랑스처럼 부역자를 처리하지 못했고, 공산주의를 표방한 북한처럼 남한의 자본주의가 과거를 청산할 수는 없었다.

예로부터 악인과 배신은 늘 존재했다. 거부巨富는 망국의 순간이나 잔혹한 전쟁을 딛고 나타났다. 이것이 옳으냐 그르냐의 문제와는 전혀 별개로, 우리의 눈앞에 벌어진 현실이 그렇다. 그러므로 우리로서는 망국을 초래한 그들의 죄상을 역사에 기록해 두는 것 이외에는 달리 방법이 없다. 우리는 과거를 껴안고 살며, 과거와 함께 가는 법을 배워야 한다.

## 신숙주申叔舟의 유언

친일 문제와 관련하여 남은 화두는 한일 관계를 어떻게 이어가야 할 것인가이다. 중요한 것은 "약속을 지키는 것"(pacta sunt servanda)이다. 우리와 이념이나 노선이 달랐던 지난 정권에서 약속한 것이므로 이제 세상이 바뀐 터에 우리는 그 약속을 지킬 수 없다는 논리는 참으로 하책이다. 일본의 우익들은 "저것도 나라냐?"고 묻고 있고, 그나마 명맥을 유지하던 일부 지한파 지식인들마저 이탈하고 있다. 적어도 지금이나 앞으로의 역사에서 우리는 중국보다는 일본과 가깝게 지낼 수밖에 없다.

성종成宗이 공신 신숙주申叔舟의 운명이 가까워졌다는 말을 듣고, 도승지를 보내어, "경卿이 나에게 마지막으로 남길 유언이 무엇이오?" 하고 물었을 때 신숙주는 "일본과 등지지 마십시오."[不失和日本](『懲毖錄』)라는 말을 남기고 눈을 감는다. 550년 전의 한 우국 충신의 마지막 유언은 지금도 유효하다. "착하지 않은 사마리아인"과 함께 살아가는 법을 배워야 하는 것이 한일 관계의 운명이다.

## * 추기

이 글은 『해방정국의 풍경』(2017)의 「친일」 편을 증보하여 개고改稿한 것임.

## 참고문헌


- 릭비(Andrew Rigby)(지음), 장원석(옮김), 『과거 청산의 비교정치학』(*Justice and Reconciliation after the Violance*)(서울 : 온누리, 2007)
- 신복룡(역주), 『삼국지』(서울 : 집문당, 2021)
- 신복룡(역주), 『플루타르코스영웅전』(서울 : 을유문화사, 2021)
- 신복룡, 『해방정국의 풍경』(서울 : 지식산업사, 2017)
- 조병옥, 『나의 회고록』(서울 : 민교사, 1959)
- 『징비록』
- 『창세기』
- 황현, 『梅泉野錄』

# 28. 미국은 당초 4대국 분할을 획책했다

38°선은 여러 분할안 가운데
최남단인 것이 비극이었다.
그리고 그것은 미국과
소련의 타협안이 아니라
미국 군부의 제안이 승리한 것이다.
— 본문 가운데

한 나라의 운명을 돌아보노라면 회한悔恨이 많이 일어난다. "그 때 그러지 않았더라면…." 하는 아쉬움이 실은 역사학에서 부질 없는 일인 줄 번연히 알면서도 그런 가상을 하는 일이 허다하기 때문이다. 한국 현대사의 최대 비극이라 할 수 있는 분단의 경우만 하더라도 그렇다. 분단 자체가 회한이기는 하지만 운명으로 받아들일 수밖에 없다.

그러나 그 분단선이 너무 남쪽으로 내려왔기 때문에 비극적이었다는 아쉬움이 남아 있다. 왜냐하면 만약 분단선이 조금만 더 북쪽으로 올라가 서울이 북한 야포野砲의 사정권에 들지 않았고, 38°선으로부터 서울이 1일 진입권에 들지 않았더라면 김일성金日成은 그렇게 간단하게 개전을 결심하지 못했기 때문이다.

미국이 한반도의 분할 점령을 결심한 데에는 복합적인 이유가 있었다. 점령 당시 한국에 대한 미국의 정보 부족과 제국주의적 오만, 국제 무대에서 한국의 입장을 변호해 주던 중국의 쇠퇴, 종전 과정에서 미국이 소련의 국력과 역할을 과대평가했다는 점, 일본열도를 차지한 데 대해 미국이 포만감飽滿感에 젖어 있었다는 점, 그리고 한반도 분할을 놓고 미국의 정책입안자들 사이에 의견의 일치를 보지 못했다는 점 등을 지적할 수 있다.

## 분단선이 너무 내려온 것이 비극을 가중시켜

한국의 분단에 관해 맨 먼저 착안한 것은 미국의 전쟁성 작전국OPD이었다. 작전국 요원들은 1945년 7월에 이미 한반도의 분할을 구상하고 구체적인 도상 작전에 들어갔는데 그 결과로 나온 것이 〈지도 1〉이다. 이 지도에 따르면, 소련은 원산元山을 제외한 함경남·북도를 점령하고, 영국은 평안남·북도와 황해도를 점령하고, 미국은 원산을 포함한 함경남도 일부와 강원도·경기도·충청북도·경상남·북도를 점령하고, 중국은 충청남도와 전라남·북도 그리고 제주도를 점령하기로 되어 있다.

〈지도 1〉 OPD 구상

여기에서 주목할 사실은 미국의 분할 점령 지역 안에 서울 이외에 한반도에서 가장 중요한 원산元山·부산釜山·인천仁川의 3대 항구가 모두 포함되도록 교묘하게 도계道界가 바뀌어 있다는 사

〈지도 2〉 JWPC 구상

실이다. 이것은 미국의 극동 정책이 될 수 있으면 대륙에의 상륙을 피하면서 해상권에 의해서 극동을 장악해야 한다는 의지를 표현한 것이다.

그다음으로 한반도 분할의 작업을 진행한 곳은 합동전쟁기획위원회JWPC였다. 그것이 곧 〈지도 2〉이다. 이 지도에 따르면, 미국은 서해안 북위 40° 10′(新義州)으로부터 직선으로 동쪽으로 그어 함흥咸興을 연결하는 분할안을 구상했다.

이 분할안은 미국의 여러 분할안 가운데서 가장 북쪽으로 올라갔다는 사실에 주목해야 한다. 남한의 입장에서 볼 때 40° 1′선에서 분할선이 되었더라면 한국 전쟁과 같은 비극은 피할 수도 있었으나 현실적으로 그렇게 북상하여 군사적 점령이 불가능하다는 군부의 반대에 부딪혀 묵살되었다.

그다음으로 한반도의 분할을 구상한 것이 합동전쟁기획위원회 의수정안(JWPC)인데 그것이 〈지도 3〉이다. 이 지도에 따르면, 소련은 나진羅津·청진淸津·원산元山에 주력 부대를 주둔시키며, 중국은 평양平壤 일대에 주력 부대를 주둔시키며, 서울은 그 특수성을 고려하여 소련과 미국이 분할 점령하는 것으로 되어 있다. 이 분할안이 가지는 의미는 서울을 베를린식으로 분할함으로써 냉전 시대를 예고했다는 점과 미국은 서울의 절반을 소련에

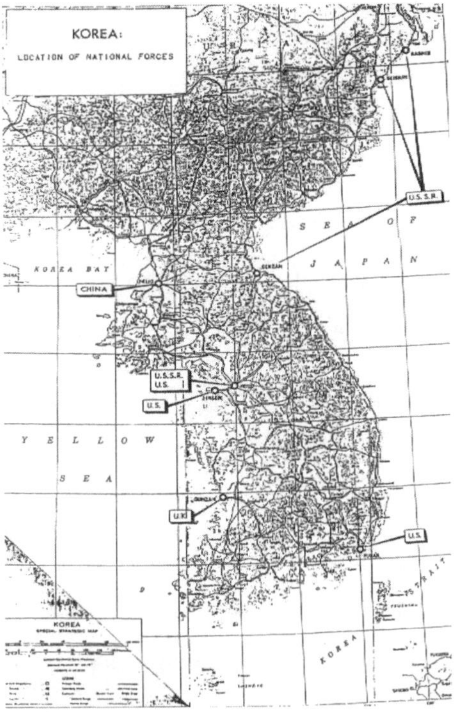


〈지도3〉 합동전쟁기획위원회의수정안(JWPC)

〈지도4〉 OPD 수정안

양보할 만큼 한국의 의미를 대수롭지 않게 여겼고 또 그만큼 후했다는 사실이다.

한반도의 분할안으로 가장 기이하게 보이는 것이 〈지도 4〉이다. 전쟁성 작전국은 한반도의 분할에 영국과 중국을 참여시키지 않고 소련과 미국의 양대 분할을 시행해도 문제가 될 것이 없다고 생각을 바꾸었다. 이 분할안은 서해 북위 38° 10′에서 시작하여 동해안 37° 40′을 잇는 사선斜線이라는 점에서 이색적이다. 이 분할안은 군사 전략상 해주海州·개성開城과 서해西海 5도를 장악하는 것이 긴요하다는 판단 아래에 이루어진 것이다.

## 러스크의 위증僞證

그렇다면 위와 같은 여러 가지의 분할안 가운데서 하필이면 왜 가장 남단선인 38°선이 최종적으로 채택되었을까? 38°선을 확정한 것은 3성조정위원회SWNCC였다. 3성조정위원회라 함은 전시에 미국이 전쟁 수행에 관한 의견과 정보를 신속히 교환하고 전쟁 수행 방향을 최종적으로 결정하여 대통령에게 보고하기 위해 국무성·전쟁성·해군성 요원들이 구성한 연석 회의였다.

이 협의체는 전시 가운데 필요했던 모임이었기 때문에 여기에서는 군부의 입김이 강력하게 작용했다. 이 당시 3성조정위원회의 전쟁성 측 대표단에는 링컨George Lincoln 소장, 본스틸Charles H. Bonsteel 대령, 그리고 러스크Dean Rusk 중령이었는데 이들은 모두가 로즈 스칼라(Rhodes Scholar : 영국의 억만장자인 로즈재단으로부터 장학금을 받은 옥스퍼드대학과 케임브리지대학의 특대생)들이었다.

1945년 8월 11일 02시, 3성조정위원회의 전쟁성 측 수석 대표인 링컨 소장은 책상 위에 다리를 걸치고 『뉴욕 타임즈』*New York Times*를 읽고 있었다. 그때 위원회의 의장인 던으로부터 소련군이 한반도에서 남진한다는 사실과 이에 대한 대응책을 강구하라는 지시를 받았다. 링컨은 다시 본스틸 대령에게 전화를 걸어 서울과 인천이 포함되는 선에서 남북을 분할하여 일본군의 항복을 받을 수 있는 군사상의 분계선을 그으라고 지시했다.

본스틸 대령은 서가를 뒤져 조선의 지도를 찾았으나 마땅한 지도를 찾을 수 없어 고민하다가 내셔널 지오그래픽사에서 만든 벽걸이 지도를 찾아내어 30분 동안 궁리 끝에 푸른 잉크로 서울과

G. 링컨

C. 본스틸

D. 러스크

인천이 포함되는 38°선을 그어 링컨 소장에게 보고했다.

그 세 사람은 허둥대며 분할선을 그려 이를 링컨 소장에게 보고했고, 이 분할안은 합참과 3성조정위원회를 거쳐 국무성장관·전쟁성장관·해군성장관에게 보고된 뒤 대통령에게 보고되었다. 그리고 이것이 최종적으로 "일반 명령 제1호"로 확정되어 맥아더D. MacArthur 사령관에게 전달되었다.

그런데 러스크가 그날 밤에 벽걸이 지도를 보고 서울과 인천이 포함되는 선을 고민하던 가운데 38°선이 눈에 띄어 그 선을 분단선으로 삼았다고 증언한 것은 위증이다. 왜냐하면 문제의 지도는 너무 작아 위도緯度가 1° 단위로 그려져 있는 것이 아니라 10° 단위로 그려져 있어서 38°선이 나타나 있지 않기 때문이다.

그렇다면, 한반도를 분할하면서 왜 하필이면 38°선이었을까? 1945년 7월의 포츠담Potsdam회담에서 실무 회담으로 미국과 소련의 참모 총장인 마셜George C. Marshall 장군과 안토노프A. B. Antonov 장군의 회담이 있었는데, 이 회담에서 동해안의 잠수함

〈지도 5〉 SWNCC의 최종 분할안

작전 관할 지역을 조정하였다.

이때의 결정을 보면, 한반도 동해안의 북위 38°에서 시작하여 동해안의 북위 40° – 동경 135°를 거쳐 북위 40° 45′ – 동경 140°를 잇는 것으로 작전 경계선을 결정했다. 38°선은 이 작전 분계선을 한반도 쪽으로 좌향左向하여 연장한 것이다. 자를 대고 왼쪽에서 오른쪽으로 그은 것이 아니라 오른쪽의 동해분계선을 왼쪽으로 연장한 것이다.

## 분할안을 놓고 소련과 미국이 서로 놀라

이렇게 하여 확정된 분할안이 〈지도 5〉이다. 이 분단선이 확정된 다음 미국은 소련이 이를 선선히 응낙한 데 대해서 놀랐고, 소련은 위도가 그토록 후하게 남쪽으로 내려간 데 대해 놀랐다. 그 뒤 링컨은 40°선을 제시하지 않은 것을 후회했으나, 이미 때는 늦었다.

여러 가지 분할안 가운데서 3성조정위원회의 현역 영관 장교들이 주장한 38°선은 그 가운데 최남단 분할선이었고, 이것이 최종안으로 확정되었다는 사실은 38°선이 군부(국방성)와 민간인(국무성)의 타협 선이 아니라 군부의 승리를 의미하는 것이다. 그리고 분할선이 이토록 남쪽으로 내려옴으로써 한반도 분할의 비극성은 더욱 가중되었다.

## * 추기

이 장은 신복룡, 『한국분단사』(서울 : 한울출판사, 2001) 제2장을 이 책에 맞게 개고한 것임.

### 참고문헌


- MacArthur, "MacArthur's Testimony," *Military Situation in the Far East : Hearings before the Committee on Armed Services and the Committee on Foreign Relations*, U.S. Senate(Washington, D.C. : USGPO, 1951)
- *New York Times*
- 신복룡, 『한국분단사연구 : 1943-1953』(서울 : 한울출판사, 2001)

# 29. 이승만李承晩과 김구金九의 우정과 이별

왕손으로서의 우월감과
역신의 후손으로서의 열패감은
처음부터 인연이 아니었다.
그럼에도
지금 보수 진영이 할 일은
그 두 분을 화해시키는 것이다.
— 본문에서

이 시대를 살아가면서 글줄이나 읽은 사람으로 김구의 『백범일지』白凡逸志를 읽으며 민족에 대해 비분강개해보지 않은 사람이 누가 있으랴. 그는 민족 정기의 화신이었고, 우국충정의 사표였다. 그가 그러한 평가를 받는 데에는 그의 생애가 그만큼 극적인 데가 있기 때문이다. 따라서 한국독립운동사에서 가장 위대한 인물로 김구를 뽑는 데 주저할 사람은 없다. 그만큼 한국 현대사에서의 그의 족적足跡은 깊다.

그런 탓으로 해방 정국에 대하여 회한悔恨과 아쉬움을 가진 어른들의 말씀을 들어 보면, "그때 김구 선생이 암살당하지 않았더라면 분단이 되지도 않았을 것이고, 한국전쟁이 일어나지도 않았을 것이고, 4 · 19혁명도 일어나지 않았을 터인데…."라는 자탄自嘆의 목소리를 많이 한다. 역사의 가정이 덧없는 것이라고는 하지만, 설령 김구가 살았더라면 이승만의 시대와는 어떤 형태로든

달라졌을지 몰라도, 역사가 꼭 그렇게 진행되었으리라고 보기는 어렵다.

## 암살은 영구 미제 사건

더구나 몇 년 전에 김구를 암살한 안두희安斗熙를 몽둥이로 때려 죽인 뒤, 마치 민족 정기가 되살아난 듯한 표현을 쓰는 것을 보면서 나는 허망한 생각이 들었다. 그때 그는 이미 뇌졸중인지 치매인지, 육신이 망가지고 정신도 혼미한 상태였다. 그 육군 소위가 뭘 안다고 그를 찾아가 배후를 대라고 위협을 했을까?

아무려면 일국의 대통령이 육군 소위를 불러 누구를 죽이라고 지시를 했을까? 안두희는 영문도 모르고 죄를 지은 저 아래의 하수인에 지나지 않는다. 그는 거대한 음모가 벌어지고 있는 장기판 위의 일개 졸卒에 지나지 않았다. 장은산張銀山이나 신성모申性模라면 혹 모르지만….

이 대명천지의 대낮에 댈러스의 거리에서 죽은 케네디J. F. Kenedy 대통령의 암살이나, 몇백 명이 지켜보는 가운데 마닐라 공항에서 피살된 필리핀 상원의원 아퀴노Benigno S. Aquino의 암살도 그 배후가 밝혀지지 않는데 그토록 암울하고 혼란했던 해방 정국에서 일어난 암살의 배후를 어떻게 밝힐 수 있을까? 그 가련한 70여 세의 치매 노인을 몽둥이로 때려죽인다고 민족 정기가 바로 서고 설원雪冤이 된다고 생각했다면 그것은 잘못된 일이다.

**이승만과 김구(1947년 7월 15일, 창덕궁)**
이승만보다 김구를 더 돋보이게 하려는 사진사의 의도가 이채롭다.

## 운명적인 악연惡緣

한 민족의 역사, 또는 좁게 말해서 한국의 민족운동사를 영웅사관에 입각해서 보려는 것은 아니지만, 이승만과 김구의 만남과 갈등은 당사자들은 말할 것도 없고 한국의 현대사를 위해서도 불행한 일이었다. 역사는 결국 인간의 역사役事이며 지도자의 역량이 상승 효과를 일으킬 때, 그들이 소기의 목적을 달성할 수 있다는 점을 생각하면 이승만과 김구의 악연惡緣은 커다란 아쉬움으로 역사에 기록될 것이다.

이승만과 김구의 그와 같은 불행한 인연을 숙명적인 것으로 이해하려는 견해가 있다. 이를테면 한 사람은 왕족이라는 긍지 속에서 살았고 다른 한 사람은 멸문滅門의 화를 겪은 하층민이라는 자학自虐 속에 산 신분의 차이, 한 사람은 배재학당培材學堂과 프린스턴Princeton대학에서 서구의 진보적 학문을 공부했고 다른 한 사람은 『마의상서』麻衣相書를 통해 관상을 공부한 교육·학문적 배경의 차이가 크다.

그뿐만 아니라 한 사람은 기독교를 신봉했고 다른 한 사람은 만년에 한때 기독교를 신봉했다고는 하지만 청·장년 시절에 유학을 거쳐 동학 접주東學接主와 공주公州 갑사甲寺의 승려 생활을 했고 죽을 때는 천주교 세례를 받은 종교적 차이, 하나는 『독립정신』을 신봉하는 외교주의자였고 다른 한 사람은 일본 사람의 살점을 뜯어 씹은 테러리스트였다는 차이, 한 사람은 국제 결혼을 했고, 다른 한 사람은 파혼 네 번에 다섯 번째로 결혼했다는 가정적 배경의 차이로 말미암아 두 사람은 숙명적으로 갈등을 느

이승만(李承晩)

김구(金九)

낄 수밖에 없었다는 것이다.

이런 원초적인 차이에 설상가상으로 그들에게 만남의 기회가 주어졌을 때도 그들의 인연은 사사건건 불행한 방향으로 뒤틀어지고 있었다. 첫째, 이승만이 미국에서 윌슨W. Wilson 대통령에게 국제연맹이 한국을 위임 통치할 것을 요청했던 사실이 미국이 한국을 위임 통치해 달라고 요청했다고 잘못 알려져 김구를 불쾌하게 만든 사실이 있다.

둘째, 명색이 한 나라의 대통령이라는 인물이 임시 정부라는 법통을 가지고 있는 상해上海의 사무실에 얼굴 한 번 내밀지 않은 채 미국에 장기간 체류하면서 "곡괭이질이나 하던 사람"(『金善 회고록』, p. 147)으로 김구를 박대했던 사실이 있다.

셋째, 이승만이 당초 임시 정부 대통령의 물망에 올랐을 때 임시 정부의 재정을 책임지겠다고 장담壯談하고 막상 임시 정부가 곤궁해지자 배신으로 느껴질 만큼 외면한 사실이 있다.

넷째, 상해에서 김구는 암살 · 고문 · 처형의 극한 상황 속에서 민족 항쟁을 전개하고 있는데 이승만은 미국에서 마치 일신의 안

녕을 꾀하기라도 하려는 듯이 팔자 좋은 소리만 하고 있었다는 김구의 생각이 두 사람을 영원히 등지게 했다.

이러한 상황으로 볼 때 두 사람의 관계에서 김구가 이승만에게 기대한 만큼 이승만은 김구에게 정이나 신뢰를 주지 않았다. 김구 쪽에서 보면 짝사랑이나 다름없었고 이승만 쪽에서 보면 우월감에 빠진 백안시였다. 곧 그들의 관계에서는 일차적으로는 이승만에게 책임이 있었지만, 그로서는 아무리 자기에게 실수나 섭섭함이 있었다고 하더라도 자기를 임시 정부 대통령으로부터 탄핵 소추한 장본인이 바로 김구라는 사실이 응어리가 되어 일생토록 잊을 수 없었다.

## 장덕수 암살 사건으로 더욱 멀어져

김구에 대한 연민과 이승만에 대해 역겨움을 일으킨 첫 번째 사안은 아마도 김구는 단정을 반대하여 38°선을 베고 죽을 심정으로 북한으로 넘어가 남북 협상을 한 것과는 달리 이승만은 단정을 주장함으로써 결국 민족 분단을 초래했다는 점일 것이다. 그러나 이 문제는 매우 복잡한 배경을 가지고 있다. 왜냐하면 당초부터 김구도 단정을 기정 사실로 받아들이고 있었기 때문이다. (《동아일보》·《조선일보》 1947년 12월 2일자)

그러다가 장덕수張德秀 암살 사건(1947. 12. 4.)이 일어남으로써 김구가 이끄는 국민회의國民會議와 이승만이 이끌던 한국민족대표자대회韓國民族代表者大會의 통합이 무산되었고 결과적으로 이승만에 대한 김구의 배신감이 배가했다. 장덕수가 암살되었을 때 이승만은 김구를 배후로 의심했다.

그 뒤 김구는 사직 당국에 연행되어 하급 관리로부터 씻을 수 없는 수모를 당한 뒤, 이승만과 헤어질 것을 결심했다. 그 후속 조치로 나온 것이 단정론의 철회와 남북협상론이었다. 따라서 김구의 남북통일론의 배후에는 우국적 고뇌만 있었던 것이 아니라 이승만과 애증의 문제가 밑바닥에 깔려 있었다.

김구의 남북 협상에 대한 종래의 역사적 평가는 대체로 민족주의 운동으로 기술되어 있다. 그러나 김구의 북행은 더 고민해 보았어야 할 문제였다. 남한에서는 제주 4 · 3사태가 비극적으로 전개되고 있고, 5 · 10 총선거가 임박해 있는 순간에 그는 자신의 불리한 정치적 입지의 돌파구를 찾고자 북행했으나 그것은 결과적으로 역사의 현장을 이탈한 것이며, 통일의 의지도 없는 북한의 정치적 선전에 이용되었을 뿐이다.

백의사白衣社를 조직하여 북한에 대한 테러를 도모했고,(《조선일보》 1948년 8월 22일자; 『송남헌회고록』, p. 21) 평생토록 공산주의란 믿을 것이 못 된다는 소신마저 버리고 북행을 결심한 김구의 의중을 이해할 수 없는 바는 아니지만, 그가 몸담고 있던 한독당에서도 그의 북행을 반대하는 상황에서 그는 북행을 좀 더 깊이 생각했어야 했다.

둘째로 이승만과 김구를 평가하면서 등장하는 중요한 잣대가 친일파 청산의 문제이다. 친일 논쟁에서 우리가 유념해야 할 사실은 김구가 우국적이고 민족주의적이었다고 말할 수는 있지만 지혜로웠다고는 말할 수 없다는 점이다. 민족의 통합이 요구되는 당시에서 "국내에 남아 있던 모든 사람이 친일파였고 따라서 그

들은 감옥에 가야 한다"고 김구는 주장했다.(Mark Gayn, *Japan Diary*, p. 433)

이런 주장은 사리에 맞지도 않을 뿐만 아니라 김구가 끝까지 하지 말았어야 할 말이었다. 그는 지나치게 독선적이었고 이로 말미암아 많은 국내 민족주의자들이 등을 돌렸다. 김구의 주장에 대하여 여운형呂運亨은 "국내파 민족주의자의 고통을 모르는 언행"이라는 반발과 함께 김구와 제휴할 희망을 버렸다. 김구는 국내파 민족주의자들의 아픔과 공적, 그리고 그들의 운명적 입장을 이해했어야 한다.

이러한 관계에서 비록 뒷날 이승만에게 더 큰 실수[4 · 19혁명]가 있었다고 해서 오늘날 우리가 흔히 생각하고 있듯이 김구가 천수를 누리고 그의 경륜을 폈더라면 한국의 민주주의는 더 밝았으리라고 추정한다면 그것은 낭만적이고도 소박한 것이다.

김구는 노회老獪함에서 이승만의 적수가 되지 못했을 뿐만 아니라, 국가 경영 능력이라는 점에서 이승만을 따라가지 못했다. 그가 설령 이승만을 이겼다고 하더라도 그의 격정적 테러리즘이 한국의 민주주의를 보장해 줄 수 있었다고 보기는 어렵다. 그들의 승부는 이미 예정된 것이었고 운명적인 것이었다.

## 죽음의 모습이 평가도 다르게 만들어

그렇다면 이와 같은 역사의 진실에도 불구하고 김구는 애국자로, 이승만은 독재자요 반민족주의자로 국민의 뇌리에 남아 있는 근본적인 이유는 무엇일까? 그것은 죽음의 모습이 달랐던 데 대한

**김구의 피살 직후 총알 구멍 너머로 보이는 조객들의 모습이 비통하다.**
*Life*의 Mydans 기자 촬영

연민 때문이다. 김구의 장엄하고도 비통한 죽음과 이승만의 초라한 죽음은 그들의 평생의 공적에 관한 평가마저도 갈라놓았다.

다시 어리석은 가정을 되풀이해 본다면, 꼭 같은 업적을 남기고 이승만이 장엄하게 죽고 김구가 천수를 누리면서 여생의 영욕을 누렸더라도 이승만과 김구에 대한 평가가 지금과 같았을까? 그렇지 않았을 것이다.

이승만과 김구는 운명적이라고 하기엔 너무도 야속할 만큼 처음부터 불행한 만남이었다. 이승만이 갖지 못한 것을 김구가 가졌고 김구가 갖지 못한 것을 이승만이 가졌었다는 점에서 그들이 화목하지 못하고 갈라선 것은 후대의 역사에 더 큰 아쉬움을 남긴다.

그런 점에서 한국의 보수는 이승만과 김구를 적대 관계로 설정하지 말고 화해하고 제휴하는 것이 우선 문제이다. 극우파였던 김구의 기념관에서 좌파들이 활개를 치는 것은 이념이나 모양으로도 좋지 않고 김구의 생각에도 맞지 않을 것이다. 아마도 지금 지하의 김구는 이 현실을 보며 이는 내가 그리던 이상이 아니라고 푸념할 것이다. 김구는 그만큼 좌익에도 존경을 받고 있다는 판단은 사실과 다르다. 이용당하고 있을 뿐이다.

### * 추기

이 글은 신문사와의 입장 차이로 게재되지 않았음.

#### 참고문헌


- Gayn, Mark, *Japan Diary* (New York : William Sloane Associates, 1948)
- *Life*
- 김구, 『백범일지』(서울 : 한길사, 1980)
- 「金善 회고록」, 『내가 겪은 해방과 분단』(성남 : 한국학중앙연구원, 2001)
- 『麻衣相書』
- 심지연, 『송남헌회고록』(서울 : 한울, 2000)
- 《조선일보》

# 30. 김일성金日成의 진위眞僞 논쟁

김일성의 항일 투쟁을 부인하는 것은
우상화와 마찬가지로 온당치 않다.
— 본문 가운데에서

세상은 모두 냉전의 시대가 갔다고 아우성치는데 오로지 이 땅만은 아직도 첨예한 이념의 격전장으로 남아 있다. 어쩌면 아직도 좌파가 숨죽이며 살아야 하는 이 우익의 풍토에서, 김일성을 평가한다는 것이 마음 편한 일은 아니지만 이제 누군가는 말해야 한다는 생각이 든다.

한국의 어린이들은 어릴 적부터 반공 만화 영화 "똘이 장군"에 익숙해 있고, 반공 표어 및 글짓기, 반공 포스터 그리기, 반공 웅변대회, 반공 체육 대회, 반공 마라톤 대회를 통하여 북한과 김일성을 사갈시蛇蝎視하도록 끊임없이 세뇌되었다.

우리가 젊었을 적에 향토예비군 훈련에 나가면, "때려잡자 김일성, 무찌르자 공산당, 쳐부수자 북괴군, 이룩하자 유신 과업"을 외워야 했다. 학력이 낮아 그것을 외우지 못하는 훈련병은 그저 "때 · 무 · 쳐 · 이"만 외우면 기합을 받지 않았다.

지금이야 "내 자식은 위대하신 분의 조국"에서 태어나야 한다고 만삭의 몸으로 평양에 가서 출산하여 당당하게 돌아오는 시절이 되었지만, 사실 김일성의 악마화惡魔化 작업에 익숙해 온 남한 사회에서 김일성을 평가하기에는 누구도 자유로울 수 없으나, 이제는 역사 속의 한 인물로 평가할 때가 되었다.

## 그의 생애를 지배하는 기독교의 요소

김일성은 1912년에 평양에서 태어났다. 본명은 김성주金聖柱였으나 항일 투쟁 과정에서 김일성金日成이라는 변명을 쓴 것이 그 뒤 그의 본명이 되었다. 그의 가문은 선산善山 김씨로서 선조들은 전라북도 전주全州에서 살다가 살길을 찾아 북쪽으로 올라갔다. 대대로 소작살이를 했기 때문에 집안은 매우 어렵게 살았다.

김일성의 소년 시절 초상

아버지 김형직金亨稷은 평양 숭실崇實학교 출신으로서 농업과 한약방을 경영했고 어머니는 강반석康盤石이었다. 어머니의 이름이 반석盤石이었다는 것은 그의 가문이 기독교도였음을 의미한다. 그의 외할아버지는 칠골교회의 장로였으며, 김일성도 어린 시절에 어머니를 따라 예배당에 자주 다녔다. 김일성의 가족은 1919년에 중국 요녕성遼寧省의 변방 상업 도시인 임강臨江으로 이주했다.

1923년에 김일성은 고향으로 돌아왔으나 아버지가 경찰에 체포되었다는 소식을 듣고 고향을 떠나 화성의숙華成義塾에 입학했다. 그는 열두 살 되던 1926년 10월 17일에 타도제국주의동맹

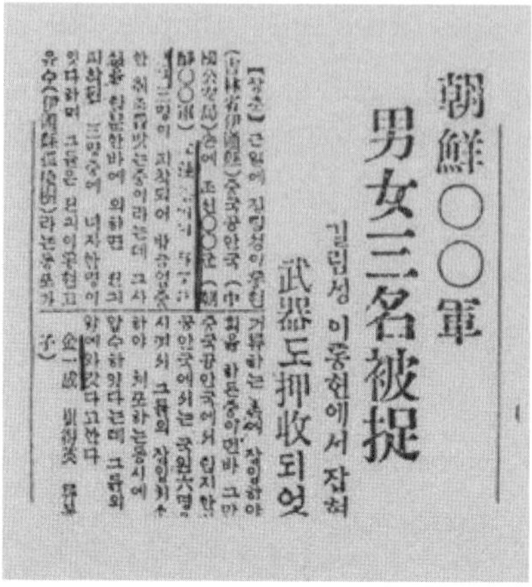

朝鮮○○軍
男女三名被捉
길림성 이홍현에서 잡혀
武器도押收되엇

〈기사1〉
김일성의 체포를 보도한 《동아일보》 1936년 3월 26일자. 김일성의 회고록인 『세기와 더불어』에는 이종락의 부하였다는 부분이 교묘하게 지워져 있다.(밑줄 부분)

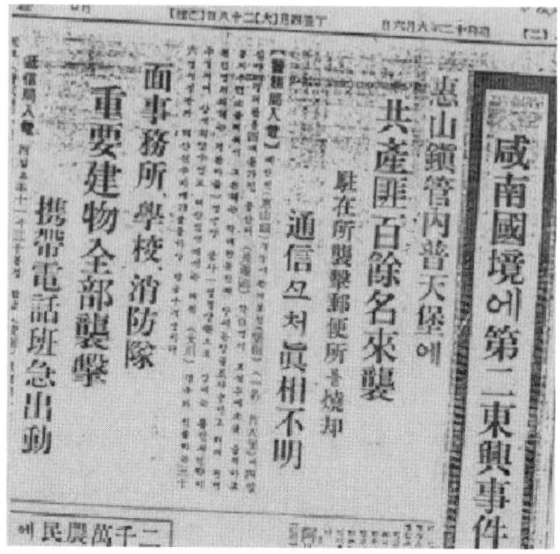

咸南國境에第二東興事件
惠山鎭管內普天堡에
共産匪百餘名來襲
駐在所襲擊郵便所를燒却
通信으로眞相不明
面事務所、學校、消防隊
重要建物全部襲擊
携帶電話班急出動

〈기사 2〉
보천보 사건을 보도한 《매일신보》 1937년 6월 6일자.

[ㅌ·ㄷ]을 조직하고 책임자가 되었다고 하나 이는 좀 과장된 것이고 아마도 소년들의 공부 모임이었을 것이다.

그 뒤 김일성은 길림으로 가서 육문毓文학교에 입학하여 오동진吳東振의 집에서 기거했다. 이때 그는 『자본론』 등의 고전과 그를 해설한 도서들을 읽었다. 이때가 그의 나이 14세였는데 스칼라피노Robert A. Scalapino와 같은 학자들은 14세에 그 어려운 고전을 읽었다는 사실에 대해 의구심을 표현하고 있고, 북한에서는 그가 그만큼 "천재였음"을 자랑하고 있다.

김일성은 1929년에 길림 제5중학교 학생으로서 처음으로 조선혁명군 사건으로 중국 공안公安에 체포되어 길림 감옥에서 복역하고 1930년 5월 초에 출옥했다.(《동아일보》 1931. 3. 26.) 당시 그는 조선혁명군 이종락李鍾洛의 부하로 활약했으나 북한 사학계에서는 김일성이 당시 이종락의 부하였던 사실을 부인하며 그가 독자적으로 활약했다고 주장한다. 따라서 그의 회고록인 『세기와 더불어』(2)에 수록된 《동아일보》의 화보에는 그가 이종락의 부하였다는 부분이 삭제된 채 수록되어 있다.(〈기사 1〉 참조)

김일성이 만주에서 항일 빨치산으로서의 명성을 얻은 것은 보천보普天堡사건이었다. 1937년 6월 4일에 김일성은 혜산진 경찰서 관내 보천보에 경기관총 4대로 무장한 빨치산 약 100명을 이끌고 보천주재소를 습격하고 동시에 우편소와 소방대 등을 불태웠다. 이 습격으로 일본군 측에서는 7명이 사살되었고 그 밖에 중상자도 7명에 이르렀다. 이 사건 이후 당시 동북항일연군의 정치위원장이었던 위증민魏拯民에 걸린 현상금이 3천 엔圓이었던데 견주어 김일성의 현상금은 1만 엔으로 올랐다.

## 항일 빨치산 활동은 사실

전과戰果로 본다면 보천보 사건보다 훨씬 혁혁했던 마에다前田부대 섬멸 작전이 북한 역사가들에 의해 더 많은 조명을 받지 못하는 것은 기이한 일이다. 김일성 부대는 1940년 3월 25일 화룡현 홍기하紅旗河에 있는 마에다 부대를 습격하여 100여 명을 사살하고 30여 명을 생포했으며, 탄약과 양곡을 노획했다.(楊昭全, 『東北地區朝鮮人革命鬪爭資料匯編』, 1992, p. 910) 이 사건 이후 김일성은 만주 일대에서 신출귀몰한다는 평판을 들었다. 이 일련의 공로로 김일성은 소련 정부로부터 적기赤旗 훈장을 받았다. 이 무렵에 김일성은 김정숙金貞淑이라는 한 여인을 만난다.

빨치산 시절의 김일성, 그의 오른쪽이 주보중이다.

이 당시에 김일성이 거느린 빨치산의 규모는 60명 정도였다. 이때 마적 대장 김일성은 국경 일대에서 잘 알려져 있었다.(『삼천리』 1938년 11월호) 이 당시의 김일성의 행적은 주간에는 주로 매복하거나 은닉하고 야간에 활동했으며 주거 공간은 토막이거나 토굴이었다. 이러한 상황의 지속은 그가 야행성夜行性과 굴토성堀土性, 그리고 태양기피증을 갖게 했을 뿐만 아니라 그 연속선상에서 고소공포증과 비행기피증을 갖게 했다.

1941년이 되면 김일성은 항일연군抗日聯軍 제1군 제1사師와 제3사의 사장師長이었다가 교도영장敎導營長으로 임명되어 일행 170명과 함께 소련으로 퇴각했다. 이때 김일성은 홍군 오케얀스카야Okeyanskaya 야전학교에 입학했다. 이곳에서 그는 홍군 극동군 사령부 88독립보병여단(다국적 저격 부대) 대위로 임관되었다.

이때 김일성은 정치지도원으로서 동북항일연군 제3로군 제10지대장을 겸임하고 있었으며, 미국과 소련이 합작한 비밀 협정에 따라서 중국에 주둔하고 있는 만선 지방의 일본군에 대한 미국 공군의 공습에 호응하여 만선 철도를 파괴함으로써 군수 수송을 방해하는 동시에 민심 교란 공작을 전개하는 작업에 종사하고 있었다. 그러나 당시의 소련과 일본의 외교 관계가 밀월이었기 때문에 김일성이 88독립보병여단의 대위로 활약할 당시에 그의 대일 투쟁은 큰 무공을 세우지 못하고 주로 암약에 그쳤다.

해방이 되자 김일성은 1945년 9월 19일에 소련 제25군 88독립보병여단의 부하 40명을 대동하고 원산을 거쳐 귀국하여 북한 정권의 수립(1948. 9. 9.)과 함께 초대 수상에 취임했다.

## 가짜설은 냉전과 반공의 소산

김일성의 일생을 추적하면서 우리가 논의해야 하는 부분은 "가짜설"의 진상을 살펴보는 것이다. 독립운동가로서의 생애로 볼 때 김일성은 매우 특이한 인물이었다. 그는 어린 나이에 공산주의에 입문했으면서도 장수했으며, 체포되어 심문을 받은 기록이 없으므로 그에 대한 상세한 정보의 습득이 어렵다.

김일성 가짜설을 최초로 발설한 사람은 아마도 극작가 오영진吳泳鎭일 것이다. 평양 출신으로서 김일성 환영 대회를 직접 목격한 그는 월남하여 쓴 회고록(『하나의 증언』, 1952, pp. 142~143)에서, 30대로밖에 안 보이는 젊은 청년이 마이크 앞으로 다가서자 "가짜다"라는 군중의 수군거림이 시작되었다는 것이다.

그 뒤 이명영李命英이 가짜설을 끈질기게 주장했다. 그의 주장에 따르면 김일성은 만주의 전설적인 무장 투사였던 김일성과 동

평양시민 환영대회에서의 김일성

명이인同名異人일 뿐이며 진짜 김일성은 1937년 11월에 만주 무송현撫松縣에서 전사했다고 한다. 그러나 이명영의 이러한 주장은 진짜 김일성의 그 "전설적인" 투쟁사가 사실史實로 제시되지 못하고 있다는 데에 문제가 있다.

학술적으로 김일성은 가짜가 아니며, 분명히 독립 운동을 했다고 처음으로 주장한 사람은 아마도 서대숙徐大肅일 것이다. 학술적인 논의를 떠나 관계 당사자로서 이 문제에 대해 가장 격렬하게 반박하고 나선 인물은 3차 조선공산당 대표였던 김철수金錣洙였다. 그는 자신의 회고록에서, 김일성이 가짜였다면 독촉獨促회의 당시에 내각 구성을 숙의하는 과정에 그토록 나이 어린 김일성을 군사위원장으로 천거할 수 있었겠느냐고 반문하면서, 가짜 김일성 논의는 결국 이승만의 조작극이었다고 반박하고 있다.

결국 김일성 진위 논쟁은 한국 사회가 놓여 있는 냉전적 상황이 빚은 어처구니없는 해프닝이었다. 물론 북한에는 김일성 우상화가 존재하고 있는 지금, 이를 탈脫신화하는 작업은 계속되어야 하지만, 김일성의 진위 문제는 되풀이되어서는 안 될 소극笑劇일 뿐이다.

## * 추기

이 글은 신문사와의 입장 차이로 게재되지 않았다.

### 참고문헌


- Marx, *The Capital*
- Scalapino, Robert A. & Lee, Chong-sik, *Communism in Korea* (1) : *The Movement* (Berkeley : University of California Press, 1972)
- 『김일성 회고록 : 세기와 더불어』(평양 : 조선로동당출판사, 1992-1999)
- 《동아일보》
- 《매일신보》
- 『삼천리』
- 서대숙(지음), 서주석(역), 『김일성』(서울 : 청계연구소, 1989)
- 楊昭全 · 李鐵環(編), 『東北地區朝鮮人革命鬪爭資料匯編』(瀋陽 : 遼寧民族出版社, 1992)
- 오영진, 『하나의 증언』(부산 : 중앙문화사, 1952)
- 이명영, 『재만조선인 공산주의운동 연구』(서울 : 성균관대학교 출판부, 1975)

# 31. 해방정국에서 미 · 소는 점령군인가, 해방군인가?

미군과 소련군은 모두 점령군이었다.
그들 모두 한국인을 존중하지 않았다.
— 본문 가운데에서

"나는 세계에서 가장 출세한 중위이다."
— L. 버취

한 나라의 국가 경영에서 역사를 잊는 것도 비극이지만, 역사 논쟁이 과열되어 국론이 분열되는 것은 서글픈 일이다. 역사는 앞으로 가는데, 뒤만 돌아보는 것은 앞의 걸림돌을 보지 못하는 위험과 함께 동력을 잃고 퇴행할 수 있기 때문이다. 그러기에 단테Dante가 베아트리체Beatrice의 손을 잡고 연옥에 들어갈 때 수문장 피에트로Pietro가 "뒤돌아보는 이는 되돌아가리라."(『신곡』 연옥편 9 : § 130)고 충고했다.

이데올로기의 스펙트럼을 분석하는 틀로 흔히 사용되고 있는 바라다트Leon P. Baradat의 이론에 따르면, 좌우익을 분류하는 준거로서는, 인간의 존엄성과 재산, 평등과 자유, 민중과 엘리트, 민족주의와 국제주의, 합리성과 비합리성의 갈등에서 어느 편에 서느냐의 답변으로 결정된다.

그러나 이러한 분석의 틀은 지극히 규범적이고 교과서적일 뿐이며 실제로 한국 사회에서는 참으로 어이없고도 무지막지한 분석 방법이 적용되고 있는데 그 변인變因이 바로 미국이다. 곧 한국 사회에서는 미국을 어떻게 보느냐에 따라서 좌우익이 결정되는데, 이를테면 친미주의자는 우파이고 반미주의자는 좌파로 분류된다. 세상 어디에도 그 근거가 없는 이 분류법은 암울했던 우익의 시대에 실정법에 우선하는 준거였다.

반미는 곧 반국가적이요, 따라서 국가보안법의 저촉 사항이 되었기 때문에 어떠한 이유로도 미국을 비난할 수 없음은 물론이고 미국인이 미국을 비난하는 수위水位 정도로 미국을 비난하는 것조차 금기로 되었던 시절이 있었다. 자기의 조국에 대해 어떤 시각을 가졌느냐의 문제는 미국을 어떻게 생각하느냐의 문제보다 중요하지 않았다.

이러한 시각은 해방과 미군의 진주로부터 시작되었다. 당시 한국인들은 미군이 해방군인 줄로만 알았다. 그러나 현실은 그렇지 않았다. 한국에 상륙한 미24군단장 하지John R. Hodge 사령관의 첫마디는 "한국인은 적성 국가인 일본의 국민이므로 우리의 적이며, 우리는 그를 제압하고자 온 점령군"(*Japan Diary*, p. 428)이라고 선언했다.

미국 태평양사령관 맥아더 기념 우표

그제야 한국인은 미군이 해방군이 아니라 점령군인 것을 알았다. 그들의 첫 번째 점령 목표는 "소련이 한국에서 완전한 지배권을 수립하고 이러한 목표를 추구하면서, 일차적으로 소련에 수종隨從하는 인사가 지배하는 정부를 구성하려는 전략을 분쇄하는 것"이라고 언명했다.

그 다음으로 미국이 추구해야 할 정책은 일본의 항복을 접수하고 그들의 무장을 해제하는 것이었다. 하지의 공식 직함은 미태평양사령부 조선 주둔 점령 군사령관(Commander of Occupational Army, USAFIK)이었다. 당시 한반도에는 75만 명의 일본인이 머물고 있었는데, 그 가운데 35만 명이 무장하고 있었다. 무장 군인이 이렇게 많았던 것은 관동군關東軍이 최후의 항전을 하고자 조선으로 이동했기 때문이었다.

미국과 소련은 전쟁이 적어도 1946년 7월까지 계속할 것이며, 본토가 항복하더라도 관동군은 항전하리라고 판단하고 있었기 때문에 이들의 무장 해제가 주요 관심사였다. 한국의 해방이나 그 뒷날 작성된 "민주 정부" 등의 수사학적 표현은 군인들의 관심사에서 비켜 있었다.

그렇다면 소련군은 어떠했나? 남한의 좌파들은 남한에 진주한 미군이 점령군이었던 것과는 달리, 북한에 진주한 소련군은 해방군이었다고 주장하면서 이를 반미의 구실로 삼았다. 그러나 그것은 사실이 아니다. 소련은 오히려 더 엄혹한 점령군이었다. 소련이 진정으로 북한의 해방군이었다면, 남한이 정부를 수립할 때까지 북한의 해방과 독립을 미루다가 남한보다 35일 늦게 1948년 9월 9일에 정부 수립을 선포할 이유도 없었고, 그 3년 동안에 두 번씩이나 김일성金日成과 박헌영朴憲永을 모스크바로 불러 면접시험을 치러야 할 이유도 없었다.

그러므로 현재 우리 사회를 강타하고 있는 논쟁, 곧 해방정국에서 미국과 소련은 점령군인가, 해방군인가에 대한 논쟁을 보노라면 실익이 없이 국력을 낭비하고 있다는 생각이 든다. 대답은 간단하다. 남북한의 미 · 소군이 모두 점령군이었다. 미국이든 소련이든, 한반도에서 일본군이 철수한 다음에 한국을 일제로부터 "해방시켜 줄 뜻은 있었지만, 독립시켜줄 뜻은 없었다."

그들이 한국의 독립을 서둘러야 할 이유가 없었다. 그러나 "그들이 한국을 해방해 줄 뜻이 있었다"는 설명이 그들이 해방군임을 뜻하는 것은 아니다. 왜냐하면 독립이 없는 해방, 곧 3년에 걸친 준準식민지 지배에 해당하는 남북한의 군정은 어차피 해방과는 거리가 먼 것이기 때문이다.

이에 대하여 북한에서 소련군이 먼저 철군한 사실을 들어 북한의 소련군이 남한의 미군에 견주어 더 자비로웠다(?)고 남한의 좌파들은 주장한다. 그러나 이것은 양국의 철군 성격을 구분하지 못한 탓으로 빚어진 오해이다.

소련군이 북한에서 먼저 철군한 것은 사실이다. 그러나 그것은 북한에 대한 자비심 때문이 아니라 오랜 식민지 통치의 경험을 쌓은 소련의 정치 장교들이 남한의 미군들에 견주어 훨씬 더 빠르고 효과적으로 인민위원회의 조직을 완수하여 위성국으로 만드는 작업을 마쳤기 때문이다.

그 다음으로 문제가 되는 것이 이른바 "포고령"을 어떻게 볼 것인가에 대한 논쟁이다. 나는 이 포고령의 비교 분석을 처음 발표하여(1987) 논란을 불러일으킨 장본이기에 이에 대하여 대답해야 할 책임이 있다. 그 무렵 나는 분명히 소련군의 포고령이 우호적이었으며, 미군의 포고령이 고압적이라는 점을 지적했다.

미소공동위원회에서 하지와 쉬티코프

그러나 그 글의 이어진 뒷부분에서 그것은 문장[修辭]의 문제였지 양쪽의 의지를 반영하는 것이 아님을 분명히 했다. 그런데 마침 그 뒤에 이어진 교과서 파동에서 진보적 필자들은 나의 진심과 관계없이 앞부분만을 인용한 것을 보고 나는 다소 당황했다.

문제의 핵심은 문투가 아니라 진입군과 작성자의 성격이었다. 당시 미국의 포고령은 두 가지였다. 하나는 하지 장군의 참모들이 북상하는 함상에서 9월 2일에 작성하여, 9월 8일에 인천에 입항하기 하루 앞서 9월 7일에 쌍발 수송기로 서울 인근과 대도시에 공중 살포했다.

이 포고문은 철필 등사(가리방)였으며, 문장은 일본어였다. 24군단에는 이를 작성할 만큼 한국어에 능통한 장교도 없을 뿐만 아니라 일본어가 국어라고 생각했기 때문이었다. 이 포고령은 일본어라는 불쾌감과, 그 고압적인 문장에 한국인들이 마음을 상한 것은 사실이었다.

그와는 달리 소련의 호소문은 한글로 북한 주민에게 배포되었다. 그 일부를 인용하면 다음과 같다.

> 조선은 해방되었다. 그러나 그것은 새 조선 역사의 첫 장일 뿐이다. 한 사람의 노력과 보살핌의 결과로 꽃을 피우는 정원과 마찬가지로, 조선의 행복은 오직 조선 인민들의 노력으로만 이루어질 수 있다. … 조선 인민들이여, 행복은 여러분들의 손안에 있다는 것을 기억하라. 여러분들은 자유와 독립을 얻었고 이제 여러분들의 운명은 바로 여러분들의 손에 달려 있다. 소련군은 조선 인민의 자유로운 창조 작업을 위한 모든 조건을 형성했다. 조선 인민은 스스로 자기 행복의 창조자가 되어야만 한다.(『1945년의 남한에서』, pp. 67–68)

그러면 그 문장의 형식과 문투와 언어만 보고 소련군은 해방군이었고, 미군은 점령군이라는 논리가 성립되는 것일까? 그건 아니다. 이는 당시 미군과 소련군의 정치 장교의 수준과, 수많은 위성국 통치의 경험을 가진 소련군과 미군 장교의 기술의 차이에서 온 것이었다.

남북한의 진입 당시 소련군에는 쉬티코프T. Shtykov, 로마넹코Andrei Romanenko, 레베데프Nicholai Lebedev 등 경험이 많은 장군급 정치국원이 배속되어 순무巡撫하고 있었다. 소련군도 해방

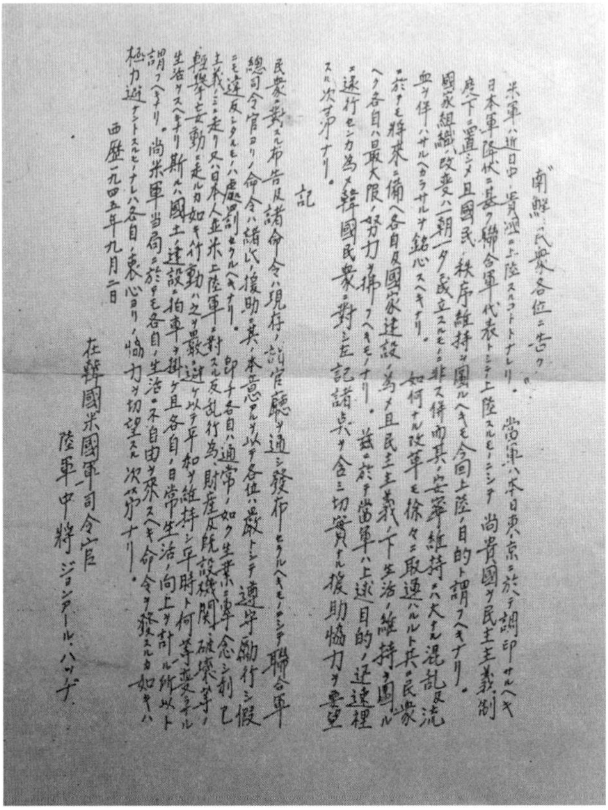

南鮮ノ民衆各位ニ告ク。

米軍ハ近日中ニ貴國ニ上陸スルコトトナレリ。當軍ハ本日東京ニ於テ調印サルヘキ日本軍降伏ニ基ク聯合軍代表トシテ上陸スルモノニシテ尚貴國ヲ民主主義制度下ニ置キ且國民ノ秩序維持ヲ圖ルヘキモ今回上陸ノ目的ト謂フヘキナリ。國家組織ノ改變ハ一朝一夕ニ成立スルモノニ非ス併而其ノ安寧維持ニハ大ナル混亂及流血ヲ伴ハサルヘカラサルヲ銘心スヘキナリ。如何ナル改革モ徐々ニ取運ハルト共ニ民衆ニ於テモ將來ニ備ヘ各自及國家建設ノ為メ且民主主義ノ下ニ生活ノ維持ヲ圖ルヘク各自ハ最大限ノ努力ヲ拂フヘキモノナリ。茲ニ於テ當軍ハ上述目的ノ迅速裡ニ遂行センカ為メ韓國民衆ニ對シ左記諸点ヲ含ミ切實ナル援助協力ヲ要望スル次第ナリ。

記

民衆ニ對スル布告及諸命令ハ現存ノ諸官廳ヲ通シ發布セラルヘキモノニシテ聯合軍總司令官ヨリノ命令ハ緒氏ノ援助ニ其ノ本意アルヲ以テ各位ハ嚴トシテ遵守勵行シ假ニモ違反シタルモノハ處罰セラルヘキナリ。即チ各自ハ通常ノ如ク生業ニ專念シ利己主義ノミニ走リ又ハ日本人並米上陸軍ニ對スル反亂行為、財産及既設機關ノ破壞等ノ輕擧妄動ニ走ルカ如キ行動ハ之ヲ嚴ニ避ケ以テ平和ヲ維持シ平時ト何等變ラサル生活ヲスヘキナリ。斯クハ國土ノ建設ニ拍車ヲ掛ケ且各自ノ日常生活ノ向上ヲ計ル所以ト謂フヘキナリ。尚米軍当局ニ於テモ各自ノ生活ニ不自由ヲ來スヘキ命令ヲ發スルカ如キハ極力避ケントスルモノナレハ各自ノ衷心ヨリノ協力ヲ切望スル次第ナリ。

西歷一九四五年九月二日

在韓國米國軍司令官

陸軍中將 ジョンアール・ハッヂ

하지 사령관의 점령 포고령

군이 아니라 엄혹한 점령군이었다.

그와는 달리 미군은 저들에 필적할 만한 정치 장교를 갖추지 못했고, 한국에 남아 있던 선교사의 아들들을 긴급 차출하여 군속으로 고용했는데, 그때는 이미 포고령이 발표되어, 한국인들이 생각하기에 이는 "해방"이지 "독립"은 아니라는 것을 깨달은 뒤였다.

하지 사령관은 포악한 사람은 아니었으며, 한국의 발전과 독립을 위해 진심으로 고민한 인물이었다. 그는 한국을 떠나며, "내가 상부의 지휘를 받는 군인이 아니었다면 연봉 100만 달러를 준다 해도 이 자리를 수락하지 않았을 것"이라고 자신의 고충을 털어 놓은 적이 있다.

하지가 거친 성격의 인물이었음은 사실이고, 미국 육군의 역사에서 "군인 가운데 군인"(Soldier's Soldier)이라는 칭호를 들을만큼 전형적인 무골이었다. 일리노이주의 고아원 출신인 그는 유소년기에 너무 거칠어 고아원 보모가 성질 좀 부드러워지라고 가운데 이름을 "Reed"(갈대)라고 지어주었다.

하지는 육군대학Army War College, 참모학교, 보병학교, 공군전략학교를 졸업한 뒤 중위로 임관하여 제1차 세계 대전 당시 보병 대위로 독일 전선에 참가했다. 1942년에 25사단 부사단장으로 남태평양 정글전에 참전하여 훈장Legion of Merit을 받았고, 1943년 7월에 사단장으로 승진하여 솔로몬군도의 전투에서 전공을 세우고 무공훈장Distinguished Service Medal을 받았다.

하지는 1944년 6월에는 남경南京 학살의 주역인 일본군 6사단을 격파하고 상처를 입어 상이기장(傷痍記章, Purple Heart)을 받았으며, 1945년에 중장으로 승진하여 24군단장이 되었으며, 1953년에 퇴역했다. 그는 전쟁을 잘 아는 전형적인 야전 군인으로, 지휘관으로서의 냉철한 판단과 전선에서 항상 병사들과 생사를 함께함으로써 부하 병사의 신임을 받았다.

하지는 일본군과 맞선 정글 전투의 권위자였다. 그가 제일 싫어하는 것은 장발이어서 자신의 머리를 짧게 깎았을 뿐만 아니라 병사들에게도 2인치 이상의 머리칼을 인정하지 않았다. 그는 유언비어를 엄중히 경계했으며, 장교는 병사의 이름을 일일이 기억해야 한다고 주장했다.

더욱 문제가 된 것은 맥아더D. MacArthur의 포고령이었다. 9월 7일자로 발표된 포고령은, 스스로 "동양의 시저"(Oriental Caesar)라고 생각한 그답게 참으로 "맥아더다운" 문장으로, 미군은 점령군임과 금지 사항을 엄혹히 적시했다. 문장은 영어로 썼기 때문에 식자들 사이에 알 만한 사람만 읽었다. 법 조문처럼 전문 6조로 된 맥아더 사령관의 "포고령"(Proclamation)은 소련군 25군 사령관 치스챠코프 장군의 이름으로 배포한 "호소문"과는 격조가 달랐다.

미국 육군 태평양 최고사령관으로서의 포고령에 따르면, 그는 38° 이남의 조선 점령을 지휘하는 태평양사령관으로서 "이 지역과 주민을 통치하며, 정부 · 공공단체에 종사하는 직원과 고용인은 일제 시대의 위치에 계속 근무하며, 주민은 자신의 명령에 신속히 복종할 것이며, 점령군에 대하여 반항하는 자는 용서 없이 엄벌할 것이며, 영어를 공용어로 한다."고 선언했다. 서슬이 퍼렜다. 포고령은 9월 7일에 영어로 발표했다가 4일 뒤에 한국어로 번역하여 발표했다.

미국에 대한 한국인 지도층의 민심은 그리 호의적이지 않았다. 그런 상황에서 하지 사령관 밑에 조력자가 필요하자 미국은 뒤늦게 1946년 초에 버취Leonardo M. Bertsch를 하지의 정치 고문으로 임명했는데, 그의 나이 35세에 계급은 중위였다. 하버드대학 출신인 그는 자신이 마치 신생국 창설의 주역인 것처럼 행세하며, "내가 지금 세계에서 가장 출세한 중위"라고 호언했으나, 연해주

L. 버취 중위

관구사령관 메레츠코프Kirill A. Meretskov 대장의 군사위원으로 경험을 쌓은 슈티코프 상장의 적수가 되지 못했다. 신호등도 없던 시절에 그는 교통 위반 딱지를 한 해에 여덟 번 받았을 정도로 오만했다.

이런 점에서 미국과 소련의 대한 정책의 본질을 설명하자면, 어느 쪽의 선악의 문제가 아니라 소련의 노회함과 미국의 서툰 대결에서 미국이 비본질적인 결함으로 상처를 입은 것이다. 그러니 미군이 점령군이 아니라고 우길 일도 아니고, 소련이 해방군이라고 떼쓸 일도 아니다.

자, 그러니 점령군인지 해방군인지를 놓고 벌어지는 이 갈등을 어떻게 풀어야 하나? 양쪽 주장에 다 할 말이 있을 것이다. 그러나 "소련군은 해방군이었고, 미군은 점령군이었다"는 논쟁은 좌파에게 불리하며, 누구에게도 득책이 되지 않는다.

그러므로 여기에서 덮고 멈추어야 한다. 잊을 수 없지만, 역사는 화해를 가르치는 것이지 적개심의 도장은 아니다. 잘못이 있다면 당시 우리 나라 지도자들이 못난 탓이었고, 그 허물은 지금도 여전히 존재하고 있다.

## * 추기

이 글은 2021년 7월 9일자 《중앙일보》에 게재된 시론을 증보한 것임.

### 참고문헌


- Baradat, Leon P., *Political Ideologies : Their Origins and Impact* (Englewood Cliffs : Prentice Hall, 1994); 신복룡(외 역), 『현대정치사상』(서울 : 평민사, 1995)
- Gayn, Mark, *Japan Diary*(New York : William Sloane Associates, 1948)
- Hodge, John R.(Google)
- *HUSAFIK*
- MacArthur, Douglas, *Military Situation in the Far East : Hearings before the Committee on Armed Services and the Committee on Foreign Relations, United States Senate* (Washington, D.C. : USGPO, 1951)
- 『레베데프(Nicolai G. Levedev) 비망록』(서울 : 중앙일보사 통일문화연구소 소장), *mimeo*
- 샤브쉬나(P. I. Shabshina), 김명호(역), 『1945년 남한에서』(서울 : 한울, 1996)
- 『쉬띄꼬프(Ternetii F. Shutykov)일기 : 1946-1948』(과천 : 국사편찬위원회, 2004)
- 『신곡』「연옥편」
- 차상철, 「존 하지(John R. Hodge)와 미군정 3년」, 『東方學志』(89-90 합병호)(서울 : 연세대학교 국학연구원, 1995)

# 32. 찬탁과 반탁을 어떻게 보아야 하나?

찬탁이 옳았는지,
반탁이 옳았는지의 논쟁은
그리 중요하지 않다.
그 어느 한쪽으로
국론을 통일하지 못한
지도자들의 죄가 크다.
— 본문 가운데에서

나는 가끔 현대사를 돌아보노라면 뜬금없는 자문自問을 할 때가 있다.

분단과 망국은 어느 쪽이 더 비극적이었을까?

해방과 앞으로 다가올 통일은 어느 쪽이 더 감격스러울까? 아니면 어느 쪽이 더 조국의 미래에 축복일까?

찬탁이 옳았나? 반탁이 옳았나?

위의 질문 가운데 나는 앞의 질문, 곧 분단과 망국은 어느 쪽이 더 비극적이었을까? 하는 질문에 더 많이 고민한다. 그리고 아마도 우리의 긴 역사로 볼 때 분단이 더 비극적이었을 것이라는 데 생각이 머문다. 왜냐하면, 망국은 언제인가 독립을 맞게 되어 있지만, 분단의 극복은 기약할 수 없는 슬픔이기 때문이다.

그리고 달리 말하면 망국은 35년에 종식되었지만, 분단은 80년을 바라보는 지금까지 답이 보이지 않는다. 동양, 또는 한국의 역사 주기로 볼 때, 나눠진 나라는 반드시 통일되었고, 통일된 나라는 반드시 나누어졌다.(“分久必合 合久必分” : 『삼국지』 제1회) 그리고 그 주기는 500년의 통일과 100년의 전국시절이라는 주기로 거의 정확히 반복되었다.

그렇다면, 그 멍에와 같고, 애절 복통할 분단은 어디에서 왔을까? 전통주의자들의 주장에 따르면 미국과 소련의 냉전 구도 속에서 한국이 희생양이 되어 분단되었다고 한다. 멀리 일제 강점기에 이미 분단이 잉태되었다고 믿는 학자도 있다.

1980년대를 강타한 커밍스 증후군Cumings' syndrome에 따르면, 미국을 중심으로 하는 자본주의의 패권이 한국이라는 지형 안에서 이승만李承晩을 중심으로 하는 친미 지주 세력의 욕심과 제휴하는 과정에서 분단과 전쟁을 초래했다고 믿는다. 학자들은 이들을 수정주의자라고 불렀다.

이 논란에 관해서 나는 종래의 입장과 매우 다르다. 나는 우리가 못나고 지혜롭지 못하고 애국심보다는 소승적 욕망에 사로잡혔던 탓에 분단을 초래했다고 믿는다. 그러나 나는 분명히 우익은 아닌 것 같으며, 그렇다고 좌익의 편이라는 남들의 말이 귀 거슬려본 적도 없지만, 한국 현대사의 비극은 내쟁內爭이 중요 원인이라고 믿고 있다.

그와 같은 나의 입장에 대하여 나 자신도 정체성을 단언하기 어려운데, 언제부터인가 나와 같은 입장은 재수정주의로 분류되었다. 그러한 지목에 대하여 나는 그렇다거니, 그렇지 않다거니, 아무런 대답도 하지 않았다. 불쾌하거나 반가울 것도 없다. 어쩌면 그 말이 맞을지도 모른다고 생각해 본 적은 있다.

## 신탁 통치와 미소공위 : "돌아오지 않는 다리"를 건너다

그렇다면 한국 현대사의 백 년에 걸친 비극인 분단은 어디서부터 시작되었을까? 나는 신탁 통치 논쟁 시대라고 믿고 있다. 일본의 패전과 더불어 즉시 독립을 시켜주지 않고 신탁 통치를 구상한 것이 우리로서는 불운한 일이었다.

그러나 그보다 더 치명적인 것은 어차피 우리의 능력 밖에서 4대 강국이 신탁 통치를 결정한 뒤에도 그에 대해서 한국의 남북한 지도자들이 지혜롭게 대처하지 못한 것이 더 어리석고 개탄할 일이다. 따라서 신탁 통치 파동과 그 후속 사건이었던 미소공동위원회가 파국했을 때 한국의 분단은 "돌아오지 않는 다리"(Bridge of No Return)를 건넜다.

카이로(cairo)회담 : 메나하우 호텔(1943. 11. 22.-26.)

국방장관 스팀슨

그렇다면 미국은 왜 한국의 즉시 독립이 아닌 신탁 통치를 결정했을까? 다 알려진 바와 같이 카이로회담(1943. 11. 22.-26.)에서 미국이 한국의 40년 신탁 통치를 제안했을 때 소련은 그리 마음 내키지 않았다. 그 이전에 소비에트화가 가능하다고 판단한 스탈린J. Stalin으로서는 신탁 통치 기간이 그리 길어야 할 까닭이 없다고 생각했다. 그런 눈치를 챈 처칠W. Churchill의 제안으로 "적절한 절차를 거쳐"(in due course) 독립시켜주기로 합의했다.

내가 본 자료에 따르면, 이때 한국의 신탁 통치를 구상한 사람은 루즈벨트FDR가 아니라 그의 신임하는 막료였던 스팀슨H. Stimson이었다. 전직 니카라과 점령 대표(1927)와 필리핀 총독(1927-29)과 국무장관(1929-33)을 지냈고, 제1/2차 대전 시기에 모두 장관직을 수행한 유일한 인물이었다. 신혼여행을 교토京都로 올 만큼 일본을 좋아했다. 여기에도 어떤 의미가 있을 것이다. 1945년에 국방장관이었던 그는 44년에 걸친 필리핀 통치의 경험에 비추어 볼 때 한국에서도 40년의 신탁 통치가 필요하다고 루즈벨트에게 권고했고, 그것이 받아들여진 것이다.

1945년 크리스마스 이브에 4대 강국이 한국에 "후견 정치"(Опека)를 실시한다는 소식이 타스통신(TASS)을 통하여 러시아어로 먼저 들어왔을 때 한국인들은 그 의미를 잘 몰라 놀라거나 격렬

신탁 통치 반대 시위

히 저항하지 않았다. 소련어에는 신탁 통치라는 용어가 없다.

그러다가 곧이어 영문으로 "5년에 걸친 신탁 통치Trusteeship"의 소식이 들어왔을 때 "좌우익을 가리지 않고" 격렬히 반대했다. 즉시 독립이 이뤄지리라고 기대했던 한국인들이 보기에 5년의 4대국 신탁 통치는 "정치적 도살"(*W/Sum*. No. 32)이었다. 곧이어 김구金九는 모든 공무원의 파업을 지시했고, 미군정은 그가 쿠데타를 준비한다고 의심했다. 김구가 주장한 반탁의 논리를 들어보면 신탁 통치는,

(1) 민족자결주의를 염원하는 한국인들의 의지에 배치된다.
(2) 제2차 세계 대전 동안 제시된 미국의 공약에 배치된다.
(3) 국제연합UN 헌장의 어느 것도 한국에 적용되지 않는다.
(4) 신탁 통치는 극동의 평화를 위협한다.(RG 332, Boxes 29 & 65, WNRC)

는 것이었다. 그의 주장에는 그럴 만한 논거가 있었고, 국제연합 헌장에 관해서는 그가 모르는 부분도 있었다. 국제연합헌장에 따르면 한국에서의 신탁 통치가 규정에 어긋나는 사항이 아니었다. 전국이 찬탁 · 반탁 시위의 소용돌이에 빠지고, 신탁 통치 문제를 신중히 고려하자는 말을 했다는 이유로 한민당 총무 송진우宋鎭禹가 피살되었다.

## 찬탁의 논리

이런 계제에 좌익이 느닷없이 찬탁으로 선회했다. 1946년 정월 초하루까지 반탁을 외치던 좌익이 1월 2일에 갑자기 찬탁으로 선회한 것은 박헌영朴憲永이 평양을 다녀온 직후라는 점에서 그가 소련의 지령을 받았음이 분명하다. 그 시간에 평양에서 박헌영을 보았다는 증언이 있다.

이제 좌익은 레닌V. Lenin이 와서 설득해도 어려운 혼란에 빠졌다. 그래도 그들은 말을 바꾼 입장을 설명해야 했다. 이강국李康國은 당초의 정보가 부족한 탓에 신탁 통치의 본질을 오해하여 빚어진 실수라고 변명했다. 그러면서 내세운 찬탁의 논리를 들어 보면,

(1) 신탁 통치는 민주주의 임시 정부의 조속한 수립을 원조한다.
(2) 신탁 통치는 5년 이내의 어느 때이든 우리의 역량에 따라 철폐할 수 있다.
(3) 신탁 통치 하에서 일제 잔재를 청산할 수 있다.
(4) 신탁 통치는 피폐한 경제를 살릴 수 있다.(《서울신문》 1946. 1. 8.)

좌익에게도 할 말이 있었고 우익에게도 할 말이 있었으며, 좌익의 주장에도 맞지 않는 부분이 있고 우익의 주장에도 맞지 않는 부분이 있었다. 그러나 좌익의 논리는 맞고 그름을 떠나 국민 92%가 외치는 반탁의 분위기 속에 아무런 호소력이 없었다.

김일성과 박헌영(1946년 1월 ?)

이와 같은 격렬한 반탁 시위에 대하여 미국은 당황했고, 소련도 놀랐다. 미국은 한국에서의 반탁 시위가 반미 시위로 비화하는 데 대한 우려를 안고 있었다. 그래서 신탁 통치 문제는 본디 소련의 의중이었다고 발표했다.(RG 332, Box 34, WNRC) 그러자 이에 발끈한 쉬티코프가 미국이 주도한 신탁 통치 협상의 이면사를 모두 밝혔다.(*W/Sum*, No. 21)

이로써 미국은 신탁 통치안이 소련의 제안이라고 한국인을 설득하는 데 이용함으로써 좌익을 견제하려던 꿈이 깨졌고, 이제 좌익이 반격하고 우익이 수세하는 입장으로 바뀌게 되었다. 그동안 신탁 통치 논쟁을 명분 있게 철회할 수 있는 구실을 노리고 있던 소련에 그 명분을 제공함으로써 탁치 논쟁에서 소련에 불리한 입장을 만회할 기회를 잡았다.

그런데 이번에는 좌익이 실수blunder를 저질렀다. 박헌영은 무슨 생각에서였는지, 1946년 1월 8일에 신문 기자 회견 석상에서, "조선은 향후 5년간 소련 1국의 신탁 통치를 바라며 만기 이후에

좌익의 시위 : 찬탁의 문구가 보이지 않는다.

는 10년에서 20년간의 소련의 연방으로 존속하기를 희망한다"고 발언했다. 이것이 UP 통신을 통하여 『뉴욕 타임즈』New York Times에 게재되고 다시 샌프란시스코 방송을 통해 세계에 전파되었다.

이것은 소련의 2차 지령에 따른 것이었든가 아니면 박헌영에게 "뭔가 씐" 것이었다. 이 발언이 일파만파를 일으키자 박헌영은 서둘러 "소비에트 조선이 언제 건설될는지는 알 수 없으나 가령 된다 해도 소비에트 조선은 언제든지 독립국으로 나간다고 발언한 것이 오해를 불러일으켰다"고 변명했으나 그는 깊은 상처를 입고 남한에서의 지지 기반을 잃었다.

## 어느 쪽이 옳고 그른가?

자, 그러면 우리의 처음 질문인 찬탁과 반탁의 주장에서 누가 옳고 글렀나를 논의해야 한다. 이에 대한 나의 입장은 이렇다.

첫째로, 해방 정국에서 우익은 반탁을 했고 좌익은 찬탁을 했다는 기존의 단정에 대해서는 좀 더 정교한 논리적 분석이 필요하다. 왜냐하면 정확히 말해서 우익은 반탁을 했고, 좌익은 모스크바 3상 회의의 결정, 특히 임시 정부의 수립을 지지한 것이기 때문이다. 이른바 좌익의 반탁 시위에는 "반탁"이 보이지 않는다.

신탁 통치 문제가 모스크바 3상 회의의 모든 것은 아니었듯이, 신탁 통치 구상이 모스크바 결정의 모든 것은 아니었다. 우익에서는 모스크바 3상 회의에서의 신탁 통치 조항을 중요시했고 좌익에서는 임시 정부의 수립을 주목했기 때문에 우익=반탁, 좌익=찬탁이라는 논리가 성립되는 것은 아니다.

영어로 된 문건을 본 우익은 신탁 통치라는 용어가 크게 보였고, 신탁 통치라는 용어가 없는 소련의 문건을 읽은 좌익에게는 "신탁 통치"라는 용어 대신에 "후견"(Опека)이라는 용어가 그리 심각한 거부 반응을 유발하지 않았기 때문에 신탁 통치의 여부보다는 임시 정부의 수립이라는 약속이 더 크게 보일 수밖에 없었다.

따라서 신탁 통치 문제를 둘러싼 좌우익의 갈등은 원초적으로 개념의 오해에서 비롯된 것이며 핵심을 빗나간 논쟁이었다. 이를 인지한 좌익에서는 1946년 1월 11일에 "신탁 통치"라는 용어와 "후원"이라는 용어의 혼동이 얼마나 심각한 오해인가를 설명하려 했지만, 이미 대중적 정서가 이를 받아들이지 않았다. 이러한 용어의 혼란은 양측의 진지하고도 대승적인 대화로써 극복될 수 있는 문제였으나 당시의 지도자들은 그럴 만한 아량과 경륜을 갖추지 못했다.

둘째로, 신탁 통치 파동의 궁극적 화두話頭는 결과적으로 모스크바 결정의 지지로 선회할 수밖에 없었던 좌익의 주장이 옳았는가 아니면 반탁을 주장한 우익이 옳았는가 하는 질문으로 귀결될 수밖에 없다. 찬탁론자들의 주장처럼, 신탁 통치는 한국의 독립을 지연시켰을 것이지만 한국에 대한 소련의 이해 관계를 인정하면서 여러 나라를 통해 소련의 팽창주의적인 충동을 저지하고 구속하는 장점이 있었다는 논리는 맞다.

그러나 한 나라의 역사는 그 시대 민중의 의지로부터 전면적으로 일탈할 수 없다는 데 어려움이 있다는 점에서 본다면 찬탁은 처음부터 한국인들이 정서적으로 받아들일 수 없는 것이었다. 이런 점에서 볼 때 당시의 지도자들에게는 찬탁과 반탁 논쟁이 옳으냐 그르냐를 떠나 "한 병 안의 두 전갈처럼"(B. Cumings) 싸울 일이 아니라, 양자를 근접시켜 합의하는 지혜가 필요했으며, 찬탁이 옳았는가 반탁이 옳았는가의 논쟁은 무의미하다.

오히려 그 어느 쪽이든 당시의 지도자들이 합일合一된 의사를 도출하지 못했다는 데 문제의 비극성이 있다. 그들은 정파적 이해를 떠나 하나의 답안을 제시함으로써 국론의 분열을 막았어야 했다. 찬탁이었든 아니면 반탁이었든 그 어느 쪽으로 당시 지도자들이 합의를 이뤘다면 분단을 막을 가능성은 더 컸다. 결국 신탁 통치 파동은 모스크바의 "형님"(big brother)의 지령을 따를 수밖에 없었던 좌익의 고민과, 상황 판단 없이 "즉각 독립"을 요구하던 우익의 조급함이 빚은 충돌이었다.

셋째로, 따라서 해방 정국의 상황에서 찬탁이 반탁에 견주어 더 지혜로운 선택일 수 있었다는 논리의 성립은 가능하지만, 찬탁의 길로 갔을 경우에 분단과 한국전쟁을 피할 수 있었으리라는 논리가 성립되는 것은 아니다. 왜냐하면 찬탁이었든 반탁이었든 국민적 합의가 중요했지, 그 어느 쪽을 비교우위론적으로 선호할 수는 없기 때문이다.

넷째로, 그뿐만 아니라 찬탁=용공이며, 반탁=민족주의라는 우익의 전통적인 도식圖式이나, 반탁론자가 곧 의인義人이며 애국자요, 찬탁론자가 반민족주의자라는 논리는 잘못된 것이다. 찬탁은 감정에 치우친 결론이며 반탁은 이론에 입각한 결론이었다는 주장金仁浩도 합당하지 않다. 아니, 오히려 찬탁은 논리에 기초한 주장이며, 반탁은 감정에 기초한 논리였다는 주장이 사실에 가깝다. 찬탁이든 반탁이든 그들은 모두가 이성적이지도 않았으며 우국적이지도 않았다.

그들에게는 조국의 운명을 뛰어넘을 어떤 투철한 이념이 있었던 것도 아니었다. 그들은 다만 소리小利와 향후 자신의 운명이 어찌 될 것인가에만 몰두했을 뿐이다. 그들은 격정에 휘말린 민중을 무마하고 설득했어야 한다. 민중이 이성을 잃고 감정적으로 찬탁과 반탁의 소용돌이에 휘말릴 때 지도자들은 그들에게 역사의 갈 길을 옳게 제시해야 할 의무가 있었다.

다섯째로, 그렇다고 해서 신탁 통치 논쟁을 둘러싼 해방 정국의 파열이 전적으로 한국인의 책임만이라는 논리를 주장하려는 것은 아니다. 왜냐하면 그 파국에는 강대국의 부도덕과 정책의 과오가 있었기 때문이다. 그들은 "1국 지배의 배제"라는 이기적 목표에 몰두하다 보니 분할 통치의 방법으로 신탁 통치를 구상한 것이지, 한 민족의 운명에 대한 연민 같은 것은 애초부터 가지고 있지 않았다. 결국 신탁 통치는 처음부터 불가능한 구상이었다. 그것은 한국인에게 분열과 상처만을 가중하고 통일의 염원을 체념케 했을 뿐이다.

## * 추기

이 글은 필자의 『한국분단사연구 : 1943-1953』(2001)의 일부를 재구성한 것이다.

### 참고문헌


- Chang Chi-yun, *Record of the Cairo Conference* (Taipei : China Culture Publishing Foundation, 1953)
- Cumings, Brucc, *Thc Origins of the Korean War : Liberation and the Emergence of Separate Regimes, 1945-1947* (Princeton : Princeton University Press, 1981)
- *FRUS, 1946*, Vol. VIII, *The Far East* (Washington, D.C. : USGPO, 1971)
- *New York Times*
- RG 332, Boxes 29, 34 & 65, WNRC.
- Stimson, Henry L. and McGeorge Bundy, *On Active Service in Peace and War* (London : Hutchinson & Co., 1947)
- USAFIK, *Weekly Summary*, No. 21, 32
- 《서울신문》
- 신복룡(역주), 『삼국지』(서울 : 집문당, 2021)
- 이강국, 『民主主義 朝鮮의 建設』(서울 : 조선인민보사, 1946)

# 33. 건국절 논쟁 : 1919년인가? 1948년인가?

나라가 없는데 건국했다고
떼쓸 일도 아니고,
이승만을 국부로 모시기에는
흠결이 있다.
여기에서 덮어야 한다.
— 본문에서

한 나라의 주요 의제에 대하여 아무런 논쟁이 없다면 그것도 이상한 일이지만, 그 논쟁의 열기가 과열되어 국론이 분열하고, 진영의 논리로 악화하여 상대를 적대시하거나 도그마로 획일화되는 것은 국익에 도움이 되지 않는다. 예로부터 역사 논쟁이 이토록 피를 철철 흘리며 내쟁으로 몰고 간 사례가 드물다.

지금이 사화士禍의 시대도 아닌데, 이념 때문에 빚어지는 역사 논쟁, 그리고 누가 이기고 질 수도 없고 서로를 할퀴기만 하는 역사는 자해自害일 뿐이다. 지금 한국 사회에서 진영의 논리로 퍼지고 있는 건국절이 언제냐 하는 문제가 바로 그러한 사례에 든다.

영국의 역사학자 트레버-로퍼Trevor-Roper의 말을 빌리면, 역사학자는 자기가 전공하는 시대[주제]를 사랑할 수밖에 없다고 한다. 따라서 임시정부사를 전공하는 역사학자가 1919년의 건국절을 주장하고, 해방정국사를 전공하는 학자가 1948년 건국절을 주장하는 것은 있을 수 있는 일이요, 크게 비난할 일이 아니다. 문제는 어쩌다가 그들이 정치권에서 전개되는 진영의 논리에 동원되어 칼로 벤 듯이 적과 동지로 패를 짓는가? 하는 점이다.

## 1919년/1948년 건국설의 논지

1919년의 건국설을 주장하는 측의 논지는 그해 3 · 1운동을 계기로 선포된 상해 임시 정부의 수립이 국가 창설의 출발이라고 주장한다. 그해 4월부터 9월의 임시 정부 수립의 완성에 이르기까지 각 지역의 대표들, 이를테면 노령 임시 정부, 한성 임시 정부, 상해 임시 정부, 미주 임시 정부 등이 계파를 초월하여 대한민국 임시 정부로 통합된 것은 그 나름의 의미가 크다.

그러나 이것은 어디까지나 "임시 정부 수립의 선언"이지 국가 창설은 아니다. 국제법의 기초적 이론에 근거하여 보더라도, 국민 · 국토 · 주권의 어느 하나도 갖추지 못한 상황에서 있었던 선언적 가치일 뿐이다. 그런 점에서 임시정부의 수립이나 선언은 국가 창설과 관련이 없다.

1919년 건국설은 한 가지 논리적 약점을 안고 있는데, 그것은 국제법상 임시 정부provisional government와 망명 정부government-in-exile를 혼동했거나 구분하지 않고 있는 점이다. 가장 중요한 차이점은 임시 정부는 국가의 기반을 갖추지 못한 것이고, 망명 정부는 국가의 기반을 갖추고 있는데 그 통치권을 찬탈당한 경우이다.

따라서 임시 정부는 국민 · 영토 · 주권의 어느 것도 갖추지 못한 독립투사의 자발적 조직이며, 그와 달리 망명 정부는 국가의 요소 가운데 국민도 있고, 영토도 있지만, 통치권이 미치지 못하는 제삼지대에 통치권의 법통을 가진 무리가 조직한 준準 국가 조직이다.

그러므로 망명 정부는 그에 대한 이권이나 호감에 따라 국가 승인을 받을 수 있지만, 임시 정부에게는 국가 승인의 형식이 없다. 중경重慶 임시 정부는 몇몇 국가로부터 법통의 정부로 승인을 받은 것이지 국가 창설로 승인받은 것이 아니다. 이런 점에서 임시 정부는 망명 정부에 견주어 그 비중이 떨어진다. 고종高宗이나 순종純宗이 상해上海로 망명하여 정부를 세웠다면 그건 경우가 다르다.

그렇다고 해서 1948년 건국설의 논지가 완벽한 이론 체계를 갖춘 것도 아니다. 보수주의 역사학자들은 "도대체 국가 창설의 건국기념일이 없고 국부가 없는 나라가 이 세상에 어디 있느냐?"고 반문하지만, 우리라고 왜 국가 창설일이 없겠는가? 개천절開天節이 있다.

이에 대하여 특정 교계와 일부 역사학자들 사회에서, 개천절이라고 하는 신화시대의 설화를 현대적 개념의 국가 이론에 도입하는 데에는 문제가 있다는 논지를 펴면서 그 의미를 축소하고 있다. 각급 학교에 서 있는 단군檀君의 조상彫像이나 동상銅像의 목을 베러 다니는 교파도 있다. 그래서 지금은 학교 교정에서 단군상을 보기가 드물다.

그러나 엄밀히 생각해 보면, 시민 혁명을 거쳐 전근대 왕정 사회에서 공화정으로 넘어오는 과정을 밟지 않고, 민족 멸망과 열강의 힘으로 독립을 얻었지만, 다시 군정의 지배를 받게 된 우리

3·1운동 시위(중앙일보)

에게 해방의 감격은 있을 수 있으나, 국가 창설의 감격을 누릴 기회가 없었다. 우리에게는 전근대 사회에서 시민 사회로 넘어오면서 자력으로 피 흘려 싸워 근대 국가를 수립한 경험이 없다.

만약 한국이 1910년에 자신의 능력과 선택과 의지에 따라 왕정을 무너트리고, 일본 식민지 시대를 거치지 않고 바로 공화국을 창설했더라면 그날을 건국절이라 부를 만하다. 그러나 1948년의 경우는 그와 다르다. 남의 힘을 빌려 식민지로부터 독립한 날이 국가 창설의 날이 될 수는 없다. 그것은 그냥 독립기념일일 뿐이다.

미국의 경우처럼 1776년에 식민지에서 새롭게 국가를 창설했거나, 러시아의 경우처럼 1917년 10월혁명을 거쳐 쯔아Tsar 정부에서 소비에트공화국으로 새롭게 태어났거나, 터키의 경우처럼 1923년에 술탄Sultan 왕조로부터 공화국으로 새로 태어난 경우라면 건국일이라고 부를 만하다.

그런데도 미국의 경우 영국의 식민 통치부터 독립된 1776년이 건국절이 아니라 독립기념일Independence Day이라 한다. 그러므로 대륙계에서는 건국일(Jour de la fondation d'un État)이라는 용어를 가끔 쓰지만, 영미권에서는 호주만이 Foundation Day라는 뜻으로 Australia Day라는 용어를 쓰고 또 기념식을 거행한다. 이 나라는 1788년에 영국인에 의해 비록 식민지이지만 최초로 근대 국가로 선포되었으니 그날을 건국일이라 할 만하다.

그러나 냉정히 말하면 서글픈 일이기는 하지만, 우리 나라의 경우에는 1905년부터 40년 동안에 주권이 존재하지 않았고, 1910년부터 35년 동안 국가가 존재하지 않았다. 을사조약乙巳條約이 국제법의 절차에 비추어 하자가 있는 것은 분명하지만, 그러한 법리가 국가 이론으로서의 한국의 망국을 부인할 수 있는 실효적 가치를 갖는 것은 아니다.

을사조약이 무효라는 주장은 애국주의자들이 국내에서 무슨 항일 기념 행사에서나 할 수 있는 말이다. 침략에 따른 병탄에 합법성을 묻는 것은 의미 없는 일이기 때문이다. 이제 와서 을사조약을 을사늑약乙巳勒約으로 이름을 바꾸고, 국제법상의 효력을 부인하는 논지가 성립한다 한들 일제 35년의 엄연한 식민지 통치를 어떻게 실효적으로 무효화할 수 있을까?

그럴 수 없다. 을사조약이 무효가 된다 해도, 대한제국이 멸망하지 않았다는 논리가 성립되는 것은 아니다. 그 기간에 망명자를 제외하고서 한국인이라는 국민이 없었고, 국호도 없었고, 영토도 없었다.

따라서 이 시대에 한국의 민족사는 살아 있었을지라도 국가사는 공백기이다. 이러한 사실은 1919년의 국가 창설을 주장하는 측이나, 1948년 국가 창설을 주장하는 측이나, 어느 쪽에서도 합리적인 국제법의 논거를 제공하지 못하고 있는 "역사의 공백 지대"임을 뜻한다.

## 진영 논리의 희생물

이 시대를 고민하며 공부하고 사람으로서 곤혹스러운 것은 어떻게 진보에서는 한목소리로 1919년 설을 주장하고, 보수에서는 1948년을 한목소리로 주장할 수 있을까? 하는 점이다. 진보에서나 보수에서 모두 이것은 그들의 논리가 "동원된 구호"이기 때문이다. 그런 가운데 더욱 곤혹스러운 것은 이들의 진보/보수의 논리가 마치 현대사의 독립 투쟁의 주역이 이승만李承晩인가 아니면 김구金九인가의 논리로 비화했다는 것이다.

이승만과 김구는 해방투쟁사의 두 큰 별이었음이 틀림없다. 이승만은 미주에서 외교우선론에 근거하여 투쟁했고, 김구는 의열투쟁(fight/terrorism)에 주력했으며, 이승만은 미주에서 구미 세력을 상대로 독립 투쟁을 했고, 김구는 중국을 무대로 싸웠다는 점밖에는 차이가 없다. 두 사람이 모두 훌륭한 분이다.

저쪽을 깎아내린다고 이쪽이 더 높아지고, 이쪽을 깎아내린다고 저쪽이 더 올라가는 평형의 문제도 아니다. 이런 두 지도자를 놓고 "키재기"를 하는 것은 선열에 대한 도리도 아니고 정론正論도 아니다. 그들의 이념이 달랐던 것도 아니고, 그들의 우국심의

이승만 초대 대통령 취임식(1948년 8월 15일)

경중을 따질 일도 아니다. 방법이 달랐을 뿐이다. 그런데 그 후손들은 지금 잘못된 길을 가고 있다.

사실 이승만과 김구 사이에 갈등이 없었던 것은 아니다. 그러나 그 앙금이 서로를 죽이고 싶을 만큼 깊었던 것은 아니다. 그들의 사이가 멀어진 것도 주변 사람들의 이해 관계 때문이었고, 그들이 세상을 떠난 뒤에 그들의 역사적 평가가 극명하게 갈리고, 줄 세우기를 한 것도 그 후대들이 자기들의 명분이나 실리를 위해 증폭시킨 측면이 매우 짙다.

지금 한국사에서 벌어진 건국절의 갈등도 실제로 속을 들여다

보면 김구와 이승만을 빙자한 후대의 법통이나 정통성 싸움의 골에 지나지 않는다. 어쩌면 먹고살려고 버둥대다 보니 벌어진 생계형 투쟁일 수도 있다. 그런 점에서 그 후손들은 못난 사람들이다.

그러므로 이러한 논쟁은 참으로 어이없고 비학술적인 무지의 소산이다. 이 점에서는 특히 진보 측에서 더 논리적으로 결함을 안고 있다. 국가보다 계급이 중요하고, 엘리트보다 민중이 중요하고, "노동자에게는 조국이 없고," 우리에게는 태극기는 있으나 국기는 없으니 한반도기를 써야 하고, 우리에게는 국가國歌가 없으니 "임을 향한 행진곡"을 불러야 한다는 진보 측에서 국가 행사를 백범기념관에서 치르고, 태극기를 배경으로 사진을 찍은 김구와 삼의사三義士의 영정 앞에 머리를 숙이는 것은 학술적으로도 앞뒤가 맞지 않기 때문이다. 태극기가 국기國旗가 아니라면 백범기념관을 찾아가지 말았어야 한다.

그와 마찬가지로, 역사에 하자를 남긴 이승만에게 국부國父의 이름을 실으려 한 것이 보수의 실수였다. 물론 이승만에게 국가 창설의 공로가 크다. 그러나 정치인의 역사적 평가는 공功과 과過를 산술적으로 계산하여 "큰 쪽으로 평가하는 것"이 아니다. 공적이 과오를 씻어 줄 수 없고 과오가 공적을 묻어버리지 않는 것이 역사의 공정한 필법이다. 이 점에서 이승만의 숭모자들은 좀 더 생각했어야 한다. 수유리 국립묘지에 잠들어 있는 185명의 젊은 넋은 누가 위로해야 하나? 왜 죽었느냐고 물으면 뭐라고 대답해야 하나?

## 여기서 덮어야 한다

그러므로 한국 현대사의 건국절 논쟁이나 이승만/김구의 대결은 여기서 덮고, 멈춰야 한다. 이에 대한 대답은 간단하다. 우리의 역사를 민족사로 보는 사람은 1919년을 기념하고, 국가사로 보는 사람은 1948을 기념하면 그만이지, 서로에게 자기 이론을 강요하며 다툴 일이 아니다. 이 문제로 우리는 서로와 자신에게 엄청난 상처를 주는 소모전을 치르며 실익 없는 싸움을 하고 있다.

이제 우리에게는 건국절의 논쟁이 이토록 국가를 분열하고 출혈하면서 자기를 합리화하는 논리로 전개될 만한 가치가 있는가에 대한 성찰이 필요하다. 그러므로 건국절의 문제는 없었던 일로 돌아가야 한다. 이승만과 김구의 대결 모습은 여기에서 멈추고 두 민족지도자의 화해를 위해 그 후손들이 지혜를 모아야 한다. 김구가 장덕수張德秀의 암살을 교사하였다느니, 이승만이 안두희安斗熙를 교사하여 김구를 죽였다느니 하는 몽환적인 설화를 정사正史에서 지워야 한다.

한국 현대사의 논쟁은 이승만과 김구의 대결이 아니라, 이승만 · 김구 대對 김일성金日成 · 박헌영朴憲永의 논쟁으로 바뀌어야 한다. 적과 대치하고 있던 역사의 상황을 되돌아보면, 적과 싸우기보다 더 어려운 것이 우리 쪽을 설득하여 단일 전선을 구축하는 일이었다.

지금 우리의 현실이 그렇다. 좌파는 우파를 증오함에 북한을 막는 일보다 더 힘을 쏟고 있고, 우파는 좌파를 미워함이 대일항전 때보다 더 강고하다. 이것은 적군과 동지를 구분하지 못하는 어리석음이요, 적전 분열의 죄를 짓는 것이다. 그런 점에서 한국 현대사에는 갈등 비용이 너무 많이 들었다.

**카토**
(Cato the Younger)

그래서 그리스/로마법에 따르면, "내란이 폭군보다 나쁘다." 로마의 지도자 카토Cato, the Younger와 오토Otho는 자기로 말미암아 조국이 내란에 빠지는 것보다는 차라리 자기의 정적인 폭군이 나라를 지배하는 것이 더 낫다는 유언을 남기고 자살했다. (『플루타르코스영웅전』, 「소(小)카토전」 & 「오토전」) 역사를 보면 내란이 외환보다 더 무섭고 사악하다. 국가는 외환보다 내란으로 멸망하는 경우가 더 많다. 그런 점에서 한국의 해방정국사에서 벌어진 비극은 외적보다 국내 지도자들의 죄와 책임이 더 크다.

한국의 역사에 외세의 영향을 받지 않은 것은 아니지만, 외세는 종속변수였고, 결국은 우리 자신의 문제였다. 내란은 늘 외세를 등에 업고 있어 마치 외세가 탐욕을 부려 조국이 위난을 맞은 것처럼 보이지만, 모든 내란은 외세에 개입의 빌미를 준다는 점에서 내 안의 적이 더 나쁘고 무섭다.

토인비Arnold J. Toynbee나 맹자孟子가 한결같이 주장하고 있는 바와 같이, 망국의 원인은 안에 있었지 외침으로 멸망한 사례는 매우 드물다. 그리고 그 교훈은 아직도 우리에게 유효하다.

## * 추기

이 글은 《중앙일보》 2021년 7월 9일에 게재된 것을 증보한 것이다.

### 참고문헌


- 《중앙일보》
- Carr, E. H., *What is History?* (London : Macmillan Co., Ltd, 1961)
- Toynbee, A. J., *A Study of History*, Vol. IX, (London : Oxford University Press, 1973)
- 『맹자』
- 신복룡(역주), 『플루타르코스영웅전』(서울 : 을유문화사, 2021)

# 34. 실증주의 사학의 허구

"꿈에 신선이 그렇게 가르쳐주고 갔다."
— 이병도

현몽이 실증 사학의 사료가 될 수는 없다.
— 본문 가운데에서

역사가는 얼마나 객관적이며 정확하고 정직할 수 있을까? 역사가는 그들의 학통으로부터 얼마나 자유로울 수 있을까? 역사가는 상황의 논리로부터 얼마나 용감할 수 있을까? 많은 역사학자가 고뇌했던 이 문제에 대하여 한국의 역사학도 예외일 수는 없다. 멀리는 사관史觀의 차이에서부터 시작하여 가까이는 이념에 따른 굴절에 이르기까지 한국의 역사학은 역사의 굴곡만큼이나 복잡다단하다.

더욱이 한국사학사가 이토록 어려움을 겪는 데에는 일제 시대라는 타율적 세뇌의 과정이 너무 길고 집요했기 때문이다. 한 세대를 넘는 시간 속에서 세뇌를 견딘다는 것은 쉬운 일은 아니었다. 그러나 한국사에서의 외압을 인정한다고 할지라도 그것이 역사학의 굴절에 대한 변명이 될 수는 없다. 카E. H. Carr의 말을 빌리면, 역사의 해석은 각기 다를 수 있지만, 사실은 신성한 것이다.

그런 점에서 본다면 역사가가 정확하게 역사를 기술하는 것은 미덕이기 이전에 하나의 신성한 의무이다. 그럼에도 불구하고 우리의 역사학이 얼마나 정직하고 정확하였는가를 되물어 본다면, 그에 대해서 긍정적인 대답만을 할 수 없다는 데 우리의 아픔이 있다. 예컨대 다음과 같은 소극笑劇은 실제로 있었던 현실이다.

## 꿈에 신선이 가르쳐 주어

1979년에 충북 중원中原의 입석리立石里[비석거리]에서 고구려 시대에 세워진 것으로 보이는 비석이 발견되었다. 그것이 국경을 개척하면서 세운 비석[拓境碑]인지 아니면 단순히 국왕이 수렵이나 순행을 나왔다가 세운 비석[巡狩碑]인지는 밝혀지지 않았으나 고구려의 비석이 여기에서 발견되었다는 것은 어쨌든 고구려의 영향력이 여기까지 남진하였다는 뜻이므로 강역학疆域學에 중요한 의미를 갖는 것이어서 학계의 비상한 관심을 모았다.

그런데 비석의 중요도에 견주어 풍상으로 마모磨耗가 심한 이 비석의 해석에 대해서 견해가 다양할 수밖에 없었다. 이 비석이 장수왕(長壽王 : 394~491, 재위 413~491)에 의해 세워진 것만은 틀림이 없지만, 글자의 판독에 많은 견해가 속출했다.

이에 한국 사학계에서는 이에 관계된 교수들의 학술 회의를 마련하여 당대의 대가들이 모두 모였다. 대부분의 고대 사료의 쟁점이 그렇듯이, 문제의 핵심은 이 비석이 언제 세워졌느냐의 문제가 먼저 제기되었다. 물론 이를 풀어줄 단서가 될 만한 글자가 보이는 것도 아니어서 문제는 더욱 미궁으로 빠져들었다.

그런데 이 자리에 참석했던 당시 사학계의 어른이신 두계斗溪

고구려 중원비(충주)

이병도李丙燾 박사는 비석을 분석한 뒤에 이 비석이 건흥建興 4년(서기 475년, 장수왕 64년)에 세워진 것이라고 주장했다. 이에 대하여 젊은 학자들이 자기들의 눈에는 그런 글자가 보이지 않는다면서, 그 논거를 묻자 두계는 "내가 하도 오매불망寤寐不忘했더니 꿈에 그렇게 현몽現夢했다"고 대답했다.

그러자 그와 자리를 함께했던 후학들은 "스승의 학문적 집념을 배워야 한다"고 말했다. 이것은 사사로운 자리에서 오고간 객담이나 우스갯소리가 아니고 학회에서 발표되어 학술지에 게재된 사실이다.(李昊榮, 「중원 고구려비 題額의 新讀」, 『史學志』(13) : 중원 고구려비 특집호, 1979, pp. 136-138)

역사학계에서는 두계와 그를 잇는 학파를 실증주의 학파라고 부른다. 그렇다면 도대체 그들이 입지立地하고 있는 실증주의 사학(또는 사관)이란 무엇인가? 학계의 통설에 따르면, 실증주의 positivism를 특징짓는 명제는 과학만이 가장 타당한 지식이며 사실만이 지식의 가능한 대상이 된다는 것이다.

따라서 실증주의는 사실과 과학에 따라 확인된 법칙을 넘어서는 어떠한 힘이나 실체의 존재 또는 그에 대한 인식을 거부하며 어떠한 형이상학이나 과학적 방법으로 환원되지 않는 연구 방법을 배격한다.

인식의 목적은 사실로부터 출발하여 오로지 관찰과 실험을 통해 현상을 지배하는 일반 법칙을 찾아내는 데 있으며 법칙의 발견은 현상의 전개 과정을 예견케 함으로써 장래의 인간 행동의 지표로 그리고 사회 조직의 토대로 이용될 수 있는 실천적 대응을 가능하게 만드는 데 그 목적이 있다.

문제의 논문이 실린 학술지

그러므로 우리가 실증주의 사학 또는 실증주의 사관이라는 말을 사용할 때 이것은 곧 역사학을 하나의 과학으로 보려는 학문적 연구 태도와 관점, 다시 말하면 역사의 과정과 자연의 과정을 같은 종류의 것으로 보고 자연 과학의 방법을 역사의 해석에 적용하려는 입장을 지칭하는 것이다.(金榮漢, 「실증주의 사관」, 『사관이란 무엇인가』, 1980, pp. 59-60)

요컨대, 콩트A. Comte에서 시작된 실증주의라 함은 "알맞게 조화된 이성과 관찰이 지식의 수단이어야 하며, 모든 현상은 변함없는 자연의 법칙에 따라 일어나는 것으로 이해함을 의미한다." 진정한 실증주의는 "신선神仙의 현몽"을 학문의 논거로 삼지는 않는다.

한국의 실증주의 사학과 관련하여 어떤 학자는 "한국의 실증사학은 실증주의 사학과 엄격히 구분되어야 한다"고 강변한다.

이 말은 차라리 한국의 실증 사학이 실증주의적이지 못한 데 대한 변명으로밖에는 들리지 않는다. "실증 사학"과 "실증주의 사학"이 어떻게 다른가? 한국의 실증 사학이 실증주의 사관과 그토록 엄격히 다른 것이었다면 한국의 사학자들은 "실증"이라는 용어를 참용僭用하지 않는 것이 옳았다.

이 사건과 관련하여 우리가 진실로 서글퍼하고 우려하는 것은, 당시 83세의 노령이었던 두계 선생이 한때 총명을 잃고 그런 실수를 했다 하더라도 그 자리에 있던 젊은 학자들, 시력도 좋고, 신학문을 배웠고, 아닌 것을 아니라고 말할 수 있는 용기가 필요한 그들이 이를 말릴 수도 없었던, 그래서 그것이 학술지에 게재될 수밖에 없는 우리 사학계의 풍토이다.

그 자리에 있었던 젊은 학자들은 두계 선생의 그러한 발언을 듣고 감격하여 기록으로 남길 일이 아니라 자신들끼리의 얘기로 알고 덮었어야 옳았다. 자신의 견해에 도전하는 무리에 대해서는 "재야사학"이라는 이름으로 그토록 준열峻烈히 비판했던 한국 사학계가 이 대목에서는 왜 그토록 참혹한 실수를 저질렀는가?

## 조선사편수회의 유산

이에 대한 대답을 위해서 우리는 이병도를 중심으로 하는 세칭 두계학파의 형성 과정을 더듬어 볼 필요가 있다. 그것은 일제 시대로까지 거슬러 올라간다.

1922년 12월, 3·1운동의 여진餘震도 어느 정도 가라앉게 되자 조선 총독 사이토 마코토齋藤實를 중심으로 하는 총독부의 식민지 정책은 문화 동화 정책으로 바뀌면서 일본이 조선의 병합을 합리화하려면 조선사를 쓰는 일이 중요하다는 점을 깨달았다. 이러한 방침을 위해 총독부 훈령 64호로 조선사편수회朝鮮史編修會를 구성하여 정무총감政務總監 아리요시 주이치有吉忠一가 그 위원장을 겸직하고, 중추원中樞院부의장 이완용李完用을 고문으로 추대한 것은 한국 사학사에서 중요한 의미를 갖는다.

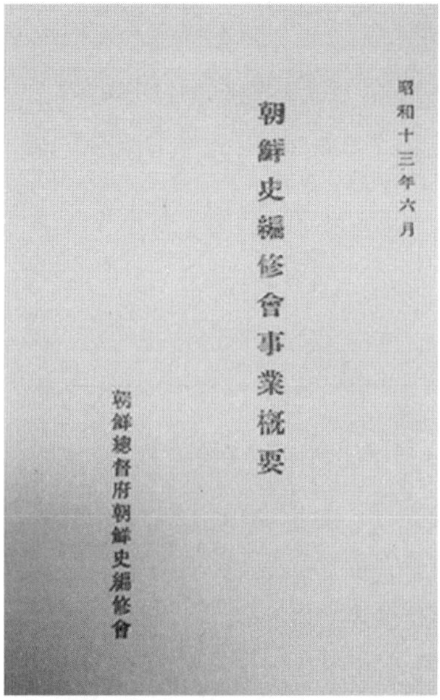


『조선사편수회사업개요』(1938)

이 당시에 조선사가 일본인 학자들만에 의해 씌어질 경우, 한국인에 대한 설득력이 약할 것이라는 판단 아래 총독부는 조선사편수회에 한국의 청년 사학자들을 참여시키기로 했고, 그 인선에 전前 학부대신이오, 총리대신이었던 이완용이 깊이 개입했다.

이완용은 당시 와세다대학早稻田大學을 졸업하고 교편을 잡고 있던 족손族孫인 이병도(修史官補), 최남선崔南善(위원), 신석호申奭鎬, 이능화李能和(편수관) 등을 발탁했다.(朝鮮總督府(편), 『朝鮮史編修會事業概要』, 1938, pp. 122-131)

이들은 당시 식민지 사학의 첨병이었던 교토京都제국대학 교수 이마니시 류今西龍와 총독부 사무관으로 식민지 역사 교육을 주관했던 오다 쇼고小田省吾 등과 함께 『조선사』朝鮮史의 편찬에 착수했으며, 1938년에 완간된 『조선사』 전35권은 식민지 사학의 원전이 되었다.

이제 와서 이 문제를 거론하지 않을 수 없는 것은 조선사편수회의 핵심 멤버들이 1934년에 창설된 진단학회震檀學會의 회원으로서 일제 시대의 한국 사학계를 주도했을 뿐만 아니라, 정치적 해방을 맞이한 뒤에도 이 인력들이 한국 사학계의 중추적 역할을 했기 때문이다.

진단학파는 해방 이후 학회 활동을 더욱 활발히 하여 1950~60년대에 『한국사』 전6권(서울 : 을유문화사)을 집필 · 간행하는 등 한국 사학사에 주목할 만한 발자취를 남겼다. 그 뒤 이들과 이들의 후학들은 실증 사학을 표방하면서 이선근李瑄根이 주도했던 민족주의 사관과 함께 쌍벽을 이루며 한국사학계를 지배했다.

물론 진단학회에는 김상기金庠基나 이상백李相佰과 같은 또 다른 무리의 훌륭한 학자들이 있었고, 이기백李基白의 경우처럼 학통과 진실 사이에서 고뇌한 학자가 없는 것은 아니었지만, 두계의 학통은 여전히 도제와 같이 엄숙했고 선학先學에 대한 비판을 허락하지 않음으로써 "신선의 현몽" 앞에 감읍하지 않을 수 없었다.

이런 점에서 한국 식민지 사학은 아직 청산되지 않았다. 물론 스승의 길을 저버리고 자신의 독자적인 목소리를 낸다는 것이 역사학계와 같은 보수 사회에서 얼마나 어려운 일인가를 모르는 바는 아니지만, 그들에게는 용기와 진리를 향한 진지함이 필요했다. 이 대목과 관련하여, 데카르트R. Descarte는 『방법서설』(Part I, § 10)에서, "학자는 스승과 헤어져야 할 때가 온다."고 말했다.

## 한일 교과서 파동의 끝은 어디인가?

지금 우리 사회는 또다시 일본 우익들의 교과서 왜곡으로 술렁거리고 있다. 어쩌면 앞으로도 천년은 더 지속될 저들의 곡필曲筆에 대하여 비분강개하기보다는 내부 식민지 사학을 청산하는 일이 더 시급한 일일 수 있다. 일본의 우익적 사관에 대해서 우리는 일정한 체념이 필요하다.

우리 식의 표현을 빌려 말한다면 소위 "망언"을 하고 장관 자리를 훌훌 털고 나갈 사람은 몇천 명이 줄을 서 있다. 이런 상황에서 그들은 화폐에 이토 히로부미伊藤博文를 찍고 우리는 우표에 안중근安重根을 찍으면서 그렇게 살아갈 수밖에 없는 어떤 숙명과 같은 것이 있다.

그러나 내부 식민지 사관은 우리가 단념할 수도 없고 방관할 수도 없다. 일본의 우익 사관이야 우리의 손길 밖에 있지만, 내부 식민지 사관은 우리의 의지로 청산될 수 있는 문제이기 때문에 더욱 그렇다. 해방 70년이 지난 아직도 식민지 사관의 청산에 목을 매야 한다는 것은 부끄러운 일일 뿐만 아니라 어쩌면 그것은 역사에 대한 태만일 수도 있을 것이다.

### 참고문헌


- Carr, E. H., *What is History?* (London : Macmillan Co., Ltd, 1961)
- 金榮漢, 「실증주의 사관」, 차하순(편), 『사관이란 무엇인가』(서울 : 청람, 1980)
- 데카르트(René Descartes), 이현복(옮김), 『방법서설』(*Discourse on the Method of Rightly Conducting One's Reason and of Seeking Truth in the Sciences*) (서울 : 문예출판사, 2006)

- 李昊榮, 「중원 고구려비 題額의 新讀」, 『史學志』(13) : 중원 고구려비 특집호, 1979
- 『朝鮮史』(서울 : 조선총독부, 1938)
- 朝鮮總督府(편), 『朝鮮史編修會事業概要』(1938)
- 『한국사』(서울 : 을유문화사, 1950-1960), 전6권

# 35. 중국은 우리에게 누구인가?

만동묘의 계단 경사가 75°인 것은
중국 천자를 뵈러 갈 때
개처럼 기어 올라가라는 뜻이다.
— 본문 가운데에서

"중국이 협상하러 올 때는
그들의 속임수[虛僞]를 조심하라."
— 후스(胡適, 1935)

공자孔子가 천하를 주유하던 어느 날, 황하 강변에 이르러 동쪽으로 흘러가는 물을 물끄러미 바라보며 깊은 생각에 잠겼다. 제자 자공子貢이 여쭈었다.

"왜 강을 건너지 않고 물만 바라보십니까?"

공자가 대답하였다.

"물의 이치를 생각하고 있다. 물은 참으로 위대하다. … 물은 만 번을 꺾여 흐르지만, 반드시 동쪽으로 흘러가니 이는 사람이 사는 의지와 같구나."("夫水 … 其萬折也必東 似志" 『荀子』 宥坐 편)

공자는 중국의 지형이 서쪽이 높고 동쪽이 낮음[西高東低]에 따라 흐르는 물의 이치를 설명했을 뿐이다. 그런데 그를 숭모하는 유학자들이 거기에 의미를 보탰다. 조선의 유생들은 명나라가 멸망하고 중화의 맥이 끊어지는 상황에서 이제 공자의 가르침이 끝내 동방의 조선에만 남아 있다고 감격하면서 팔도 각처에 "만절

선조의 글씨 만절필동

필동"萬折必東을 석벽에 새겼다. 그 가운데 선조宣祖의 어필御筆이라 하여 화양동華陽洞의 암각을 가장 큰 볼거리로 여겼다.

나의 고향은 충북 괴산槐山이고 그곳 청천면 솔맹이(淸川面 松面里, 화양동)가 외갓집이여서 어머니의 등에 업혀 화양동의 눈길을 간 기억이 아련하다. 속리산 북벽을 배경으로 한 화양구곡은 참으로 아름답다. 영조英祖 때 반란을 일으킨 이인좌李麟佐와 4 · 19 혁명의 발화자인 이기붕李起鵬이 바로 이곳에서 태어났으나 고향을 떠났다. 이곳은 농토가 적어 살기가 어려워지자, 솔거이산率去離散하는 일이 많았다. 나는 성장한 뒤에도 이런저런 일로 여러 차례 갔다.

화양구곡을 찾는 것은 경치의 아름다움 때문만이 아니라 공부 삼아 사적事蹟을 보러 가는 것이다. 화양동은 좋거나 싫거나 간에 송시열宋時烈의 유적을 보고자 간다. 나 같은 괴산 출신들은 어려서부터, 고대에는 이곳 군자산君子山에서 수행한 원효대사元曉大師와 근세에는 임진왜란 공신 김시민金時敏과 송시열, 그리고 현대사에서는 홍명희洪命憙의 전설 속에 살았다. (홍명희는 돌림자로 볼 때 "熹"가 맞는데 언제부터인가 "憙"로 쓴다. 누가 맞는지 모르겠다.)

우암 송시열의 초상

세상이 다 아는 얘기지만, 이해의 맥락을 위해 다시 언급하자면, 노론老論의 거두요, 중화사상의 영수로서, 조선조에서 유일하게 "자"子의 칭호를 들어 송자宋子로 존숭을 받는 분이 우암尤庵 송시열이다. 『조선왕조실록』을 보면 송시열이 2,550회가 등장하는데, 이퇴계李退溪와 이율곡李栗谷의 다음에 세 번째로 많다.

송시열은 이곳의 풍광이 좋아 여기에 작은 집을 짓고 살았다. 본디 송시열은 지금 으리으리하게 관광지로 개발된 만동묘가 있는 곳과는 떨어져 내를 건너 바위 위에 집을 짓고 암서재巖棲齋라 이름하여 살았다.

화양동에 들어서서 이쪽 큰길에서 암서재를 가려면 좁지 않은 내를 건너야 하는데, 다리가 없었기 때문에 겨울이나 여름이나 선비들이 신과 버선을 벗고 다리를 걷어붙이고 내를 건너가야 했다. 어른을 뵙는데 발을 씻고 오라는 탁족濯足의 뜻이 있었다.

이곳에는 황양목黃陽木이 많아 본디 이름은 황양동黃陽洞이었다. 그런 것을 송시열이 이곳에 자리를 잡으면서 이름도 화양동華陽洞이라 바꾸었는데, "중화의 햇살이 따사롭게 내리쬐는 곳"

**만동묘의 계단**
경사가 75°여서 "개처럼" 기어 올라가야 한다.

이라는 뜻이다. 명明나라가 오랑캐인 청淸나라에 멸망했고, 우리나라는 병자호란을 겪었으니 중국을 대신하여 그 원수를 갚아야 한다고 생각한 그는 뼛속까지 중화주의자였다.

화양동의 중심은 만동묘이다. 송시열은 선조의 어필御筆 "만절필동"이라 이름한 곳에서 조금 떨어진 곳에 임진왜란 때 도와준 중국 천자 신종神宗과 의종毅宗의 위패를 모시는 사당을 짓고 이름을 만동묘萬東廟라 했다. 어렸을 적 소풍 갔을 때는 멋모르고 사당으로 올라가는 돌계단의 경사가 75°라는 사실이 위험하고 짜증스러웠다.

서서 보행하는 자세로 그 계단을 올라가고 내려가다가 자칫 넘어지면 그 자리에서 뇌진탕으로 죽을 만큼 경사가 가파르다. 뒷날, 세상에 눈뜨고 글을 읽은 다음에 소중화小中華의 백성이 어찌 중국 천자의 위패를 뵈러 올라가면서 똑바로 서서 올라갈 수 있겠는가? "개처럼 기어 올라갔다가 개처럼 기어 내려오라."는 뜻으로 그렇게 지었음을 알았을 때 우리에게 중국은 누구인가를 많이 생각해 보았다.

## 소중화의 논리와 책임

송시열의 소중화 논리인즉, 임진왜란 때 다 망해가던 조선을 살려준 대명大明 천자의 재조지은(再造之恩 : 나라를 다시 살려준 은혜)에 대한 보답과 병자호란丙子胡亂의 국치國恥를 씻어야 한다는 것이었다.

송시열은 아침에 일어나면 『맹자』孟子의 주자朱子 서문을 열 번 읽고 만동묘에 올라가 사은賜恩에 감사하는 큰절[肅拜]를 올리고 일과를 시작했다. 처자식에게는 모두 명나라 복장을 입히고 머리는 두 갈래로 땋아 내렸다. 이 명나라 복식이 사실은 지금 우리의 한복인데 그 얘기를 하자면 길어, 여기에서 소상하게 밝힐 수가 없다.

송시열의 시각時角은 주자학이라는 대롱[管見]에 좁혀 있었다. 원시인의 동굴 입구가 남향임에도 불구하고 동쪽인 줄로만 알고 살던 것과 마찬가지로, 이른바 베이컨F. Bacon이 말한 원시인들의 "동굴의 편견"(*idola specus*)에 사로잡혔던 조선의 유생들은 마치 갈라파고스Galapagos 거북 증후군처럼 퇴화하면서 주자학 안에 자신을 가두었다. 그들은 안짱다리(矮, 倭)의 난학(蘭學, Dutch Science)을 거부하며 세계 조류에서 밀려나기 시작했다. 그 결과가 뒷날 망국亡國으로 이어졌다.

거슬러 올라가면, 여진족의 하급 무사로서 명나라로부터 정통성을 부여받아야 고려 백성을 다스릴 수 있었던 이성계李成桂의 주변부 인식marginal-man complex이 "큰 나라를 거역할 수 없다."(以小逆大不可)는 개국의 명분으로 나타났고, 거기에서 종속宗

屬이 시작되었다.

현대적 개념으로 보면 사대事大란 굴욕이 아니라는데 그 점에서 한국사는 정직하지 않았다. 한국이 중국에 조공과 인질을 바쳤다는 서술은 국사책에서 금기어禁忌語가 됐다. 그런 일련의 역사 인식을 대변하는 것이 삼전도비三田渡碑를 땅에 묻은 사건이었다. 사대는 한 편으로 굴욕이었다.

## 치욕의 역사(dark history)도 가르쳐야 한다

어두운 역사가 없는 민족이나 국가가 없다. 한漢나라 황제는 흉노匈奴에게 딸을 바쳤다. 이스탄불Istanbul 박물관에는 중국에서 보낸 조공품이 몇 개의 방에 가득 차 있다. 민족이 멸망했던 분노의 시대에 신채호申采浩처럼 망국에 비분강개할 수 있지만, 지금도 그래야 하는가에 대해서는 다른 의견이 있을 수 있다.

동양 최고의 빌딩이라는 롯데 타워를 배경으로 삼전도한비三田渡汗碑를 바라보노라면 심경이 착잡하다. 끝까지 싸우자던 김상

삼전도한비(三田渡汗碑) 앞에 선 필자 뒤로 롯데 타워가 보인다.

▲ 위안스카이(袁世凱)

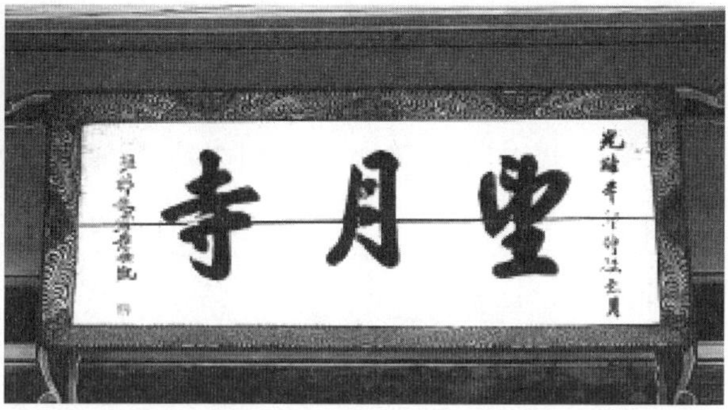


▲ 위안스카이가 쓴 도봉산 망월사 대웅전의 현판
1891년 추석에 썼는데, 그때 그의 나이가 32세였다. 명필이다.

헌金尙憲보다는 강화를 주장하던 최명길崔鳴吉의 고민이 더 깊었을 것이다. 인조仁祖는 남한산성에서 죽음[黃泉]을 뜻하는 황토를 길에 깔고, 몸을 일곱 마디 낸다는 뜻으로 여섯 번 새끼줄로 묶고, 상여喪輿에 올라 산에서 내려왔다. 그때 그와 울며 따르는 신하들의 심정은 어떠했을까?

만동묘와 삼전도비를 보면 지금 우리가 중국을 어떻게 보아야 할지 그림이 떠오르련만, 이 시대의 지도자나 민초民草들은 거기까지 생각하지 않는 것 같다. 그럼에도 한 가지 우리가 가슴에 새겨야 할 것은 중국이 말하는 이른바 사이팔만四夷八蠻 가운데 지금 독립 국가로 남아 있는 나라는 오직 한국과 베트남밖에 없다는 사실이다. 그래서 우리는 중국에 대한 애증愛憎이 더욱 깊어만 간다.

지금의 중국지도부나 주한 중국 대사들은 아직도 리훙장李鴻章이나 위안스카이袁世凱의 사고思考를 벗어나지 못한 채, 한국의 정치인을 그들의 대사관저로 불러 훈계하고 있다. 넋 나간 한국의 정치인들은 그것이 얼마나 치욕스러운 일인지도 모르고 중국이 나를 알아보았다는 듯이 어깨를 으쓱이며 대사관을 나온다.

왜 우리라고 중국에 고마워해야 할 일이 없겠는가? 그러나 우리의 역사학을 보면 "착한 사마리아인"은 종교적 이상주의에서나 볼 수 있지, 현실과는 거리가 멀다. 은원恩怨의 5천 년에서 우리는 아름다운 추억보다 쓰린 기억이 더 많다. 선린善隣이란 외교적 수사修辭일 뿐 한중관계에서 그런 일은 아주 드물다. 그러므로 우리의 역사학은 민중의 눈으로부터 중화주의라는 백내장白內障 제거 수술을 받아야 한다.

## 그 백내장의 정체는 무엇인가?

첫째는 중국이 "큰 시장"이라는 막연한 기대이다. 이는 이미 1940년대에 루즈벨트FDR의 오판誤判임이 입증되었다. 제2차대전 전후의 전시 회담에서 처칠W. Churchill은 지속적으로 루즈벨트에게 장개석蔣介石을 지목하며, "저 되놈(chink)을 왜 불렀느냐?"고 보챘고, 그럴 때면 루즈벨트는 "그 시장이 크다"는 말로 입막음을 했다.

현재 한국의 대중국 무역수지는 2021년 기준으로 +237억 달러이다.(『2021 중국산업브리프』) 수출로 사는 나라에서 이 정도면 크다. 그러나 불량품과 모조품 그리고 대금 결제 문제를 빼고 나면 나라의 영혼을 팔 정도는 아니다. 생선 뱃속에 납덩이를 넣어서 파는 것이 중국의 진정한 모습이다. 베이징北京대학 시절, 후스胡適는 "중국이 협상하러 올 때는 그들의 속임수[虛僞]를 조심하라."(1935)는 말을 남겼다.

둘째는 중국이 "통일의 지렛대"라는 몽환적夢幻的 대국주의이다. 이 문제는 너무 복합적인 문제여서 여기에서 소상하게 다룰 수는 없지만, 중국이 우리의 통일에 일정한 영향력과 지분(?)이 있는 것은 사실이다. 그러나 통일은 기본적으로 남북한 지도자들의 내정 문제이며 중국은 종속변수일 뿐이다. 중국은 남북통일을 시켜줄 힘은 없어도 저지沮止할 힘은 있다. 이게 비극적이다. 그러나 그것은 남북한 지도자의 의지를 넘어서는 정도는 아니다.

## 배일감정 속에 묻힌 중국해 문제

비록 "내수용"內需用이라 하지만 우리는 일본을 적국으로 모는 진영 논리에 빠져 실제로 목전에 다가온 화급한 문제를 잊고 있고, 잃고 있다. 몇십만 명의 병자호란 환향녀還鄕女는 잊은 채 왜 종군 위안부만 안타까운가? 한국전쟁에서 중공군에게 입은 피해는 얼마인지 셈도 안 해보고 왜 징용 문제만 그리 중요한가?

그런데 그보다 더 심각하고, 그러면서도 우리가 간과하고 있는 문제가 있다. 다름 아닌 서해 또는 황해黃海에 대한 중국의 입장 변화이다. 중국은 서해라는 용어를 입에도 담지 않는다. 그들이 보면 황해는 동해이니 그럴 만도 하다. 그들이 내심을 드러내지 않고 이제까지 황해라고 불러온 것만도 다행이다.

그런데 황해에 대한 최근 중국의 입장에 심상치 않은 변화가 나타나고 있다. 그것은 다름이 아니라 당연히 황해라고 쓸 법한 경우에도 그 용어를 회피하고 있다는 점이다. 그러면서 어물쩍 중국해中國海라는 명칭이 등장하고 있다.

본디 중국의 동쪽 바다는 후컨성福建省 – 타이완臺灣을 잇는 선에서 남쪽으로 하이난도海南島까지를 남지나해(南支那海, South China Sea)라 하고, 위도상 양쯔강揚子江 입구에서 직선으로 우향한 위도에서 시작하여 남쪽으로 타이완의 북쪽을 지나는 위도의 이북을 동지나해(東支那海, East China Sea)라 하고, 양쯔강 이북에서 발해만을 황해Yellow Sea라고 불렀다. 그러던 것이 이른바 굴기崛起 이후 남지나해는 남중국해로 바뀌고, 동지나해는 동중국해로 바뀌었다. 거기까지야 우리가 상관할 바가 아니다.

문제는 얼마가 지난 뒤에는 이를 통틀어 "동해"로 불리더니, 이제는 이곳을 모두 합쳐 "중국해"라 부르고 있다. 흑룡강대학 『中韓事典』에 따르면, "중국해라 함은 중국 대륙을 둘러싼 황해黃海 · 동해東海 · 남해南海의 세 바다를 총칭한다."고 되어 있다. 서해에서 황해라는 이름이 사라져가고 이제는 중국해로 불리고 있다.

백령도 근해는 이미 중국해가 되었다. 국제수로기구에 표시된 중국해의 영역도 점차 북쪽으로 확대되고 있다. 국제수로기구에서 뭐라든, 이대로라면 황해가 중국해에 포함되는 날이 그리 멀지 않을 것이다. 우리는 동해와 독도獨島 싸움에 힘을 낭비하는 동안 서해에서 더 많은 것을 잃었다.

## 강소국가로 가는 길

그러니 한국은 어디로 가야 하나? 그리스의 정치가 페리클레스Pericles는 주장한다. "강대국은 베푸는 것으로 동맹을 맺지, 받는 기쁨으로 동맹을 맺어서는 안 된다.” 그러나 중국은 베푸는 나라가 아니다. 중국이 우리를 “동맹”이나 “아픔을 나눌 형제”로 여길까? 그렇지 않다. 왜 그들의 레이더는 우리를 샅샅이 들여다보고 있는데, 우리는 사드THAAD를 배치하면 안 되는가? 펑유란馮友蘭의 책 한 줄 인용했다고 우방이 될 만큼 중국은 그리 가볍지 않다.

우리의 살길은 강소強小국가로 가는 것이다. 이제는 봉신封臣의 시대도 아니고, 미국대사관 담장에 올라가 “주한미군 철수반대”의 혈서를 쓰는 것이 우국憂國이던 시대도 아니다. 우리의 운명의 주인은 우리밖에 없다.

그런데 지금 우리 정치에는 지사志士도 없고 책사策士도 보이지 않는다. 보이느니 “빨대” 뿐이다. 그 점이 두렵고 걱정스럽다. 시대를 탓하고 운명이라 하기에는 우리의 현실이 슬프고, 우리는 어차피 그렇게 살았지만 이런 삶을 우리의 후손에게 이를 물려줄 수야 없지 않은가…?

## * 추기

이 글은 《중앙일보》 2020년 6월 24일자, 한국전쟁 70주년 기념, “중국은 우리에게 누구인가?”를 전재한 것임.

### 참고문헌


- KITA 베이징 지부, 『2021 중국산업브리프』
- Bacon, F., *Novum Organum* (Chicago : Encyclopaedia Britannica, Inc., 1980)

- *FRUS, 1946, Vol. VIII, The Far East* (Washington, D.C. : USGPO, 1971)
- 『孟子』
- 『宋子大全』
- 『荀子』
- 신복룡(역주), 『플루타르코스영웅전』(서울 : 을유문화사, 2021)
- 신채호(저) · 이만열(주역), 『조선상고사』(上)(서울 : 형설출판사, 1983)
- 『인조실록』
- 『조선왕조실록』
- 《중앙일보》
- 胡適(지음), 민두기(편역), 『胡適文選』(서울 : 三星文化財團, 1972)
- 이여성(지음), 『朝鮮服飾考』(서울 : 백양당, 1947; 민속원, 2008 복각판)

# 36. 오역誤譯의 역사

"3판 나오기 이전에는
누구도 자신의 글을 장담할 수 없다."
— 본문에서

"번역은 한국어 실력이다."
— 본문에서

아무리 영어가 출중하다 해도 조지훈趙芝薰의 「승무」僧舞를 영역하기란 어렵다는 어느 영문학자의 말을 듣고 머리를 끄덕인 기억이 있다. 나도 한국 사람이지만 한국어는 참으로 어렵다. 이 땅에서 태어났으니까 영문도 모르고 배웠지, 만약 한국어를 외국어로 배웠어야 할 입장을 생각한다면 아찔하다. 그 많은 어미 변화를 어떻게 문법적으로 설명할 수 있단 말인가!

어미 변화는 그렇다 하더라도 저 천변만화하는 형용사는 또 어쩔 것인가? 우리 나라 속담에 "어" 다르고 "아" 다르다는 말이 의미하듯이 우리 언어의 형용사 변화는 느낌으로 아는 것이지 문법적으로 설명할 수 있는 것이 아니다.

영어 같으면 red나 pink나 scarlet 또는 rosy 정도로 표현될 수 있는 적홍색을 한국어로 표현할 경우, 빨갛다, 빠-아-ㄹ갛다, 뻘겋다, 빼얼겋다, 버얼겋다, 불그스레하다, 뿔그스레하다, 뿔그죽죽하다, 불그죽죽하다, 뻘거죽죽하다, 뻘거직직하다, 붉다, 불구스름하다, 새빨갛다는 표기부터 다르고 같은 표기라 하더라도 장단음에 따라서 또 의미가 다르니 이를 어떻게 외국어로 옮길 수가 있을까?

## 오역은 실력이 아니라 양식의 문제

오역은 크게 두 가지로 그 원인을 찾을 수가 있는데 첫째는 그 번역자의 외국어 실력 여하에 달린 것이고, 다른 하나는 그 번역자의 성실성의 부족에 달려 있다. 그 두 가지 가운데 어느 것도 용서받을 수 없지만 나는 뒤의 것이 더 비난받을 짓이라고 생각한다. 외국어 실력도 없으면서 겁도 없이 번역하겠다고 대든 것도 잘한 일은 아니지만, 성실성이 없어서 진실을 오도했다면 이는 더욱 비난받을 짓이다.

한 권의 책을 번역했을 때, 그것이 아무런 참고 문헌도 없는 초역初譯을 했다면, 그 번역자가 원전어와 번역어 모두에 탁월하다 할지라도 최소한의 오역은 불가피하게 발생한다. 이 점은 용서받을 수 있다. 왜냐하면 그것이 더 인간적이기 때문이다. 그래서 나는 "3판 나오기 전에는 누구도 자신의 책을 장담할 수 없다."고 입버릇처럼 말한다.

그런데 이 오역을 자청해서 두 배로 부풀리는 경우가 우리 주변에는 흔히 있다. 그것이 바로 중역重譯의 문제이다. 언제인가는 장지연張志淵의 「시일야방성대곡」是日也放聲大哭을 일본어와 영어를 거쳐 다시 한국어로 번역한 강심장의 사나이가 있었는데 그러다 보니 병자호란 때 절의節義를 지킨 김상헌金尙憲이 이토 히로부미伊藤博文로 둔갑한 적이 있었다. 긍정문(충신)이 부정문(역적)으로 오역되어 일어난 불상사였다.

베이컨Francis Bacon의 말처럼 언어에는 어차피 오견(誤見 : *idola foli*)이 있게 마련이어서, 그것이 굳이 번역이 아니라 할지라도, 말을 전달하는 데에서 편견이 따를 수 있다. 하물며 외국어를 번역하면서 어찌 오류가 없을까마는 이것이 중역의 경지에 들어서면 그 오류는 배가되고 원래의 의미는 찾아볼 수가 없게 된다.

그래서 "번역은 반역"(Translator is traitor)이라는 말을 들을 때면 한때 번역에 몰두한 적이 있었던 나는 그 말이 야속하게 들리면서도 번역에는 어쩔 수 없이 오역이 있을 수밖에 없다는 자탄에 빠질 때가 많고, 이제 와서 몇 년 전 병아리 서생 시절의 오역을 볼 때면 자조自嘲를 느낄 때가 많다. 그러나 오역의 가능성을 두려워한 나머지 번역 사업을 게을리할 수 없다는 데에 우리의 어려움이 있다.

## 성서의 오역

동서고금을 막론하고 오역의 사례는 얼마든지 있다. "여기에는 하나도 보태고 뺄 것이 없으며, 그런 무리는 재앙을 받을 것"(『요한계시록』 22 : 18~19)이라고 말한 성서에도 오역은 있다. 예컨대 "부자가 천국에 들어가는 것은 낙타가 바늘구멍을 빠져 나가는 것보다 어렵다"(『마태오복음』 19 : 23~24)는 귀절은 히브리 판본을 헬라어로 번역하는 과정에서 *kalamŏs*를 *kamēlŏs*(κάμηλος)로 잘못 읽었다. 그 당시의 조악한 파피루스에 필경筆耕하는 과정에서

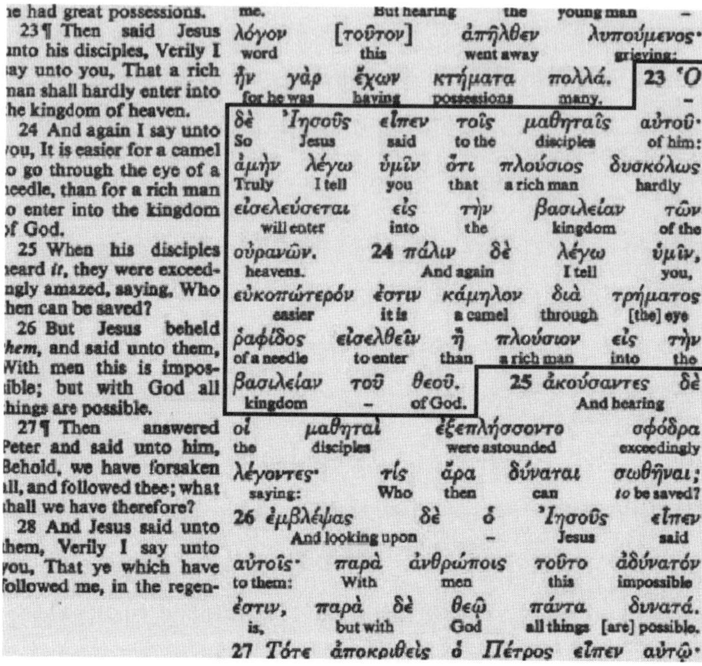
ie had great possessions.
23 ¶ Then said Jesus ınto his disciples, Verily I ;ay unto you, That a rich nan shall hardly enter into he kingdom of heaven.
24 And again I say unto ou, It is easier for a camel o go through the eye of a ıeedle, than for a rich man o enter into the kingdom of God.
25 When his disciples ıeard *it*, they were exceedngly amazed, saying, Who hen can be saved?
26 But Jesus beheld *hem*, and said unto them, With men this is imposible; but with God all hings are possible.
27 ¶ Then answered Peter and said unto him, Behold, we have forsaken ıll, and followed thee; what hall we have therefore?
28 And Jesus said unto hem, Verily I say unto ou, That ye which have ollowed me, in the regen-

me. But hearing the young man –
λόγον [τοῦτον] ἀπῆλθεν λυπούμενος·
word this went away grieving;
ἦν γὰρ ἔχων κτήματα πολλά. 23 Ὁ
for he was having possessions many. –
δὲ Ἰησοῦς εἶπεν τοῖς μαθηταῖς αὐτοῦ·
So Jesus said to the disciples of him:
ἀμὴν λέγω ὑμῖν ὅτι πλούσιος δυσκόλως
Truly I tell you that a rich man hardly
εἰσελεύσεται εἰς τὴν βασιλείαν τῶν
will enter into the kingdom of the
οὐρανῶν. 24 πάλιν δὲ λέγω ὑμῖν,
heavens. And again I tell you,
εὐκοπώτερόν ἐστιν κάμηλον διὰ τρήματος
easier it is a camel through [the] eye
ῥαφίδος εἰσελθεῖν ἢ πλούσιον εἰς τὴν
of a needle to enter than a rich man into the
βασιλείαν τοῦ θεοῦ. 25 ἀκούσαντες δὲ
kingdom – of God. And hearing
οἱ μαθηταὶ ἐξεπλήσσοντο σφόδρα
the disciples were astounded exceedingly
λέγοντες· τίς ἄρα δύναται σωθῆναι;
saying: Who then can *to be saved*?
26 ἐμβλέψας δὲ ὁ Ἰησοῦς εἶπεν
And looking upon – Jesus said
αὐτοῖς· παρὰ ἀνθρώποις τοῦτο ἀδύνατόν
to them: With men this impossible
ἐστιν, παρὰ δὲ θεῷ πάντα δυνατά.
is, but with God all things [are] possible.
27 Τότε ἀποκριθεὶς ὁ Πέτρος εἶπεν αὐτῷ·

『마태오복음』 19 : 23~24과 『요한복음』 1 : 1

충분히 있을 수 있는 일이었다.

그런데 *kalamŏs*는 "낙타"(kamēlŏs)가 아니라 "갈대"라는 뜻이었다. 따라서 다시 정리하자면, "부자가 천국에 들어가는 것보다는 갈대로 바늘귀를 꿰기가 더 쉽다."고 번역하는 것이 옳았다. 비유나 상징으로 보더라도 갈대가 맞다. "바늘구멍"도 "바늘귀"(eye of needle)가 맞다. 이에 대하여 일부 성서학자들은 예루살렘에 있는 "낙타의 문"이 실제로 낙타가 다니기에는 좁다는 사실을 들어 "낙타설"을 고집하나 이는 사실과 다르다.

『요한복음』 1 : 1은, "태초에 말씀이 계시니라."로 시작한다. 그러나 성서의 뜻대로라면 로고스는 삼위일체의 두 번째 자리인

칼라모스(*kalamŏs*)
한국의 창포와 비슷하다.

국제법의 아버지 그로티우스

"성자"聖子라는 뜻이다. 따라서 "태초에 성자께서 계셨다. 성자께서 하느님과 함께 계셨는데, 성자는 하느님이셨다."로 번역하는 것이 옳았다. 『요한복음』 17 : 5에 "성자는 태초에 있었다."는 소절이 이를 뒷받침해 준다.

영문판에서 Logos를 대명사로 쓸 때 "It"이라 쓰지 않고 "He" 또는 "Him"이라고 쓴 것도 예사롭지 않다. 그러니까 영문판의 번역자들도 Logos가 사물이 아니라 인칭人稱이라는 것을 알고 있었을 것이다. 화자話者가 없는 말씀은 혼동을 일으킨다.

네덜란드의 법학자인 그로티우스H. Grotius가 유럽의 30년전쟁(1618~1648)을 개탄하면서 쓴 『전쟁과 평화의 법』(*De Jure Belli ac Pacis Libri Tres*, 1625)이 라틴어로 출판되어 국제법의 아버지라는 세계적 명성을 얻게 되자 영미권의 학자들이 앞을 다투어 이를 번역하는 과정에 많은 오역이 있었다. 그러나 그 오역된 문장이 너무도 유려하고 천연덕스러워서 영미권 국제법학자들이 그것을 오역임을 발견한 것은 초역初譯이 나온 지 1세기가 지난 뒤였다.

## 호열자는 호열랄이 맞아

우리 나라의 오역사誤譯史도 흥미롭다. 우리 나라에 콜레라가 창궐한 것은 조선조 고종高宗 연간이었다. 이 병이 들어오자 당시 습속대로 중국의 이름과 꼭같이 虎列剌이라고 불렀다. 그런데 여기에 문제가 생겼다. 이 글자를 자세히 살펴보면 이는 호열자가 아니라 호열랄이다. 剌(이그러질 랄)이 刺(칼로 찌를 자)와 한 획이 다른 것이 화근이 되었다.

"랄"과 "자"를 구별 못 하는 반식자半識者들이 호열랄을 호열자로 오독誤讀하기 시작했고 지금에 와서 누가 아는 체하며 "호열랄"이라고 했다가는 그 사람만 웃음거리가 될 것이다. "호열랄"의 중국 발음이 콜레라에 가깝지, 호열자는 엉뚱한 발음임은 더 말할 나위도 없다. 『고종실록』에는 분명히 랄剌로 기록되어 있다.(『고종실록』 1895년 6월 16일자; 1899년 8월 23일자; 1909년 10월 25일자 참조)

우리의 속담 가운데서 오전誤傳된 것으로 "구렁이 제 몸 추긴다"라는 것이 있다. 이는;

> 세상이 다 썩었는데 나 홀로 깨끗하며
> 세상 사람이 다 취했는데 나 홀로 맑다.
> 擧世皆濁我獨淸 衆人皆醉我獨醒

라는 『어부사』漁父辭를 쓴 작가 "굴원屈原이 제 몸 추긴다"의 오전이다.

천고마비天高馬肥라면 하늘이 높고 말이 살찌는 좋은 계절이니 책이라도 한 자 읽으라는 뜻으로 세상 사람들이 모두 알고 있다.

**범증(范曾) 그림, 굴원(屈原)**
아마도 멱라강(汨羅江)에서 자살하기 전의 모습이 아닌지... 그 모습이 너무 비장하다.

그런데 이 오역이 또 가당치도 않다. 이 말은 본디 추고마비秋高馬肥가 맞으며 그 뜻도 전혀 다르다. 이 고사성어는 『한서』漢書 「흉노전」匈奴傳과 「조충국전」趙充國傳에 나오는 글이다.

그 본뜻인즉, "가을 하늘이 높고 말이 살찌는 때가 되었으니 반드시 적들도 지금쯤은 우리를 쳐들어올 생각을 하고 있다…. 그런즉 국방에 더욱 마음을 쓰자"(匈奴到秋高馬肥 變必起矣 宜豫爲備)는 뜻이었다. 그것이 어이없이 책 좀 읽자고 뒤바뀌었는데 중국의 식자들 앞에서 아는 체하느라고 우리 식으로 천고마비의 계절 운운하니 저들이 영문을 몰라 어리둥절할 수밖에 없다.

"옷깃을 뿌리치고 돌아선다"고 할 때 "袂別"라고 쓰고 "메별"이라고 읽는다. 그런데 그 메자가 쓰기도 어렵고 발음도 고약하여 이제는 모두 "결별"이라고 읽고 아예 글자까지 결별訣別이라고 고쳐 쓰고 있다. 요즘에 와서 누가 "메별 운운" 했다가는 뭔 소리하느냐고 핀잔만 들을 것이다.

요즈음 한국인의 왕래가 빈번한 중국의 상해上海특구인 深圳도 "심천"이 아니라 "심수"가 맞다. 그런데 그곳에 가는 모든 한국인이 "심천"이라고 오독하고 있어 중국인들도 이제 한국인들과 얘기할 때는 아예 "심천"이라고 발음하기도 했다는 것이다.

요즘처럼 영어가 보편화된 시대에도 영어의 오역도 흔히 있다. 1957년 10월에 소련은 역사상 최초로 인공위성 스푸트니크호를 발사하는 데 성공했다. 마침 그해에 소련의 대권을 잡아 수상이 된 뒤 후르시쵸프N. Khrushchev는 기고만장했다. 그는 "스푸트니크가 지구의 중력권을 벗어났으므로 이제 지구가 그 위성의 무게만큼 전보다 더 가벼워졌다."고 익살을 부렸다.

이 말이 외신外信을 타고 영문으로 "Now, the earth became lighter than before"라고 텔렉스로 들어왔다. 그때 국내의 ○○통신의 외신부장은 영어라면 꽤 자부하던 분이었는데 위의 문장을 "별(인공위성)이 떴으므로 이제 지구는 전보다 더 밝아졌다"고 번역했고, 이 통신문을 받은 각 신문사도 그렇게 기사화했다. light의 의미가 "빛"이라는 의미와 함께 "가볍다"는 뜻이 있다는 것은 중학생이라면 알 일이지만 이런 어처구니없는 실수는 언제나 가능하다.

연전에 세계 펜PEN 클럽 대회가 서울에서 열린 적이 있었다. 천하의 내로라하는 시객詩客들이 모인 이 자리에서 술이 한잔 들어가자 비위 좋은 한 한국 시인이 즉석 시를 낭송했다. 그런데 이 자리가 국제적인 모임인 만큼 누군가 이 시를 영어로 동시통역해야 하는 상황이 벌어졌다. 그때 한국의 시인 가운데서 영어라면 한가락 하는 분이 앞에 나섰다. 보통 연설이나 회화가 아니라 시를 동시 통역한다는 것이 어디 그리 쉬운 일인가?

싯귀 가운데는 "꽃잎이 하늘하늘 나르고…."라는 대목이 들어 있었다. 그는 우선 "하늘하늘"의 번역에서 막혔다. 그러나 그는 주저하지 않고 "Blossoms fly *from sky to sky*"라고 번역했고 알만한 사람들로부터 격찬을 받았다. 나는 이야말로 한국 오역사에서 가장 애교에 넘치는 장면이었다고 생각한다.

언어란 본디 느낌의 표현이어서 영어를 한국어로 옮기는 데에도 어려움이 있는 것은 마찬가지이다. 예컨대 한말韓末에 한국에 와서 목사로서 활동하다가 『전환기의 조선』(*Korea in Transition*, 1909)을 쓴 게일(James S. Gale : 奇一)의 글 가운데 "Korean people are timid and inoffensive."라는 말이 나온다. 이 글을 본 독자 가운데 한국인에 대하여 어떤 나쁜 선입견을 가지고 있는 사람은 "한국인은 어리석고 무기력하다"고 이를 번역했다.

그러나, 목사의 진심을 다소나마 이해하는 사람은 "한국인은 수줍음이 많아 머뭇거리는 일이 많고, 다른 사람에게 해코지할 줄 모른다"고 번역했다. 영문법상으로 본다면 위의 두 번역은 모두 옳다. 그러나 그 뜻은 천양지차로 다르다. 그러니 선불리 번역한다고 대드는 것이 얼마나 경망한 짓인가를 절감하지 않을 수가 없다.

## 高句麗·高麗는 고구리·고리로 읽어야 옳아

국사학에서 씻을 수 없는 오역은 高麗·高句麗를 "고려"와 "고구려"로 오독한 것이다. 이는 "고리"와 "고구리"로 읽어야 옳다. 조

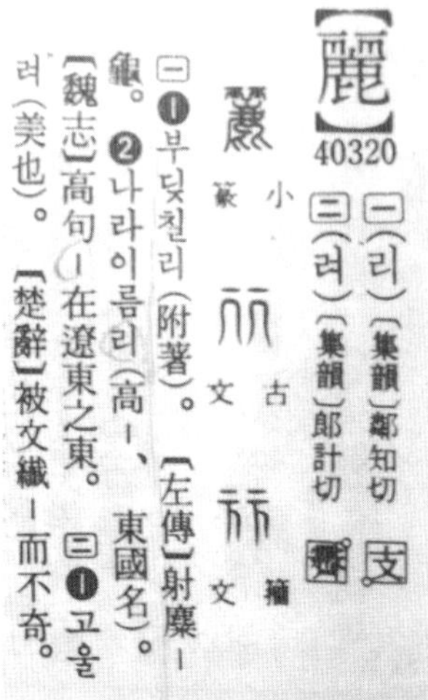

【麗】40320 ㊀(리)(集韻)鄰知切 支 ㊁(려)(集韻)郎計切 霽

小篆 古文 籀文

㊀❶부딪칠리(附著)。【左傳】射麋ㅣ龜。❷나라이름리(高ㅣ、東國名)。【魏志】高句ㅣ在遼東之東。㊁❶고울려(美也)。【楚辭】被文織ㅣ而不奇。

麗의 발음

선시대까지도 麗를 "리"로 읽다가 일제 시대에 들어와 "려"로 읽기 시작한 것을 아직도 고치지 못하고 그대로 읽고 있다.

내가 어렸을 적만 해도 여염에서는 "고리장"高麗葬, "고린장"高麗人葬, "고릿적"(고려 시대의 먼 옛날), "고리짝"高麗函이라는 말을 흔히 썼다. 나의 이러한 주장이 미심쩍은 독자들께서는 큰 옥편에서 "麗" 자를 찾아보시라. 자세히 읽어보시면 "나라 이름으로 읽을 때는 '리'로 읽는다"로 되어 있다.

19세기에 영남 유학의 거목 박치복朴致馥 선생이 합천 황매산黃梅山에서 백련재百鍊齋를 짓고 후학을 가르치다가 산청의 신등면으로 옮겨 麗澤堂이라는 서당을 짓고 영남 학맥을 이었는데 그 마지막 학맥이 중재重齋 김황金榥이다. 그런데 놀라운 것은 麗澤堂을 지금도 "이택당"이라 부른다.(趙龍憲의 對談)

오역의 이야기를 하면서 이런 주제를 다루는 것이 적절할지 모르나, 어느 대통령이 UN 총회에 가서 영어로 연설을 하기로 결정했다. 그 영어 실력으로 UN 총회에서 연설하는 것도 적절하지 않거니와 국가 원수가 국제 회의에서 모국어로 연설하는 것은 전혀 허물이 아니다.

연전에 일본의 수상 나카소네 야스히로中曾根康弘가 미국의 전국기자협회National Press Club에서 영어로 연설을 했다. 연설을

산청의 이택당(麗澤堂)

듣고 나온 외신 기자들이, "일본말도 발음이 영어와 비슷하네." 라고 말했다.

그와 같은 사실을 알고 있는 나는 그 대통령의 측근에게 영어로 연설하지 말도록 간곡히 부탁하라고 말했다. 그랬더니 그 사람의 대답인즉, "그런 말을 할 사람이 없어요." 했다. 결국 그 대통령은 영어로 연설을 했고, 한국 기자들과 보좌관들은 영어 연설을 영어로 통역하느라고 애를 먹었다.

또 다른 한 대통령은 집권 초기인지 그 직전인지, 정당의 이름을 "새 누리당"으로 결정했다는 소문이 돌았다. 그 무렵에 이미 그와 뜻이 같은 뜻의 신천지新天地 교회와 그 여자에 관련하여 이러니 저러니 말이 많던 시기였다. 나는 기겁을 하여 그 대통령의 측근에게 그런 이름을 짓지 말도록 간곡히 권고해보라고 말했다. 그 이유인즉 "누리"라는 말은 그들이 생각했던 것처럼, "세상"이라는 뜻도 있지만, 그보다 먼저 "재앙"이라는 뜻이 있기 때문이었다.

이를테면, 오래 전에는 『구약성경』「출애굽기」에 광야에서 겪은 메뚜기 떼의 습격을 "누리"라 했고, 지금은 『구약성경』「열왕기」(상) 8장 37절 이하 여러 군데 "누리"라는 벌레가 나오는데 이는 황충蝗蟲을 뜻하는 것으로서 이를 여호와가 내린 "재앙"이라는 뜻으로 쓰고 있다. 『구약성경』의 용례에 관계없이 사전을 봐도 "누리"는 "재앙"으로 풀이하고 있다.

이와 같은 사정을 알고 있던 나는 당시 그 대통령인지 후보인지의 측근에게 그 이름이 합당치 않음을 알려주었지만, 그 측근도 "그런 말을 조언할 사람이 없어요."라는 대답을 들었다. 결국 그는 말할 수 없는 "재앙"을 겪었다. 작명이라는 것을 그리 허투루 하는 것이 아니다.

이왕에 대통령에 관한 이야기가 나왔으니 한마디 더 하자면, 우리 시절에는 이승만 대통령의 부인 프란체스카 여사Francesca를 "호주 댁"이라고 불렀다. 다 아시다시피, 그는 오스트리아 댁인데 Australia(호주)와 Austria(오지리)를 구분하지 못하던 시대에는 그런 일도 있었다.

나는 처음 서울에 올라와서 서울 토박이들이 "비가 온다."를 "비가 오신다."라고 말하는 것에 깊은 인상을 받았다. 그 뒤 세월이 흘러 내가 『한국정치사상사』를 쓰면서 그 가운데 제천의식祭天儀式 편에서 이 점을 주목하여, 이는 한국인들이 하늘에 대한 공경심을 나타내는 대표적인 미풍美風 유습이라고 설명한 바 있다. 그런데 내가 이 논문을 영어로 발표하면서, 도대체 "비가 오신다"를 영어로 어떻게 번역해야 하나, 몹시 고민했는데 아직도 그 해답을 얻지 못했다. 미국인들에게 물어봐도 난감히 여기면서 도무지 생각이 안 난다고 대답했다. 독자 가운데 답을 아시는 분이 계신가요?

이런저런 일들을 생각하다 보면 번역이 얼마나 어려운 것인가를 새삼 느끼지 않을 수 없으면서도 다시 번역에 착수하지 않을 수 없다. 그러나 우리가 번역하면서 진실로 두려워하고 경계해야 할 것은 오역의 가능성에 있는 것이 아니라 이중 번역重譯의 부도덕성과 비성실성에 있을 것이다.

이런 점에서 본다면 몰가치적 상황에서 편견 없이 원전에 충실한 번역을 한다는 것은 참으로 어려운 일이며, 따라서 번역도 창작과 같은 정도의 대접을 받을 수 있는 지식 풍토가 이루어져야 할 것이다.

### 참고문헌


- Bacon, F., *Novum Organum* (Chicago : Encyclopaedia Britannica, Inc., 1980)
- 게일(James S. Gale)(지음), 신복룡(역주), 『전환기의 조선』(서울 : 집문당, 2019)
- 『고종실록』
- 屈原, 「漁父辭」
- 그로티우스(H. Grotius), 『전쟁과 평화의 법』(*De Jure Belli ac Pacis Libri Tres*, 1625)
- 김창수(역), 『조선의 비극』(서울 : 을유문화사, 1984)
- 선정규, 『굴원 평전 : 장강을 떠도는 영혼』(서울 : 신서원, 2000)
- 『성경』
- 장삼식, 『大漢韓辭典』(서울 : 진현서관, 1981)
- 장지연, 「是日也放聲大哭」, 『韋菴先生文集』(서울 : 국사편찬위원회, 1972)
- 趙龍憲 면담
- 조지훈, 「僧舞」
- 『漢書』「匈奴傳」&「趙充國傳」

## 37. 기독교의 수용과 현실

"교회가 알이라면 민족은 둥지이다."
— 본문 가운데에서

"기독교인들은 무심히 앉아
조국이 개가 되어가는 모습을
바라만 보고 있었다.
이는 애국자의 모습이 아니다."
— 게일 목사James Gale

공부를 하다 보면 학문의 주제로 삼기에 가장 조심스럽고 부담스러운 것이 종교 문제이다. 나는 무슨 팔자인지 호남의 동학東學을 공부하다 보니, 종교, 문중, 지역 감정이라는 3대 관문을 통과하느라고 평생 신관이 고달팠다. 종교의 경도傾倒는 논리나 학술이라기보다는 정서의 문제이기 때문에 더욱 그렇다. 한국인들은 종교적 성향이 강렬할 뿐만 아니라 외래적인 것에 선호도가 높아 더 많은 혼란을 불러일으킨다.

한국인에게 종교의 성향이 높은 것은 우리의 풍토와 관련이 있다. 하천 문화권에 사는 사람들일수록 향토애가 짙고 그것이 호국 사상으로 확대되고 끝내는 호국 신앙으로 승화되는 사례는 얼마든지 있다. 또한 천수답天水畓을 중요 경작지로 삼고 살아가기 때문에 경천敬天에 빠지기 쉬우며, 육식을 주로 하지 않고 채식菜

食을 하는 민족이기 때문에 공격적이라기보다는 평화를 사랑하는 등의 민족성이 종교성을 높인 이유로 지적될 수 있다.

한국인의 종교성은 통계로써도 잘 나타나고 있다. 믿음이라는 기준을 어디에 두느냐에 따라서 통계는 많이 달라질 수도 있지만, 각 종단에서 제출한 교도의 숫자를 합산하면 우리 나라의 총인구보다 많다.

그러나 이러한 주관적인 계수를 무시하고 최근의 센서스(2015)에 따르면, 우리 나라의 인구는 4,905만명으로 추산되고 있으며 그 가운데서 어떠한 형태로든지 종교 생활을 하는 사람의 숫자는 불교(15.5%), 개신교(19.7%), 천주교(7.9%), 원불교(1.7%), 유교(1.5%), 천도교(1.4%), 증산계(0,8%), 대종교(0.6%), 무속/기타(1.9%)로서 합계 44%요 믿지 않는 사람이 56%이다.

범위를 좁혀 기독교 곧 신교와 구교를 신봉하고 있는 인구를 보면 전체 인구의 27.6%에 해당하는 숫자이다. 개신교의 역사만 본다면, 140년이 갓 넘고 있는 일천日淺한 속에서 총인구의 19.7%를 차지하고 있다는 사실은 기독교 문명권이나 기독교를 국교로 삼지 않은 나라를 제외하고서는 세계 선교사에서 그리 흔하지 않은 사실이다.

또 한 가지 수치상의 문제에서 지나칠 수 없는 사실은 한국인 가운데서 85%가 지난날에 교회 안에서 찬송가를 부르고 기도한 경험이 있다는 점이다. 이 수치는 우리에게 많은 시사示唆를 준다.

## 선교사가 들어오기 이전에 이미 믿음이 있었다

기독교[Nestorianism 또는 경교(景敎)]가 이미 신라 때 들어왔다는 낭만적인 해석을 논외로 하고, 문헌에 따르면 기독교가 한국에 들어온 것은 1590년대의 임진왜란壬辰倭亂 때인 것으로 보인다. 왜군이 1차 침략에서 패배하여 울산성蔚山城으로 퇴각해 있을 때, 고니시 유키나가小西行長는 그리스도를 찾으며 기도했고 굶주림과 추위에 고통받는 부하 장졸들을 바라보면서 성직자를 파송해 줄 것을 도요토미 히데요시豊臣秀吉에게 부탁했다.

드 세스페데스 신부

이에 따라 포르투갈 출신의 세스페데스G. de Cespedes 신부가 우리 나라에 최초로 상륙했다. 그러나 이것은 한국기독교사에서 큰 의미를 갖지는 않는다. 왜냐하면 당시 세스페데스는 적국의 종군 신부라고 하는 민족적 감정 때문에 그의 복음은 우리에게 전파되지 않았기 때문이다.

이러한 기록을 떠나서 공식적으로 이 땅에 서학西學이 들어온 것은 1831년에 천주교 조선 교구가 창설되고 초대 교구장으로 브르귀에르B. Bruguiere가 임명된 때이다. 그는 조선에 부임하지는 않았다. 그러다가 1835년에 프랑스 신부 모방P. Maubant이 최초로 조선에 잠입했다. 여기에서 중요한 것은 그가 조선에 입국할 때 이미 9천 명의 교도들이 "먼저" 기도하고 있었다는 사실이다.

개신교改新教 전래의 역사는 한미수호통상조약이 체결된 1882년부터라고 볼 수가 있다. 그 당시 한국에 부임했던 한국 주재 미국공사관의 직원들은 공사 이하가 대체로 기독교도였다. 특히 1884년에 입국한 알렌H. N. Allen은 목사로서 외과 의사였다.

알렌은 갑신정변甲申政變을 계기로 왕실의 신임을 받음으로써 한국에 기독교를 포교할 수가 있었다. 알렌은 부임하면서 기독교를 겉으로 표방하지는 않았다. 그는 기독교의 이질적인 냄새를 풍기지 않으려고 의식적으로 애쓴 흔적이 보인다.

그런데 우리는 개신교의 전파 과정을 논의하면서 지나치게 선교사의 입장에서 이론을 전개하고 있다. 이것은 사실과 다르다. 그들이 들어오기 이전에 이수정李樹廷이나 서상윤徐相崙 등이 성서를 번역하는 등의 포교 행위가 있었다.

그러니까 서구인들이 이 땅에 교회를 세웠다고 하는 것은 한국의 불우한 지식인들이 교회 주변에 모일 수 있도록 역사적 상황을 가능케 했다는 데에 있는 것이지 선교사들이 곧 이 땅에 와서 최초로 기독교를 포교했다고 해석해서는 안 된다. 한국인이 스스로의 결단과 노력에 따라 기독교를 이 땅에 씨뿌린 것이다.

이와 같은 과정을 통하여 이 땅에 들어온 기독교가 우리에게 끼친 가장 큰 공헌은 그것이 한국의 민권 의식民權意識을 높이는 데 공헌했다는 사실이다. 본질적으로 한국 사상에는 평등의 개념이 없다. 유교적 애민愛民사상과 불교적 자비가 있으나 이것은 평등의 유사 개념이지 동일 개념은 아니다. 한국의 개화 운동이 시대적으로 기독교의 전래와 때를 같이 하고 있다는 사실은 우연이 아니다.

기독교의 평등사상을 통해 가장 큰 혜택을 본 계층은 여성이었다. 기독교가 전파되기에 앞서 한국은 여성으로서는 저주받은 땅이었으며 그들의 삶은 비참하다고 생각했다. 물론 근본주의 성경에 견주면 한국의 여성은 훨씬 덜 박해를 받았다는 주장도 가능하다. 유대교에서는 지금도 여성은 교당에 들어갈 수 없다.

서양인들이 본 여성 학대란, 이를테면 보쌈이라는 이름의 약탈혼掠奪婚, 축첩蓄妾, 종부種婦(씨받이), 기처棄妻(소박), 은둔隱遁, 학대虐待, 전[餕, 본디 발음이 "준"이지만 민속학에서는 "전"이라고 읽는다. 여자는 남자와 겸상을 하지 못하고 남자가 물린 상에서 음식을 먹는 풍습] 등의 풍습이 서서히 무너지기 시작한 것은 기독교가 자리 잡기 시작한 1880년대부터였다. 따라서 이 땅에 개화의 물결이 닥쳐왔을 때 대부분의 사람(여성)은 그것이 여성 해방 운동이나 여권 신장 운동과 같은 것으로 여겼다.

## 민족은 둥지이고 교회는 알과 같아

이상과 같은 긍정적인 의미에도 불구하고 정치사적 의미로 본다면 기독교는 다음과 같은 문제점을 안고 있었다.

첫째로 지적해야 할 점은 수용 과정에 문제점이 있었다고 하는 사실이다. 초기의 서구 선교사들의 포교나 한국인들의 수용 태세는 기독교의 비본질적인 문제에 더 큰 비중을 두고 있었다. 곧 그들은 기독교의 외형적인 의식儀式을 지나치게 강조함으로써 불필요한 마찰을 자초했다. 선교사들은 이를테면 제사 문제 등을 거론함으로써 한국인의 민족적 긍지를 훼손했고, 끝내 박해라고 하는 불행한 사태로 비약하기에 이르렀다.

오늘날의 고등 종교가 신용을 잃게 되고, 우리의 정신 세계에 진공 상태가 일어나게 된 이유는 성직자들이 비본질적인 일부 교리에 무의미한 고집[頑迷固陋]을 부릴 때가 흔히 있기 때문이다. 한국인들은 현실 문제에서는 유교주의적이며, 내세관에서는 불교를 따르며, 위기를 당해서는 무속巫俗에 의존한다. 그러므로 한국인에게 유일신을 믿도록 하면서 기독교의 비본질적인 외형 의식을 강요한다는 것은 그릇된 짓이다.

마테오 리치 신부

이 점은 초기의 중국의 기독교사와 좋은 대조를 이루고 있다. 우리에게 기독교의 홀씨가 날아들기 시작한 16세기에 중국에서도 이미 루기에리M. Lugieri와 마테오 리치Mateo Ricci가 선교하고 있었다. 그러나 그들은 기독교의 본질을 훼손하지 않는 한 중국의 전통 사상을 훼손하지 않으려 했다는 점에서 한국에 온 선교사들과는 근본부터 다르다. 그들은 중국의 옷을 입고 전통의 유교 의식을 갖추면서 스스로 천축승天竺僧이라고 소개했다. 이를 현지 적응 방법accommodation method이라고 한다.

## 안타까운 전통 문화의 황폐화

영국의 경우를 보더라도 헨리 8세Henry VIII는 영국의 국교를 로마 교황청으로부터 분리했고, 그의 딸 엘리자베스 1세Elizabeth I는 국교회國教會를 민족 국가에 종속하는 신교로 만들었다. 그렇다고 해서 영국 국교도의 기독교 사상이 약화되지 않았다. 아니, 오히려 영국의 국교회는 이러한 과정을 통해 더욱 교세를 확장함으로써 그리스도의 뜻에 가까워졌다.

정치사의 의미로 볼 때 기독교가 가지는 두 번째의 문제는 민족 주체성의 문제이다. 한국의 기독교들은 민족주의라는 측면에서 역기능적이었다. 그들은 반민족이라고 말하기는 어렵지만 비민족적이었다는 비난을 들을 수 있다. 그것은 교회가 민족을 우선한다고 그들이 믿었던 데에서 온 결과이다. 나는 이러한 나의 주장이 얼마나 위험하며 교계의 저항을 일으키리라는 것을 잘 알고 있다.

기독교 국가가 조선을 정복해야 한다고 주장했던 황사영黃嗣永 사건(1801)의 주장이 얼마나 황당했던가를 논외로 하더라도 일제 치하에서 보여준 기독교도들의 소극적인 저항 자세가 이를 입증해 준다. 이렇게 말하면 기독교도들은 신사 참배의 거부 운동을 내세울 수도 있다. 그러나 신사 참배의 거부 운동은 종교 박해였지 민족주의 투쟁은 아니었다.

민족은 둥지와 같은 것이고, 교회는 그 속에 품어 있는 알과 같다. 둥지인 민족이 위기를 당했을 때 그 안의 알은 무사할 수가 없다. 알과 둥지는 공동운명체와 같은 것이다. 양계초梁啓超는 조선의 멸망을 바라보면서 이런 시를 남겼다.

둥지가 무너지는데 어찌 알이 성하랴
아, 가련한 벌레들이여
覆巢安得卵 嗟爾可憐蟲
(양계초, 「조선의 망국」, 1910)

한국의 기독교도들은 그 알이 깨질 때 비명을 질렀지만, 둥지가 허물어질 때는 너무도 나약하게, 너무도 소극적으로 처신했다. 역사상 민족의 멸망을 목전에서 체험하면서도 한국의 기독교들처럼 침묵한 민족은 그 유례를 찾아볼 수 없다. 망국의 모습을 목격했던 목사(Rev. James Gale)의 묘사는 더욱 가슴을 찌른다.

"기독교인들은 무심히 앉아 조국이 개가 되어가는 모습을 바라만 보고 있었다. 이는 애국자의 모습이 아니다. 교회는 끝까지 일본이나 일본인을 적대시하지 않았다. 그것은 옳은 일이 아니었다."
(신복룡(역주), 『전환기의 조선』, 2020, pp. 33-34, 127.)

게일 목사(연동교회)

셋째로 우리는 기독교와 전통 문화의 상관 관계를 생각해 볼 필요가 있다. 교육을 통한 개화는 아무리 칭송을 해도 지나침이 없다. 그러나 기독교도들은 선진 문화라는 미명 아래 토착 문화를 지나치게 미개시했고 샤머니즘이라는 명목으로 자기의 정신 문화를 빈번하게 비난했다. 과연 서구적인 해석만이 근대적이요 과학적이었고, 우리 선조들의 문화는 그렇게도 초췌한 것이었나?

한국인의 85%가 기독교를 경험했으나 지금은 28%만이 기독교인이라면 나머지 57%는 어디에 있는가? 그들은 지금 교회 밖에서 서성거리고 있다. 그들은 기독교 사상을 거부하는 것이 아니라 비본질적인 의식상의 문제 때문에 망설이고 있다.

기성 기독교도들이 그러한 비본질적 모순을 타파함으로써 더 많은 기독교도가 교회의 품으로 들어오게 하는 것과, 아니면 지금처럼 기독교도들의 지나친 독선과 아집, 그리고 분파를 통해 많은 선험자들을 교회의 외곽에 머물도록 하는 것 가운데 그 어느 것이 진정한 그리스도의 뜻일까?

우리는 아직도 서구와 히브리의 유산 속에 허덕이고 있다. 우리는 그들과 이질적인 사람들이어서 그들의 메커니즘마저 수용해야 할 아무런 이유가 없다. 현대의 기독교는 "오로지 성서대로"(*sola scriptura*), "오로지 거룩한 것만을"(*sola sanctus*), "오로지 은총만으로"(*sola gratia*)만으로 살 수 없다. 어느 사회나 원리주의가 문제이다.

## 추수감사절은 추석날이어야

우리는 추석秋夕이라는 즐거운 명절이 있음에도 불구하고 서구인들이 지정해준 날에 따라 추수감사절을 지킬 만큼 어리석다. 요즘에 벌어지고 있는 단군상檀君像의 훼손 사건만 하더라도 그것

**전통 제례 :** 여성도 술과 절을 올린다.

은 기독교도들이 잘못을 저지르는 것이다. 단군은 건국 신화일 뿐 신앙의 대상이 아니며 우상도 아니다.

나는 어렸을 적에 예수교도의 집 앞 쓰레기통에 제사 음식이 버려져 있는 것을 보며 많이 놀랐다. 그들은 이웃에서 호의로 보낸 제사 음식이나 떡국이며 송편이 우상에 바친 것이라 하여 쓰레기통에 버린 것이다. 이게 바른 믿음일까?

어느 국가, 어느 민족에게나 건국 신화는 있게 마련이며 그것은 종교와 무관하다. 그리스 · 로마인들이 그리스 · 로마의 신화를 믿고 그들의 대리석상을 바라보며 그들의 역사와 선조를 회상한다고 해서 그들이 기독교를 부정하는 것은 아니다. 그리스 · 로마의 그 많은 신상이 우상이 아니듯이 단군상도 우상이 아니다.

한국의 기독교는 과연 지금 어디에 서 있는가? 우리는 지금 「예레미아의 애가哀歌」를 읽으며 민족의 장래를 걱정해야 할 때이다. 예레미아가 자기 민족이 멸망되어 가는 모습을 바라보면서 읊었던 그 애가가 지금 우리 민족의 역사와 과연 어떻게 다른가? "내가 설령 그리스도의 저주를 받아 그에게서 멀어진다 할지라도 내 동족을 위하여 죽을 수만 있다면 나는 그 길을 가겠노라."(「로마인에게 보낸 서한」 9 : 3)고 사도 바울은 기도했다. 한국의 기독교도들은 과연 그러한 경지에 왔는가?

역사를 돌아볼 때 한국 민족주의는 종교적이었고, 한국의 종교는 민족주의적이었다. 민족과 종교가 더불어 살지 않는 한국사는 존재하지 않았다. 서로 보완하면서 민족이 살고 교회가 살았지, 교회만이 살아남고 민족이 존립한 예가 없으며, 민족만이 살아남고 교회만이 멸망한 예도 없다. 서로 의지해가면서 그렇게 살아온 것이 한국의 민족이요, 한국의 교회이다. 한국의 기독교들은 좀 더 민족에로 눈길을 돌려야 한다.

## * 추기

이 글은 신문사와의 입장 차이로 게재되지 않았음.

### 참고문헌


- Chung, David, *Religious Syncretism in Korean Society*(Ph. D. Dissertation at Yale University, 1959)
- Paik, George, *The History of Protestant Missions in Korea, 1832–1910* (Pyeng Yang, Korea : Union Christian College Press, 1929)
- 게일(J. Gale)(지음), 신복룡(역주), 『전환기의 조선』(*Korea in Transition*)(서울 :

집문당, 2019)
- 달레(C. Dallet)(저), 안응렬 · 최석우(역), 『한국천주교회사』(왜관 : 분도출판사, 1979)
- 梁啓超(지음), 최형욱(옮김), 『조선의 망국을 기록하다』(서울 : 글항아리, 2014)
- 마테오 리치(저), 이수웅(역), 『天主實義』(왜관 : 분도출판사, 1984)
- 민경배, 『한국기독교회사 : 한국 민족교회 형성 과정』(서울 : 연세대학교 출판부, 2007)
- 박철, 『세스페데스 : 한국 방문 최초의 서구인』(서울 : 서강대학교 출판부, 1993)
- 알렌(H. Allen)(지음), 신복룡(역주), 『조선견문기』(*Things Korean*)(서울 : 집문당, 2019)
- 통계청, 『2015년 센서스』
- 『성경』
- 『黃嗣永帛書』(서울 : 정음사, 1975)

# 38. 우리의 소원은 통일이라는 허구

"허무하도다.
한 세대가 가고 또 한 세대가 오건만
땅은 영원히 그대로이다."
— 솔로몬, 『구약성경』 「전도서」 1 : 4

"북한이 붕괴하면
내가 북한의 총독이 된다."
— 통일부 장관(2004)

젊었을 적에 나는 애들 성화에 못 이겨 몇 번 애완 동물을 기른 적이 있다. 그러나 몇 번 기른 뒤에 다시는 돌아보지도 않는다. 왜냐하면 헤어지는 슬픔이 너무 아프기 때문이다. 강아지도 사람과 꼭 같이 백내장과 관절염에, 이 빠지고, 치매 오고, 자기의 죽음이 임박했음을 알면 정을 떼려고 애쓰고, 그리고 끝내 가족도 모르게 집을 나가 혼자 죽는 일이 너무 가슴 아프다.

나는 천주교 신자인데, 5년마다 신부님이 떠나면서, 헤어질 때는 뒤로 돌아보지 않고 쌀쌀맞게 떠나는 모습이 너무 가슴 저리다. 떠나가신 다음에는 전화 한 통, 문자 메시지 한 줄의 답장도 없다. 옛날 교회의 신도에 관해서 이야기하면 그런 사람을 모른다고 대답한다. 신부님의 사회에서는 그렇게 하는 것이 새로 오시는 신부님에 대한 예의요, 불문율이란다. 떠나가신 신부님을 잊어야 한다. 신임 신부님 앞에서 떠난 신부님의 얘기를 꺼내는 것도 실례이다.

죽음이 왜 슬픈가? 이 좋은 세상 떠나기가 싫어서일까? 아니다. 사랑하는 사람과 헤어짐이 가슴 아프기 때문이다. 천국이나 극락에서 만나자고 위로하지만, 그것은 믿음이 두터운 사람이나 하는 말이지, 우리 같은 필부에게는 혈육의 정이 너무 그립다. 그리고 나이가 들수록 더 사무친다. 나는 문재文才가 없어 차마 글로 그 심정을 표현하지 못하고 다음의 시로 내 심정을 대신한다.

이별이 너무 길다.
슬픔이 너무 길다.
선 채로 기다리기엔 은하수가 너무 길다.
단 하나 오작교마저 끊어져 버린 지금은
가슴과 가슴으로 노둣돌을 놓아
면도날 위라도 딛고 건너가 만나야 할 우리
선 채로 기다리기엔 세월이 너무 길다.
그대 몇 번이고 감고 푼 실을
밤마다 그리움 수놓아 짠 베
다시 풀어야 했는가?
내가 먹인 암소는 몇 번이고 새끼를 쳤는데,
그대 짠 베는 몇 필이나 쌓였는가?
이별이 너무 길다.
슬픔이 너무 길다.
사방이 막혀버린 죽음의 땅에 서서
그대 손짓하는 연인아.

— 문병란文炳蘭의 시 「직녀織女에게」에서(일부)

## 통일에 대한 첫 번째 허구 : "우리의 소원은 통일"

위와 같은 서정적인 표현을 떠나 역사와 서사敍事로서의 통일 문제를 돌아보면 서사가 서정보다 더 가슴을 저리게 한다. 아마도 보수 우익의 시대에 남한 국민은 통일을 체념하고 살았을 것이다. "박정희朴正熙의 남한과 김일성金日成의 북한"이라는 구도는 정착되어 갔고, 그런 상황에서 전쟁이나 일어나지 않으면 다행이라 생각했다.

그러다가 진보 정권이 들어서면서 갑자기 통일에 대한 기대감이 부풀기 시작했다. 2000년대 남북 관계의 급격한 개선으로 한국 사회는 통일에 대한 성급한 낙관 분위기에 빠지게 했다.

이 시대를 살아가는 우리가 《애국가》 다음으로 많이 합창했던 노래는 아마도 《통일의 노래》였을 것이다. 그리고 이 노래를 부르는 동안 우리는 "우리의 소원은 통일"이라는 자기 최면에 걸려 있었다. 철부지 시절, 정월 보름에 달에 절을 올리며 "통일해 줍시사."고 빌던 소년이 이미 80객이 되었다. 그러나 이 문제에 대해서 우리는 좀 더 냉정하고, 정직해야 한다. 우리는 진실로 통일을 바라고 있을까?

그렇지 않을 것이다. 지난날에는 "통일해야 한다"는 의견이 90%대까지 올라간 적이 있었고, 독일이 통일된 이후에는 "통일 비용을 부담하면서까지 통일을 할 필요가 있는가?"라는 질문에 대해서 68%가 긍정적으로 대답했다.(통일원, 1990) 그러나 시간이 흐르면서 통일 의식이 퇴색되어 가고 있다. 최근의 통계에 따르면 통일의 당위성을 믿고 있는 중 · 고등 학생의 비율은 40% 안팎

**삼팔선** : 한 가옥이 남북으로 갈렸다.

으로 나타나고 있다.

그 어느 쪽이든 간에 수치상으로 말한다면 아직도 한국인의 통일 의지가 조금 더 높은 편이다. 그러나 그것은 통계의 맹점일 뿐이다. 우리가 통일을 갈망한다는 것은 통일로 말미암아 잃는 것이 전혀 없음을 전제로 하는 것이요, 통일로 말미암아 잃는 것이 있을 때, 통일할 필요가 없다는 뜻으로 해석될 수도 있다. 갈등[분단]이 생기는 이유는 그 갈등으로 말미암아 발생하는 이익을 즐기는 무리가 있기 때문이다.

그렇다면 통일로 말미암아 잃는 것은 무엇일까? 그것은 기득권이다. 남한의 주민들은 최근 몇 년 동안에 일어난 북한의 기근이 자신의 부담이 되리라는 염려에서 조세 부담이 늘어날 것을 두려워하고 있다. 그들에게 통일은 그들의 기업 가치에 우선하지 않는다.

**휴전 반대 / 북진 통일 궐기 대회**
이들은 성인이 된 지금도 통일을 바라고 있을까?

적어도 남북한의 정치적 · 경제적 지배층에 분단은 축복일 수 있다. 분단이 있었기에 지금의 높은 지위나 물질과 권력의 특권을 누리는 사람은 의외로 많다. 그들은 분단을 즐기고 있을 수도 있으며 이런 점에서 한국인의 통일 의지는 대단히 과장되어 있다.

통일은 당장만 생각하면 결국 양보이며 짐의 나눔이다. 한국민 모두의 욕구를 충족시켜 주는 통일 방안은 없다. 통일되는 순간에 이 사회의 누구인가는 자신이 소유하고 있는 가치를 희생하거나 양보하지 않을 수 없다. 그리고 그 양보는 대체로 지배 계급의 것이다. 지배 계급의 회심悔心이 이루어질 때, 그리고 그들이 민족의 소명召命에 대하여 깨달을 때 통일은 구체적 현실로 우리에게 다가올 것이다. 그러나 그 가능성은 아주 희박하다.

## 북한은 곧 멸망한다는 허구

나는 지난날, 김일성이 생존해 있을 때 이북5도 지도자 연수회에서 "북한은 쉽게 무너지지 않는다."는 주제로 강연했다가 봉변을 겪고 빠져나온 적이 있다. "김일성이 곧 죽을 것이고, 그러면 북한은 곧 무너질 텐데, 그런 무책임한 말을 하는가? 취소하시오." 하며 머리 허연 노인들이 주먹을 휘두르며 항변했다. 그리고 나는 그 강좌에서 하차했다. 많은 우익은 김일성의 죽음이 북한의 붕괴와 직결될 것이라고 예언했다. 그러나 1994년의 그의 죽음 이후에도 북한은 여전히 존립하고 있다. 오히려 더 강고해졌다.

그런데 우리가 흔히 북한의 붕괴를 논의할 때는 그 개념의 정확성이 필요하다. 남한에서 말하는 북한 붕괴론은 다음의 세 가지를 상정할 수 있다.

(1) 루마니아의 챠우세스쿠N. Chausescu의 경우와 같이 김일성 세습 정권의 몰락
(2) 구소련의 경우와 같이 북한 사회주의 체제의 붕괴
(3) 구동독의 경우와 같이 북한이라고 하는 국가의 붕괴

남한 사회에서는 북한의 붕괴를 논의할 때, 위의 세 개념을 혼동하는 경우가 많다. 그러나 우리가 통일을 상정하면서 북한의 붕괴를 논의할 때는 (3)의 경우를 의미한다.

경제난이 북한 멸망의 동기가 되리라고 수많은 사람이 주장하고 있지만, 지배 계급의 악의, 곧 관료의 부패나 수탈이 극대화되지 않는 한, 자연적 빈곤 때문에 국가가 무너지는 사례는 역사에 없었다. 민중 봉기는 인재人災이지 천재天災에 의해 야기되는 것이 아니다. 그뿐만 아니라 북한에는 밑으로부터의 혁명이 이루어질 수 있는 사회 간접 시설이 구축되어 있지 않다.

**"삼팔선의 봄"**
그대는 무엇을 위해 목숨을 바쳤는가?

북한의 붕괴론과 관련하여 부패腐敗가 거론되는 때도 있다. 그러나 처음부터 줄곧 가난했던 사람이나 "고난의 행군"을 견뎌낸 사람은 가난 때문에 정부에 저항하지 않는다. 지난날 한때 풍요로웠던 과거가 있던 사람들이 인간의 비리 때문에 다시 가난하게 되었거나 지금의 가난이 지배 계급의 인위적 실수나 악의에 의한 것이라는 사실이 확인되면 민중은 참지 않으며 그 정권은 붕괴한다.

따라서 북한의 관료가 부패하기 시작했다면 상황은 다르지만, 세계의 민란사를 보면 관료가 생존을 위해 최소한의 부패를 자행했을 때 민중은 묵시적으로 이를 양해하기 때문에 그것은 정권 붕괴의 원인이 되지 않는다. 부패에도 악의적 부패와 선의의 부패가 있다.

북한의 전통 시장

지금 북한은 너무 빈곤하여 수탈할 여지가 없다. 수탈은 조세租稅를 통하여 일어나는데 북한은 적어도 조세 문제에서만은 수탈의 메커니즘이 형성되어 있지 않다. 수탈은 토지를 매개로 하는 농업 경제에서 관료의 비정秕政에 의해 현물 수탈의 방법으로 발생하며, 산업 사회에서는 화폐를 매개로 하여 자행된다.

그런데 북한은 전통적으로 농업 사회이며, 토지가 척박하여 남한 사회에 견주어 농업 수탈이 심각하지 않았으며, 화폐 경제도 발달해 있지 않았다. 그러므로 가난 때문에 민중이 봉기하고 그것 때문에 북한이 무너질 가능성은 적다. 민중 봉기는 전통적으로 곡창에서 일어난다.

그리고 현재의 남북 분단은 역설적으로 북한이 생존하기에 적절한 긴장을 제공하고 있다. 역사적으로 볼 때, 지금의 북한과 같은 정도의 빈곤, 폐쇄성, 지배 계급의 경직성으로 무장된 국가에

# '충무 9000'

북 붕괴 땐 통치기구 파견

통일부 장관이 '총독' 역할

중앙일보 2006.10.5.

북한 체제가 붕괴하거나 임박했을 때 북한지역을 수복하고 남측이 관할 통치하는 내용이 담겨 있다. '응전(應戰)자유화계획' 이란 별칭이 있다. 정부는 이와 별도로 전쟁이나 비상시에만 가동하는 비밀법률인 '전시임시특례법' 도 마련해 놓고 있다.

정부 계획에 따르면 유사시 북한에 극도의 혼란상태가 벌어지거나 체제가 붕괴하면 충무 9000 계획과 전시 임시특례법에 근거해 북한에 비상통치기구인 '자유화행정본부'를 설치한다. 남한의 정부 구성과 유사한 이 기구에는 우선 통일부 직원들을 투입한다. 이후 각 부처에서 파견된 공무원들이 직능별로 북한 체제를 접수할 수 있는 준비작업을 벌인다는 게 요체다.

충무 9000은 주로 한반도의 전면전 상황에 따른 북한 체제 내부의 붕괴를 상정하고 있다. 이 때문에 내전이나 소요사태 등에 대비한 계획도 마련돼야 한다는 지적도 나온다.

정 의원 측은 이 같은 정부 비밀계획의 공개와 관련, "2급 비밀로 분류돼 있으나 통일부가 공개 가능한 부분만을 추려 일반문서로 보내 왔다"고 설명했다. 정부는 북한을 자극해 화해협력 정책 추진에 걸림돌이 될 수 있다는 생각에서 이를 공개하지 않아 왔다. 이 때문에 4일 국감장에서는 통일부와 정 의원 간에 한때 민감한 일부 대목을 속기록에서 삭제하는 문제를 놓고 입씨름이 벌어졌다.

통일부는 올해 초 북한 급변사태 대비 업무를 맡았던 비상계획담당관을 폐지하고 사무관 한명이 이 일을 맡도록 했다. 일각에서는 정부가 대북 화해협력 정책의 성과를 의식해 급변사태 대응책에 무관심한 게 아니냐는 지적도 한다.

그러나 정동영 통일부 장관은 "급변사태 대비 계획과 매뉴얼은 충실히 보완 발전시키고 있다"며 "평시엔 담당 직원이 적지만 필요시에는 태스크포스 시스템이 가동토록 돼 있다"고 답변했다. 이영종 기자

yjlee@joongang.co.kr

**『통일 백서 : 충무 9000』(2004)**
통일되면 남한의 통일부 장관이 북한 총독이 된단다.
우리는 이런 바보들의 시대를 살고 있다.

서 분단과 같은 대내외적 긴장이 없었다면 국가의 존립은 위험할 수 있다.

그러나 지금의 북한은 생존을 위한 적절한 적개심과 충격이 있으므로 그것이 오히려 북한을 지탱시키는 힘이 되고 있다. 국가의 멸망은 적국에 의해 야기되는 것이 아니라 오히려 적국이 없는 나라가 더 멸망하기 쉽다.(『孟子』 告子章句(下) : "無敵國外患者 國恒亡")

북한의 멸망을 논의하면서 우리가 저지르고 있는 또 하나의 어리석음은 북한이 멸망한다고 해서 그것이 곧 남한으로 흡수 통일되는 것을 의미하는 것으로 믿는다는 사실이다. 이런 점에서 남한 사람들은 북한이 붕괴하면 그것은 곧 우리의 땅이 된다는 또

하나의 허구[환상]에서 벗어나야 한다. 설령 북한이 붕괴할지라도 그곳에 러시아 · 중국 · 한국 · 미국 가운데 어느 나라가 먼저 진주할는지를 예측하기란 그리 쉬운 일이 아니다.

북한이 붕괴할 때 중국군은 2시간 이내에 북한 진입이 가능하다. 그 무렵 미군이 철수했다고 가정한다면 한국의 전망은 더욱 어둡다. "북한의 분단"이 다시 일어나리라는 분석(이삼성)도 있다. 북한이 급작스럽게 붕괴할 때를 대비하여 남한 측이 마련한 통일백서 "충무 9000"(2004)이 있었는데, 그에 따르면 북한이 붕괴할 경우, 남한의 통일부 장관이 북한의 총독이 된다고 되어 있다. 이는 참으로 코믹하다.

## "왜 통일해야 하나요?"

우리는 통일 논의를 전개면서 가장 진부하고도 원초적인 질문을 하지 않을 수 없다. "우리는 왜 통일해야 하는가?"라고 청소년들이 묻는다. 분단의 극복이 가지고 있는 의미, 바꾸어 말하면 통일은 우리에게 어떠한 의미가 있는가?

(1) 역사의 진정한 의미가 진보에 있는 것이라면, 역사의 단절이자 중단이며 분극화 현상인 분단을 극복하는 일은 단순한 공간적 통합의 의미를 넘어 역사를 복원復元하는 의미를 지닌다.
(2) 통일은 대결에서 오는 쌍방의 불필요한 국력 소모를 줄이고 더 나아가 남북의 협조를 통한 국력의 상승相昇 효과를 가져올 수 있다. 통일된 조국은 G-7까지 가능하다.
(3) 남북한이 통일됨으로써 쌍방에서 자행되고 있는 정치 · 경제 ·

사회 · 문화의 악惡, 이를테면, 비민주적인 폭압 정치, 경제적 불균형과 빈곤, 전쟁의 비극성을 감소할 수 있다.

(4) 언어, 생활 습속, 문화 유산의 이질화異質化에서 오는 민족 동질성의 파괴를 중지할 수 있다.

(5) 이산離散의 아픔과 같은 인도주의 문제를 해결할 수 있다.

## 통일의 날이 해방의 날보다 기쁠 것이다

지난날에는 통일지상주의가 아니면 애국자가 아닌 듯이 여겨지는 시절이 있었지만, 지금은 통일지상주의자를 소 쳐다보듯 한다. 그것이 무섭다. 통일은 당장 짐이 될 것이며, 급속한 통일은 우리처럼 취약 국가에는 짐이 될 수 있다. 억지로 이루어지는 통일은 내란으로 치달을 수도 있다. 우리는 독일 통일의 모델이 아니라 예멘Yemen 통일의 모델에서 배울 점이 더 많다.

그러나 한 가지 분명한 사실이 있다. 길게 볼 때 통일 비용이 분단 비용보다 적을 것이다. 적어도 화학적 통일을 위해서는 통일된 뒤에 30년 정도의 세월이 필요할 것이다. 누구도 정확한 산출이 어렵고 그 근거 이론이 취약한 것이 사실이지만, 골드만-삭스(Goldman Sachs Group, Inc.)가 산출한 액수, 곧 한국의 1년 치 GDP와 같다는 추론이 사실에 가까울 것이다.

2020년 현재 한국의 GDP는 1조 달러를 조금 넘는다. 30년 거치에, 북한 자원 개발과 인력 수급 효과 그리고 국력의 시너지를 고려한다면, 통일은 분명히 귀하에게 "남는 장사"일 것이다. 그런데 왜 주저하면서, 안에서만 싸우고 있는가?

## 참고문헌


- 국토통일원, 『통일 문제 의식 조사』(1990)
- 국토통일원, 『통일 백서 : 충무 9000』(2004)
- 『孟子』
- 문병란(文炳蘭), 「직녀(織女)에게」
- 『성경』
- 신복룡, 『한국분단사연구 : 1943-1953』(서울 : 한울출판사, 2001)
- 이삼성, 『한반도의 전쟁과 평화』(서울 : 한길사, 2018)
- 「한국 통일 비용에 관한 골드만-삭스(Goldman Sachs Group, Inc.) 보고서」, *The Washington Post*, June, 17, 2000

# 찾아보기

## ㄴ

## ㄷ

## ㄹ



## ㅁ

## ㅂ



## ㅅ

**ㅇ**

## ㅈ

## ㅊ



## ㅋ

## ㅌ



## ㅍ



## ㅎ